INVENTAIRE
V14189

14189

ALEXANDRE DUMAS

LA PEINTURE
CHEZ LES ANCIENS

LÉONARD DE VINCI — MASACCIO DE SAN-GIOVANI
LE PÉRUGIN — JEAN BELIN — LUCA CRANACH — ALBERT DURER — FRA BARTOLOMEO
ANDRÉ DE MANTEGNA — PINTURICCIO — BALDASSARE PÉRUZZI
GIORGIONE — QUENTIN METZIS

LES DEUX ÉTUDIANTS DE BOLOGNE   DOM BERNARDO DE ZUNIGA

PUBLIÉE PAR DUFOUR ET MULAT

ÉDITION ILLUSTRÉE PAR J.-A. BEAUCÉ, ETC.

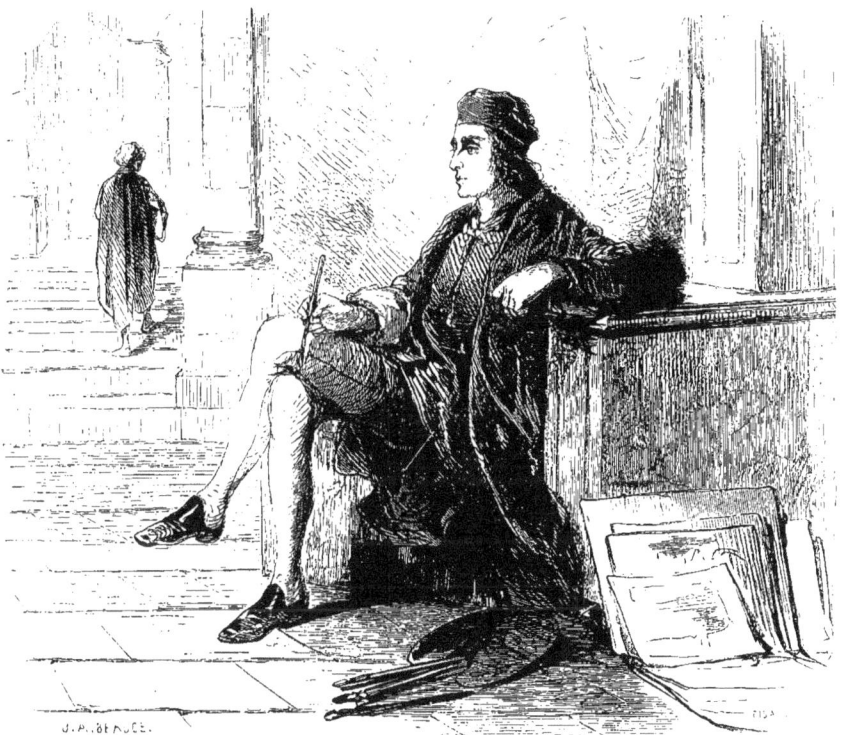

PARIS
MARESCQ ET Cie, ÉDITEURS
5, RUE DU PONT-DE-LODI, 5
1856

LA
PEINTURE CHEZ LES ANCIENS

ETC., ETC., ETC.

PARIS. — IMPRIMERIE SIMON RAÇON ET COMP., RUE D'ERFURTH, 1.

ALEXANDRE DUMAS

LA PEINTURE
CHEZ LES ANCIENS

LÉONARD DE VINCI — MASACCIO DE SAN-GIOVANI
LE PÉRUGIN — JEAN BELIN — LUCA CRANACH — ALBERT DURER — FRA BARTOLOMEO
ANDRÉ DE MANTEGNA — PINTURICCIO — BALDASSARE PÉRUZZI
GIORGIONE — QUENTIN METZIS
LES DEUX ÉTUDIANTS DE BOLOGNE — DOM BERNARDO DE ZUNIGA

PUBLIÉE PAR DUFOUR ET MULAT

ÉDITION ILLUSTRÉE PAR J.-A. BEAUCÉ, ETC.

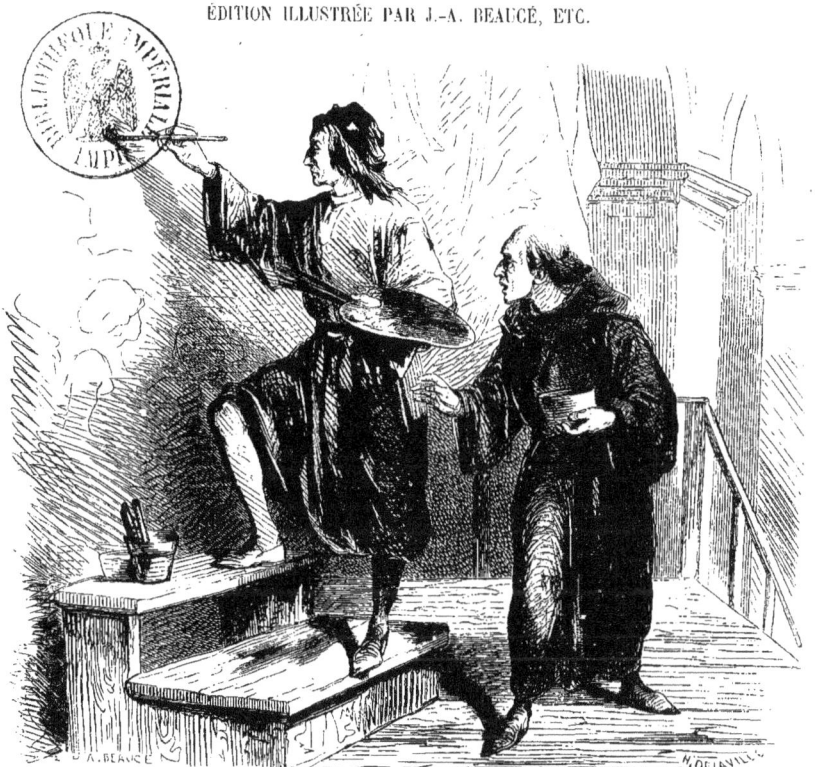

MARESCQ ET CIE, ÉDITEURS

LIBRAIRIE CENTRALE DES PUBLICATIONS ILLUSTRÉES A 20 CENTIMES
5, RUE DU PONT-DE-LODI, 5

1856

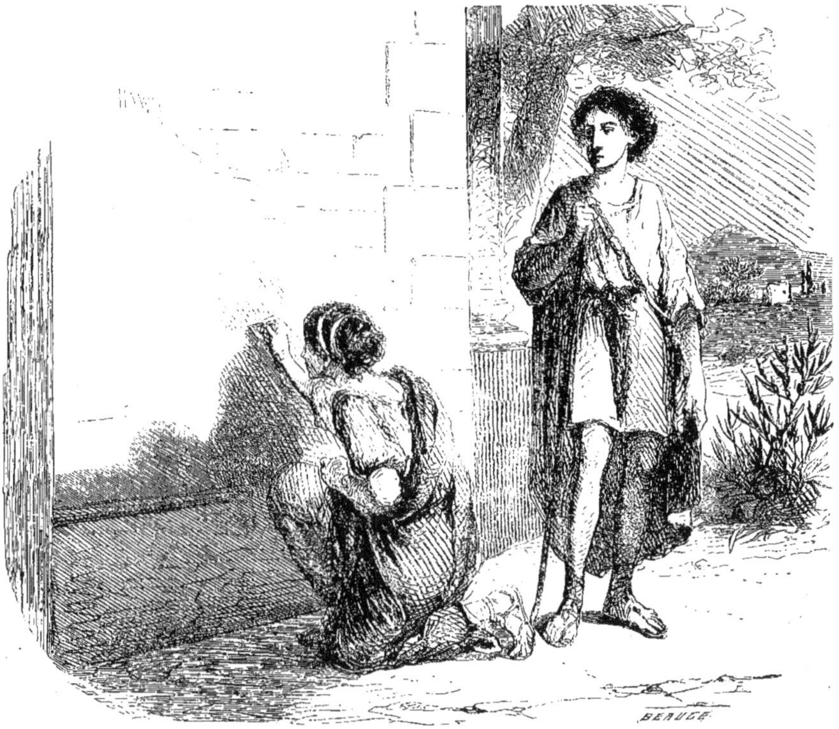

LA PEINTURE CHEZ LES ANCIENS

PAR

ALEXANDRE DUMAS

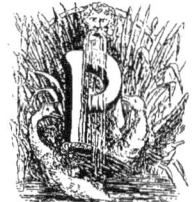line regardait les commencements de la peinture comme incertains[1]; nous n'irons donc pas, dix-sept siècles après lui, essayer de préciser ce qui lui échappait.

Du jour où l'homme a vu son image réfléchie dans l'eau, ou son ombre portée au soleil, il a dû tenter, mû par cet amour de lui-même antérieur à tous les autres amours, de fixer cette ombre éphémère ou cette image fugitive : près de Narcisse, mort d'amour, on dut trouver sur le sable quelque portrait ébauché.

Les Grecs s'attribuent la découverte de la peinture; selon eux, Coré, fille de Dubitade, potier de Sicyone, ayant vu sur le mur l'ombre de son amant prêt à la quitter pour faire un long

(1) De picturæ initiis incerta, nec instituti operis quæstio est. (*Plin.*, lib. XXXV, cap. m.)

voyage, en aurait suivi les contours avec un charbon affilé; de là la sciagraphie, ou l'art d'indiquer par de simples lignes la forme des objets.

Mais quand la Grèce était encore au berceau, l'Inde était déjà vieille et l'Égypte adulte. Depuis trois mille ans, les brahmes adoraient dans leurs souterrains les images de leur triple dieu : depuis douze siècles, Osymandias dormait dans sa tombe aux peintures monochromes ; enfin, vers la même époque, l'empire d'Assyrie, porté à son apogée plus de mille ans auparavant par Sémiramis, qui avait fait peindre parmi les ornements de Babylone, sa capitale, différentes figures d'animaux, ainsi que son portrait et celui de Ninus, son mari, s'écroulait en ruines sur le bûcher de Sardanapale : la question est donc de savoir si les Grecs étaient des orgueilleux ou des ignorants lorsqu'ils prétendaient avoir inventé les premiers un art qui leur était encore complètement inconnu lors de la guerre de Troie (1), et dont on retrouve des traces douze cents ans avant l'époque où ils placent leur poétique fable de Coré, et trois siècles avant que les Pélasges ne fondent Sicyone, leur plus ancienne ville.

Cependant, si tard qu'elle arrive au compte des siècles et dans l'ordre des nations, l'école grecque, qui s'élève entre les tombeaux des Égyptiens et les catacombes des Étrusques, marche rapidement sur les traces de Memphis et de Tarquinia. A cette simple silhouette tracée par Coré, et perfectionnée par l'Égyptien Philoclès et le Corinthien Cléante, Ardices et Téléphanes ajoutent des traits intérieurs, mais avec si peu d'art encore, qu'ils sont forcés, pour les faire reconnaître même de leurs plus proches parents, d'écrire près des portraits les noms des personnes dont ils ont voulu imiter la ressemblance. Bientôt arrive Cléophante de Corinthe, qui, à ce premier pas fait dans l'art, ajoute un nouveau progrès : avec de la terre cuite, il compose des crayons rougeâtres, et exécute des dessins coloriés; Hygiémon et Dinias inventent alors presque en même temps la peinture monochrome ou d'une seule couleur; Eumarc d'Athènes profite de leur découverte et donne assez de fini aux figures pour qu'on puisse, à la seule inspection du visage, deviner le sexe de la personne à laquelle il appartient ; puis vient Cimon le Cléonien, imitateur et propagateur des inventions

(1) Nous verrons plus tard où l'art de la sculpture en était à cette époque.

d'Eumare, qui donne aux têtes différentes attitudes, selon que le personnage est censé regarder à droite ou à gauche, devant ou derrière lui, marque les articulations des membres, indique les veines et rend le premier les plis et les sinuosités de leurs vêtements ; enfin arrive Polygnote de Thasos, qui donne aux habits des femmes des reflets lumineux, leur met sur la tête des coiffures de différentes couleurs, et leur entr'ouvre la bouche, afin que derrière leurs lèvres rosées brille l'émail de leurs dents. Alors l'art grec en est arrivé au point où dix-neuf siècles plus tard Masaccio reprendra l'art chrétien des mains de Cimabué et du Giotto. Masaccio ouvre le siècle de Léonard de Vinci, de Titien et de Raphaël. Bularque va ouvrir celui de Zeuxis, d'Apelles et de Protogène.

Bularque vivait sept cent cinquante ans à peu près avant le Christ, puisque Candaule, le dernier des Héraclides, qui mourut deux ans avant la vingtième olympiade, acheta, pour un poids d'or égal à celui de la table de bois sur laquelle il était peint, son tableau du combat des Magnètes : Bularque était contemporain de Romulus et de Nabonassar; il vit s'élever l'empire de Rome et tomber le royaume d'Israël, sans que probablement ni les vagissements de l'un, ni les derniers soupirs de l'autre eussent eu assez de retentissement en Grèce pour lui faire lever les yeux de dessus ses tableaux.

L'art marchait à pas rapides ; la peinture polychrome, ou à plusieurs couleurs, était inventée, sans que nous puissions dire positivement vers quelle époque ni par qui : c'est que vers cette époque l'attention de la Grèce avait à se fixer sur des événements d'une telle importance, que la lumière, qu'ils absorbent, doit laisser tous les faits secondaires dans l'ombre.

En effet, Codrus vient de mourir; Athènes s'érige en république; aux lois sanglantes de Dracon, Solon substitue les siennes; Sparte et Messène se sont reprises à lutter pour la troisième fois comme Hercule et Antée; les différentes sectes philosophiques se forment ; les sept sages de la Grèce ouvrent ces écoles d'où sortiront Anaxagore, Platon, Aristote, Socrate et Épicure : Darius s'empare de la Thrace et de la Macédoine, et envoie deux hérauts et un interprète demander à Sparte et à Athènes la terre et l'eau, signes de la soumission à son pouvoir. Les Spartiates, pour toute réponse, enterrent l'un et noient l'autre, tandis que les Athéniens mettent à mort l'interprète qui a souillé la langue ionique d'une pareille proposition. Darius envoie cent dix mille hommes contre la Grèce, et Miltiade les attend à Marathon pour y cueillir ces lauriers qui empêcheront Thémistocle de dormir.

Xerxès part à son tour; le fils vent venger le père : pendant sept ans il fait des préparatifs immenses; ce n'est plus une armée qu'il emmène, c'est une nation qui le suit : mille deux cents vaisseaux partent du cap Sigée et vont percer le mont Athos; avec le reste de ses troupes, qui ont mis sept jours et sept nuits à passer l'Hellespont sur un pont de bateaux, il remonte la Chersonèse de Thrace, côtoie les rivages de la Macédoine du mont Pangée au mont Olympe, traverse la Thessalie, laisse vingt mille hommes aux Thermopyles, déborde dans la Phocide et dans la Béotie, inonde l'Attique, entre dans Athènes qu'il trouve vide, poursuit les Athéniens à Salamine, se fait dresser un trône sur le rivage, et donne le signal du combat, qui dure toute la journée; et à la fin de la journée Thémistocle peut dormir tranquille, il n'a plus rien à envier à Miltiade : Salamine a fait le pendant de Marathon.

Xerxès se sauve laissant Mardonius réunir les débris de son armée, qui se montent à trois cent cinquante mille hommes; mais, tandis que le roi fugitif traverse sur une barque cet Hellespont qu'il a fait battre de verges, Pausanias tue son lieutenant à Platée le même jour que Léontychidas détruit sa flotte à Mycale. Toute cette multitude menaçante s'est évanouie comme la poussière que disperse un tourbillon. La Grèce respire, et l'art, cette fleur de la paix, se redresse et sourit aux premiers rayons du soleil, qu'avaient obscurci les traits des Perses.

Panénus, le frère de Phidias, assistait à cette grande époque; en lui le génie de la peinture fit alliance avec l'amour de la patrie : il peignit la bataille de Marathon, et déjà, dit Pline, la couleur était si familière aux peintres, et l'art marchait à si grands pas vers sa perfection, qu'il représenta dans son tableau les capitaines athéniens, Miltiade, Callimaque et Cynégire, et les deux chefs des barbares, Datis et Artapherne.

Et cependant Panénus n'en fut pas moins vaincu aux jeux pythiens par Timagoras de Chalcis, qui, laissant un instant le pinceau pour la lyre, chanta lui-même sa victoire.

A Panénus et à Timagoras de Chalcis, succédèrent Apollodore, maître de Zeuxis, et Évènor, père de Parrhasius : l'élève effaça le maître, et le fils le père; et Apollodore se plaint lui-même dans des vers qui existaient encore du temps de Pline, que Zeuxis lui a enlevé la palme de son art.

En effet, Parrhasius et Zeuxis sont les deux astres du beau siècle de Périclès : tous les autres peintres qui brillent autour d'eux ne brillent qu'après eux; Timanthe, Eupompe et Androcydes ne sont que leurs satellites.

Selon toutes les probabilités, Parrhasius avait quelques années de plus que Zeuxis : si avancée que fût déjà la peinture, il lui avait fait faire encore de nouveaux progrès, en s'occupant de la symétrie, en jetant des finesses dans le visage, en disposant gracieusement les chevelures, en donnant de la vie aux lèvres, et en dessinant avec plus de soin qu'on n'avait fait jusqu'à lui les pieds et les mains; de sorte que les formes mouvantes atteignirent sous son pinceau une perfection que nul ne dépassa depuis. Il en résulta que longtemps ses tablettes et ses portefeuilles servirent de modèle, et qu'au dire d'Antigone et de Xénocrate, les Vasari et les Lanzi de l'époque, beaucoup qui vinrent après ce Michel-Ange antique ne se firent pas faute d'y prendre dans ses cartons des figures tout entières qu'ils placèrent dans leurs tableaux.

Parmi les nombreuses compositions de Parrhasius, on remarquait un Thésée qui, du temps de Caligula, était encore au Capitole; un chef de flotte, qui était à Rhodes; un Méléagre, un Hercule et un Persée, tableau trois fois frappé de la foudre et par conséquent trois fois saint; un grand prêtre de Cybèle et une Atalante amoureuse qu'acheta Tibère, et qu'il fit mettre l'un dans sa chambre à coucher et l'autre dans son alcôve même; un Bacchus, si merveilleux qu'il donna naissance au proverbe corinthien : *Qu'est-ce que cela auprès de Bacchus?* un coureur tout armé, courant dans une lice, et sur le corps duquel il semblait voir couler la sueur, et un autre Hoplitès, qui, arrivé au but, dépose tout haletant ses armes. Mais ce qu'il fit de plus ingénieux, l'œuvre pour laquelle il lui fallut à la fois la pensée la plus profonde et l'esprit le plus délié, c'est le peuple d'Athènes, si varié et cependant si unique, si inconstant, si injuste, si colère, et à la fois si inexorable et si compatissant; le peuple d'Athènes, si glorieux et si humble, si férocement intrépide et si timidement fuyard; le peuple d'Athènes enfin personnifié par un homme à qui il aurait fallu trois têtes comme au géant Géryon, et sur la figure duquel cependant il trouva moyen de peindre toutes ces expressions si variées et si contraires, qu'avant de voir ce miracle de l'art on eût pu croire que l'une excluait l'autre, et que par conséquent la chose était impossible.

Aussi de tels succès avaient-ils rendu Parrhasius presque insensé; il s'intitulait le prince des peintres et le roi de l'art; il se disait descendant d'Apollon, et affirmait qu'à l'époque où il peignait son Hercule de Lindos, le fils de Jupiter et d'Alcmène lui apparaissait en songe, ne jugeant pas indigne de lui de venir poser devant un pareil maître.

Zeuxis, de son côté, n'était pas moins orgueilleux ; il faisait broder son nom en or sur ses manteaux; il donnait son Alcmène aux Agrigentins, et son dieu Pan au roi Achélaüs (1), disant qu'aucun homme ne pouvait payer de pareils ouvrages. C'est de lui le magnifique Jupiter assis sur son trône et entouré des dieux, qui se tiennent debout; l'Hercule au berceau, qui étouffe deux serpents en présence d'Amphitryon et de sa mère; ainsi que la fameuse Junon -Lacinienne, dédiée au temple de cette déesse par les Agrigentins, qui consentirent, avant qu'il ne commençât ce tableau, à faire passer devant lui leurs filles nues, parmi lesquelles le peintre choisit cinq des plus belles, qui posèrent devant lui, tantôt ensemble, tantôt séparément, afin qu'en extrayant de chacune la beauté qui lui était propre, il pût, en réunissant toutes ces beautés en une seule, arriver aussi près que possible de la perfection.

Deux pareils rivaux devaient entrer en lutte; car les hommages de la moitié de la Grèce ne suffisaient pas à chacun d'eux, et il fallait qu'il y eût un vainqueur. Zeuxis peignit des grappes de raisin si arrondies, si veloutées, si franchement détachées de leur treille, que les oiseaux vinrent les becqueter. Parrhasius voulut produire sur les hommes la même illusion que son antagoniste avait produite sur les animaux : il prit une grande toile sur laquelle il peignit un rideau avec tant de vérité, que Zeuxis, tout glorieux du succès de ses grappes, s'approcha pour soulever ce rideau, qu'il croyait lui cacher l'œuvre de son rival, et que ce ne fut qu'en touchant la toile qu'il s'aperçut de la tromperie. Zeuxis était plus franc que les modernes : il s'avoua vaincu.

Nous avons rapporté cette anecdote si connue, parce que, dix-huit siècles plus tard, nous ver-

(1) Roi de Macédoine, prédécesseur d'Alexandre le Grand, auquel il est antérieur de soixante à soixante-dix ans.

rons les mêmes jeux se renouveler entre Michel-Ange et Raphaël.

Après les maîtres de l'art, Timanthe fut le premier parmi les autres peintres : ne pouvant pas s'élever à leur hauteur d'exécution, il se réfugia dans l'ingénieux : c'était de lui le héros que l'on voyait encore à Rome du temps de Vespasien, dans le temple de la Paix, que cet empereur avait fait bâtir en même temps que le Colisée, c'est-à-dire soixante-dix à soixante-quinze ans après le Christ : c'était de lui le tableau qui représentait Polyphème endormi, et dans lequel il avait placé, pour faire comprendre que son personnage principal était un géant, de petits satyres qui mesuraient avec un thyrse le pouce du cyclope; enfin c'était de lui cette Iphigénie, chef-d'œuvre de sentiment, où, après, comme le dit Valère Maxime, avoir représenté Ulysse abattu, Calchas sombre, Ajax furieux et Ménélas pleurant, il jeta un voile sur la tête d'Agamemnon, avouant, en homme de génie, que l'art était impuissant pour rendre l'expression du visage d'un père sur le point de voir égorger sa fille.

Eupompe venait après lui : son ouvrage le plus connu est son Vainqueur Gymnique, tenant une palme à la main; sans doute il fit encore d'autres tableaux loués par les contemporains, mais oubliés par la postérité, car ce fut de lui que data un troisième style; jusque-là il n'existait que deux écoles : l'école athénienne et l'école ionique. Eupompe créa le style sicyonien.

Quant à Androcydes, on sait peu de chose de lui, sinon qu'il excellait à peindre les différents animaux, et surtout les poissons.

Pamphile sortit des ateliers d'Eupompe. Il était d'Amphipolis, petite ville située aux confins de la Macédoine et de la Thrace. C'était non-seulement un peintre, mais un savant, et il fit faire un nouveau pas à l'art en appliquant l'arithmétique et la géométrie à la peinture. On ne connaissait de lui, même du temps de Pline, que quatre tableaux : le premier qui représentait l'intérieur d'une famille; le second, un combat donné devant la ville de Plius, place forte de l'Achaïe; le troisième, une victoire des Athéniens, et le quatrième, un Ulysse dans son vaisseau. Ce fut lui, tant l'art sous sa direction devint noble et grand, qui fit rendre cette loi que tous les enfants de condition libre, sans exception, seraient tenus d'apprendre le dessin, tandis que, par la même loi, il était interdit de l'enseigner aux esclaves. Quant à lui, il ne prit aucun

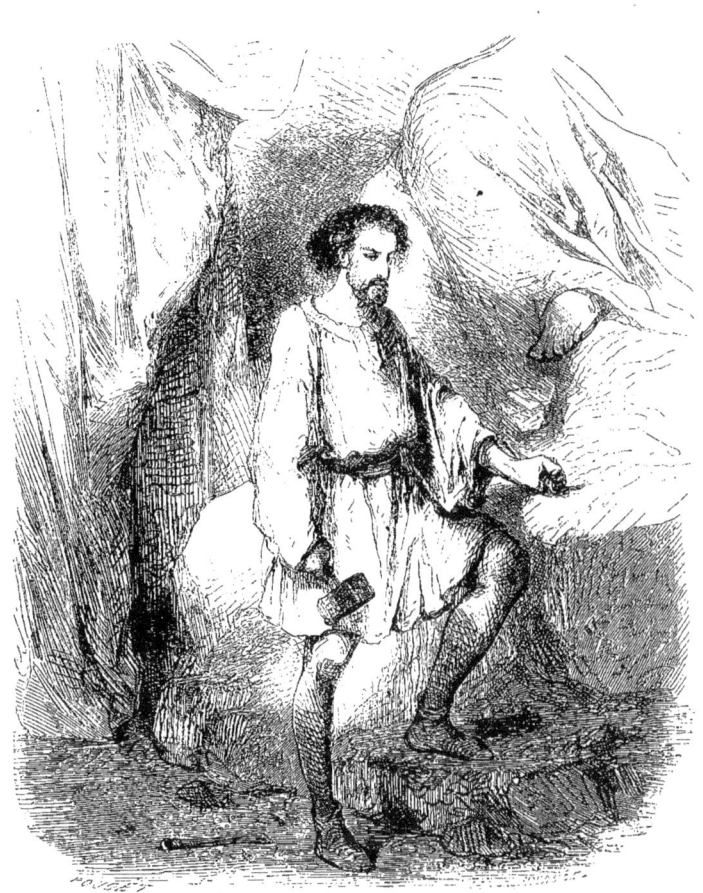

Phidias. — Page 3.

écolier qu'il ne s'engageât à rester dix ans chez lui, et à lui payer pour les dix ans d'études un talent attique, c'est-à-dire à peu près deux mille quatre cents francs de notre monnaie. C'est à cette double condition qu'Apelles devint son élève.

Apelles parut, comme le Corrége, après les grands maîtres, qui croyaient avoir tout pris. Mais, comme le Corrége, il s'aperçut qu'il lui restait la grâce oubliée par eux, peut-être parce qu'ils la regardaient plutôt comme une fille de la terre que comme un enfant du ciel.

Apelles était de Cos; il naquit sous ce beau ciel, à la lumière duquel, six cents ans auparavant, Homère avait ouvert les yeux. Sa patrie, ainsi que la Vénus qu'il devait peindre, sortait du sein des eaux pareille à une corbeille de fleurs. Dès son enfance, le beau avait frappé ses regards; il s'y était habitué comme à une chose familière : aussi, aux premiers essais de ses pinceaux, l'école attique reconnut-elle qu'elle allait posséder le plus grand de ses maîtres passés et à venir.

Apelles vit la fin du siècle de Périclès et le commencement du siècle d'Alexandre, c'est-à-dire tout ce qu'il y a eu de plus grand peut-être dans le monde. Ses contemporains étaient Protogène, sur lequel, disait-il, il n'avait qu'une supériorité, c'était celle de savoir ôter à temps la main de dessus ses tableaux; Amphion et Asclépiodore, auxquels il se reconnaissait inférieur, au premier pour l'ordonnance, et au second pour les mesures; enfin, Aristide de Thèbes, par l'étude duquel il apprit à peindre l'homme moral, c'est-à-dire à ne faire du corps qu'une enveloppe diaphane, à travers laquelle on aperçoit l'âme et ses passions.

Apelles est le point culminant de l'art grec : en lui tout est réuni, sentiment, exécution, ordonnance. Ses portraits traduisent si exactement la ressemblance des personnes qu'ils représentent, qu'un devin prédit ce qui arrivera à ces personnes comme s'il étudiait leur destinée sur elles-mêmes : si les raisins de Zeuxis trompent les oiseaux, ses chevaux, à lui, font hennir les cavales. Enfin, chez lui comme chez Homère, Diane se mêle à la troupe dansante des jeunes filles qui célèbrent un sacrifice en son honneur, et il rend, à l'aide du pinceau, si heureusement la description du poëte, que le poëte est vaincu.

Parmi les priviléges ordinaires du génie, Apelles avait celui de beaucoup produire : il est vrai de dire qu'il ne passait pas un jour sans travailler, sinon à ses tableaux, du moins à des esquisses ou à des dessins. Aussi, ce qu'il a fait est innombrable. Ceux de ses tableaux qui étaient les plus connus sont : la Pompe sacrée de Mégabyse, pontife de Diane à Éphèse; Clytus se préparant au combat, et prenant son casque des mains de son écuyer; l'Homme efféminé, qui appartenait aux Samiens, qui le gardaient comme un trésor; son Ménandre, roi de Carie, qui était la propriété des Rhodiens. Ses chefs-d'œuvre étaient dispersés par toute la terre. Alexandrie avait son Gorgosthènes le tragédien. Éphèse avait son Alexandre le Grand tenant la foudre, qui avait été payé vingt talents attiques, non point que l'auteur ait fixé le prix à ce tableau, mais parce que, lorsqu'il s'agit de l'estimer, on le couvrit de pièces d'or, et que toutes ces pièces réunies firent ensemble quarante-huit mille francs de notre monnaie (1). Enfin Rome avait ses Dioscures, sa Victoire et son Alexandre le Grand,

(1) C'était ce tableau qui lui faisait dire orgueilleusement qu'il y avait au monde deux Alexandres : l'un invincible, qui était fils de Philippe; et l'autre inimitable, qui était fils d'Apelles.

sa Bellone enchaînée au char du roi de Macédoine. Si bien que, du temps de Néron, on voyait encore ces deux tableaux dans la partie la plus fréquentée du forum d'Auguste; seulement, à la tête du vainqueur de Darius, Claude avait fait substituer celle du vainqueur d'Antoine.

Outre ces tableaux, on connaissait encore d'Apelles un portrait du roi Antigone, qu'il avait peint de profil parce qu'il était borgne; un Néoptolème combattant à cheval contre les Perses; Achélaüs, en compagnie de sa femme et de sa fille; un Hercule vu de dos et retournant la tête, dont le visage, quoique inachevé, on ignorait pour quelle cause, était aussi expressif que s'il eût été exécuté avec le fini le plus précieux; enfin son chef-d'œuvre, la Vénus Anadyomène, qui fut dédiée par Auguste au temple de son père César, mais qui, endommagée par l'humidité, s'écailla et tomba par morceaux, si bien que Néron, quelque temps après qu'il fut monté sur le trône, se trouva forcé de lui en substituer une autre de la main de Dorothée.

Comme s'il eût deviné le sort qui attendait ce tableau, Apelles était à Cos, sa patrie, occupé à peindre une seconde Vénus, qui, d'après son opinion, devait encore être supérieure à la première, lorsque la mort le surprit. La tête et la poitrine seulement étaient finies, le reste n'était qu'ébauché; mais ce qui en existait fut unanimement reconnu si merveilleux, qu'aucun peintre n'osa accepter la tâche d'achever le chef-d'œuvre interrompu.

Comme Zeuxis, Apelles eut son Parrhasius et son Timanthe : l'un se nommait Protogène et était de Caunus; l'autre se nommait Aristide et était de Thèbes.

Protogène était resté longtemps pauvre et dans l'obscurité; car, toujours mécontent de ce qu'il avait fait, il le retouchait sans cesse, et il était arrivé à l'âge de cinquante ans, assure-t-on, qu'on ne connaissait encore de lui que ses peintures navales du Propyléon. Mais enfin parut le Jalistus, dont parlent Cicéron, Pline et Strabon, et qui, de leur temps, était à Rome dédié au temple de la Paix. Jalistus était le fondateur de Rhodes, comme Cadmus de Thèbes, et Thésée d'Athènes, et le peintre avait choisi le moment où il reçoit de la ville, sa fille, la palme due aux bienfaiteurs des peuples.

Rhodes seule possédait ce tableau, mais la Grèce tout entière le connaissait : si bien que le roi Démétrius Poliorcète étant venu assiéger la ville, n'osa y mettre le feu de peur de brûler ce chef-d'œuvre, et, pour épargner une peinture, se retrancha une victoire.

Ce ne fut pas le seul hommage que Démétrius rendit à Protogène : comme l'atelier du peintre était dans un des jardins du faubourg de Rhodes, c'est-à-dire au milieu du camp même des assiégeants, le roi apprit que Protogène, qui alors travaillait à un tableau représentant un Satyre amoureux et jouant de la double flûte, n'avait point interrompu son ouvrage, malgré le tumulte du siége, il le fit venir aussitôt, et lui demanda d'où lui venait une pareille tranquillité. Alors Protogène répondit qu'il savait bien que Démétrius faisait la guerre aux Rhodiens, mais non aux arts. La réponse plut au roi, et, pour que Protogène pût continuer de travailler avec tranquillité, il mit des sentinelles à sa porte, et de temps en temps l'envoyait chercher pour causer avec lui; mais, voyant que de cette façon il lui faisait perdre trop de temps, il finit par aller le visiter lui-même entre deux assauts. Cette circonstance, comme on le pense bien, ne contribua point médiocrement à la réputation de ce tableau.

Protogène fit encore une Cydippe; un Néoptolème; Philisque, l'auteur tragique, méditant; un Athlète; le roi Antigone, père de ce même Démétrius Poliorcète, dont il était devenu l'ami; et enfin la mère du philosophe Aristote, qui lui persuade d'entreprendre une série de tableaux représentant les actions principales d'Alexandre le Grand.

Ce dernier tableau porta la renommée de Protogène à un si haut degré, qu'Apelles, qui ne le connaissait que de réputation, résolut d'aller lui faire une visite à Rhodes, qu'il habitait. Nous avons déjà dit quelle était l'opinion du peintre de Cos sur celui de Caunus, et ces éternelles retouches, dont l'accusait Apelles, étaient d'autant plus inutiles, qu'Apelles seul avait peut-être la main plus sûre que Protogène.

Apelles débarqua à Rhodes et se rendit droit à l'atelier de Protogène. Ce peintre était absent, une vieille était seule préposée à la garde d'une tablette immense destinée à un tableau, et sur laquelle il n'y avait encore rien de peint. La vieille, interrogée, répondit que Protogène était absent, et demanda ce qu'il y aurait à lui dire à son retour. Apelles, pour toute réponse, prit un pinceau, le trempa dans la couleur, et traça sur toute la longueur de la tablette un trait d'une telle hardiesse et d'une telle ténuité, qu'on eût dit qu'il avait été tiré avec un crayon et à l'aide d'une règle. Puis il dit à la vieille : « Quand Protogène rentrera, vous lui montrerez ce trait, et voilà tout. » Mais lorsque Protogène rentra, avant même que la vieille n'eût ouvert la bouche, il s'écria : « Apelles est venu. »

Alors il prit le même pinceau; il conduisit sur le trait déjà tracé un linéament d'une autre couleur, mais si subtil, que la couleur primitive le débordait de chaque côté; puis il dit à la vieille que si l'étranger revenait, elle n'avait qu'à lui montrer la tablette et à lui dire : « Voilà ce que vous cherchez. »

Apelles ne manqua point de revenir, et la vieille, obéissante, s'acquitta de sa commission; mais, pour être repoussé, Apelles n'était point vaincu; il reprit le pinceau, et, le trempant dans une troisième couleur, il traça un troisième trait qui tranchait par le milieu les deux autres lignes, ne laissant plus d'espace intermédiaire où tracer un quatrième linéament, si subtil qu'on le supposât. En voyant cette miraculeuse fermeté de pinceau, Protogène s'avoua vaincu, et, cessant la lutte, courut sur le port chercher son rival.

Dès lors Protogène ne voulut rien peindre sur cette tablette, qu'avait deux fois sanctifiée Apelles, et le tableau, blanc à l'exception des lignes tracées, resta ainsi, objet d'étonnement pour les curieux et presque d'incrédulité pour les artistes. Si bien qu'on le vit à Rome, dans la maison qu'Auguste possédait au Palatin, parmi les plus beaux tableaux de l'école grecque, jusqu'au moment où cette maison fut consumée par un incendie; la maison fut rebâtie moyennant une contribution volontaire d'un denier par personne, tant Auguste était populaire à cette époque; mais les chefs-d'œuvre qui la décoraient, et parmi lesquels étaient l'Apollon des Sandales (1) et le Jupiter tragédien, furent à tout jamais perdus.

C'est ainsi qu'on peut voir aujourd'hui encore dans la Farnésine, au milieu des gracieuses compositions de Raphaël, la tête colossale du Jupiter Olympien, charbonnée par Michel-Ange.

Le second rival d'Apelles était Aristide, duquel il prit, comme nous l'avons dit, l'expression des grandes passions. En effet, Aristide, auquel, selon Pline, on reprochait un peu trop de dureté dans les couleurs, s'était appliqué surtout les perturbations de l'âme dans les crises suprêmes. Aussi son plus beau tableau était

(1) Ainsi nommé parce qu'il avait été d'abord placé dans le quartier de Rome appelé des *Sandaliaru*.

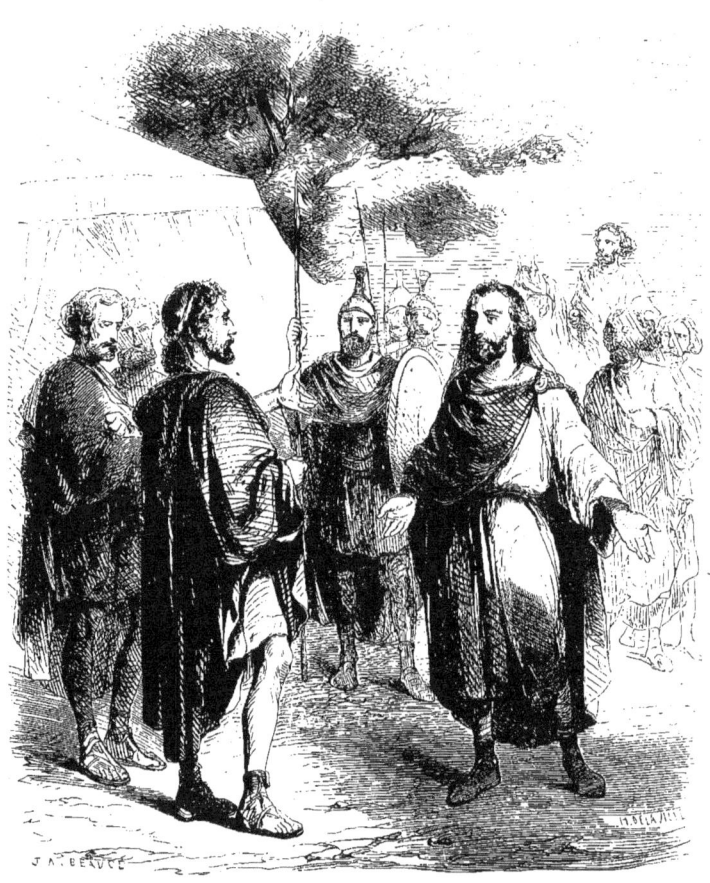

Protogène répondit qu'il savait bien que Démétrius faisait la guerre aux Rhodiens, mais non aux arts. — Page 7.

celui qui représentait une ville prise d'assaut, et qui avait pour sujet une mère blessée et mourante vers laquelle son enfant se traînait. Mais, comme c'était au sein même que la mère avait été frappée, le peintre avait exprimé sur son visage la crainte que son enfant ne suçât son sang au lieu de son lait. Après la prise de Thèbes, ce tableau fut transporté par Alexandre le Grand à Pella, sa patrie.

Outre ce tableau, Aristide peignit encore des Quadriges en course; un Suppliant dont on croyait entendre la plainte, un Bacchus et une Ariane, dans lesquels on distinguait l'ivresse du dieu et l'ivresse de la femme; une Biblis, morte d'amour pour son frère Caunus, au moment même où il venait d'expirer; un Tragédien accompagné d'un jeune garçon, qui resta suspendu au temple d'Apollon jusqu'à ce que le préteur Marcus Junius, vers l'époque des jeux Apollinaires, qui, selon Macrobe, se célébraient tous les ans à Rome au mois de juillet, l'ayant donné à restaurer à un peintre, ce peintre le gâta, soit par maladresse, soit par jalousie; un Vieillard qui montre à un enfant à jouer de la flûte, dédié au temple de la Foi, que les vieux Romains avaient bâti sur le Capitole, à côté de celui de Jupiter très-bon et très-grand, afin de faire comprendre que celui qui manquait à sa parole manquait aux dieux; enfin une Bataille, dans laquelle il y avait plus de cent figures, et qui lui fut payée par Mnazon, tyran d'Élate, mille drachmes par figure; et une peinture représentant un Malade, que le roi Attale paya cent talents, c'est-à-dire deux cent quarante mille francs de notre monnaie.

Et cependant Apelles dépassa tout cela. Les rois se disputaient ses ouvrages, et peut-être plus d'une fois, comme fit Charles V pour le Titien, Alexandre le Grand ramassa-t-il son pinceau; car Alexandre était non-seulement le protecteur, mais encore l'ami d'Apelles, et il fallait que cela fût pour que celui-là qui avait tué Clytus dans un moment de colère donnât Campaspe à Apelles dans un moment de pitié.

Aussi est-ce à Apelles que s'arrête la période ascendante de l'art grec. Zeuxis avait déjà trouvé le grand, Apelles chercha le beau. Après ces deux maîtres, qui vécurent à soixante ans de distance à peu près, les autres peintres n'ayant plus rien à inventer, imitèrent, et la décadence commença avec l'imitation.

Et puis aussi, faut-il le dire, cet état florissant de l'art, qui alla sans cesse grandissant du siècle de Périclès au siècle d'Alexandre, fut peut-être dû, car les choses s'enchaînent entre elles, à l'état florissant de la politique.

En effet, comme nous l'avons dit plus haut, ce flot de barbares, qui, à la suite de Xerxès, était venu inonder la Grèce de Troie à Salamine, avait été refoulé par Thémistocle, Pausanias et Simon, et avait laissé, en se retirant, la capitale de l'Attique presque détruite : mais, après les généraux qui avaient fait la Grèce libre, vint l'homme d'État qui devait faire Athènes grande; et Périclès devait semer les chefs-d'œuvre sur cette terre engraissée par le sang de l'ennemi.

Les Grecs, pour avoir sans cesse devant les yeux le danger auquel ils avaient échappé et pour que ce danger entretînt le patriotisme dans la jeunesse, avaient décidé qu'on ne relèverait ni les temples abattus ni les maisons brûlées : mais après trente-cinq ou quarante ans ces ruines commencèrent à fatiguer leurs yeux, et Périclès, comme Néron, vit moyen de faire sortir de la ville détruite une ville plus belle.

Alors Athènes fut le rendez-vous de tous les artistes : on vit s'élever à la fois des temples, des théâtres, des aqueducs et des ports. Phidias, l'auteur du Jupiter Olympien; Praxitèle, l'auteur de la Vénus de Gnide; Scophas, l'auteur de l'Apollon Palatin, luttèrent ensemble, et taillèrent les temples que devaient peindre Zeuxis, Parrhasius et Timanthe.

Il y eut bien au milieu de tout cela la guerre du Péloponèse entre Sparte et Athènes, qui dura vingt-sept ans, je crois, et dont Thucydide nous a laissé l'histoire; mais, comme le dit Winkelman, ces guerres entre villes du même pays, entre peuples voisins, entre hommes parlant la même langue et adorant les mêmes dieux, ressemblaient plutôt à des querelles d'amants, qui ouvrent l'esprit et qui engagent le cœur, qu'à ces luttes mortelles dont la Grèce était sortie victorieuse, mais sanglante. En effet, Athènes et Sparte luttaient non-seulement avec l'épée, mais avec le maillet et le pinceau : comme aux temps plus rapprochés de nous où les républiques de l'Italie rivalisaient entre elles de grandes actions et de grands monuments, Sparte et Athènes déployaient toutes leurs ressources pour faire pencher la balance chacune de son côté, et tandis qu'Athènes élevait son Parthénon, son Odéon et son Céramique, Sparte achevait, avec les dépouilles de Salamine, son portique des Perses, où, mêlées aux statues des libérateurs de la patrie, étaient sculptées les images des généraux barbares qu'ils avaient vaincus.

Puis pendant tout le temps que dura cette guerre, et Diodore de Sicile prend soin de nous le dire, pas un instant les artistes ne perdirent de vue le grand jour où leurs ouvrages, exposés aux yeux de toute la Grèce, étaient soumis aux jugements de leurs contemporains : ces jours étaient ceux des jeux olympiques, qui revenaient tous les cinquante mois, et ceux des jeux isthmiques, qui revenaient tous les trois ans. Alors, d'une convention unanime, du cap Ténare au mont Pangée, de Céphalonie à Chios, toutes les hostilités cessaient, les armes sanglantes étaient déposées pour revêtir les habits de fête. De toutes les parties de la Grèce on s'acheminait joyeusement vers Élis ou vers Corinthe, et, pour que nul ne fût privé d'un spectacle inattendu et si désiré, pendant ce grand jour il y avait trêve même pour les bannis : ainsi confondus dans cette grande fête artistique, les Grecs, de tous les partis et de toutes les nations, oubliaient un instant les malheurs passés et les maux à venir, pour ne penser qu'à la splendeur que le concours de tant de grands hommes allait répandre sur la patrie.

Aussi les grands hommes, exacts au rendez-vous donné, parurent-ils presque tous à la fois : vers la soixante-quinzième olympiade, le philosophe Phérécide commença d'écrire en prose; vers la soixante-dix-septième olympiade, Hérodote, quittant la Carie, vint lire en Élide son histoire aux Grecs assemblés; vers le même temps, Eschyle, reposé de la bataille de Salamine, donnait la première tragédie régulière qui eût été faite depuis la soixante et unième olympiade, époque où l'art dramatique avait été inventé; Épicharme, poëte et philosophe, faisait jouer les premières comédies, et Simonide, excité par les vers d'Homère, qu'avait, dans sa soixante-neuvième olympiade, commencé de chanter le rapsode Cynœthus de Syracuse, achetait par ses poëmes et ses élégies cette protection de Castor et de Pollux qui lui valut le surnom d'*Aimé des dieux*; alors tout marchait à la perfection, qui est le but de tout. Dans la bouche de Gorgias, l'éloquence, qui jusque-là n'avait été qu'un instinct, devenait une science; Athénagoras ouvrait son école et donnait des leçons publiques de philosophie à Athènes; Pindare et Corinne se disputaient le prix de la poésie, qu'enlevait cinq fois Corinne; Sophocle succédait à Eschyle, et Euripide à Sophocle; enfin, lorsque éclata la guerre du Péloponèse, Socrate avait déjà quarante ans, Hippocrate en avait trente, Aristophane en avait quinze, Antisthène était né, et Platon était sur le point de naître.

Enfin, quatre cent trente et un ans avant le Christ, cinquante ans après l'expédition de Xerxès, l'année même où Phidias achevait sa statue de Pallas, la guerre fut déclarée entre Sparte et Athènes; et telle était la richesse de cette dernière ville, que, lors de son alliance avec Thèbes contre Lacédémone, on leva sur elle et sur son territoire une contribution de cinq mille sept cents talents attiques, c'est-à-dire de treize millions huit cent mille francs de notre monnaie.

Ce fut la première année de cette guerre qu'eut lieu, sur le théâtre d'Athènes, le combat d'Euripide, de Sophocle et d'Euphorion, qui avaient, chacun, fait une tragédie de *Médée*. Euripide l'emporta sur ses rivaux. Et, au dire de Plutarque, l'amour des Athéniens pour les jeux scéniques était tel, que les représentations successives des *Bacchantes*, de *Phœnice*, d'*Œdipe*, d'*Antigone* et d'*Électre* leur coûtèrent plus cher que ne leur avait coûté la guerre contre les Perses. Trois ans après la représentation de *Médée*, Eupolis donna ses comédies. Dans la quatre-vingt-septième olympiade, Aristophane fit jouer ses *Guêpes*, et pendant l'olympiade suivante on représenta les *Nuées* et les *Acharniens*. Ces représentations portèrent le goût des Athéniens pour ces spectacles à une telle rage, que, vers la fin de la guerre du Péloponèse, c'est-à-dire au moment où Athènes était ruinée, il fut fait une distribution d'argent d'un drachme par tête, pour que les citoyens qui n'avaient pas de quoi manger pussent tromper leur faim en assistant aux représentations théâtrales.

Et tout marchait du même pas. Phidias faisait son Jupiter Olympien; Polyclète, sa statue de Junon d'Argos; Scophas, sa Niobé (1); Ctésilaüs, son Héraut mourant, chez lequel, au dire de Pline, on pouvait voir ce qui lui restait d'âme dans le corps; et Myron, ses Bœufs magnifiques, que l'empereur Auguste avait fait ranger autour de l'autel placé dans l'avant-cour du temple d'Apollon bâti sur le mont Palatin.

Après vingt-sept ans, la guerre du Péloponèse avait cessé, mais pour faire place à celle entre Thèbes et Lacédémone, dans laquelle Athènes, délivrée de ses tyrans par Thrasybule, fut l'alliée de Sparte; enfin, vers la cent quatrième olympiade, c'est-à-dire trois cent soixante-trois ans environ avant le Christ, les batailles de Leuctres et de Mantinée amenèrent cette glorieuse paix ensanglantée par la mort d'Épaminondas.

C'était l'époque où fleurissaient Parrhasius, Zeuxis, Pamphile et Timanthe. Nous avons dit quels étaient ces grands hommes, nous avons énuméré les chefs-d'œuvre qu'ils avaient produits; ils s'éteignaient au moment où la Macédoine, restée jusqu'alors dans l'obscurité, commençait à s'élever par le génie de Philippe, et quelques-uns d'eux virent encore peut-être, avant de fermer les yeux, ce fol incendie du temple de Diane, qui éclaira la naissance d'Alexandre.

Apelles était né à cette époque. Comment le roi de l'art fit alliance avec le roi de la guerre, comment le grand homme devint l'ami du héros, on l'ignore : seulement, ce qu'on sait, c'est qu'Alexandre visitait familièrement Apelles, puisqu'un jour qu'Alexandre parlait de peinture dans son atelier et raisonnait à tort et à travers sur cet art, Apelles lui conseilla, en souriant, de se taire, attendu que les petits garçons qui broyaient les couleurs dans un coin riaient de l'entendre

---

(1) Une épigramme grecque attribue la Niobé à Praxitèle, mais Pline dit positivement qu'elle est de Scophas.

parler ainsi; observation qui n'empêcha point Alexandre de lui donner Campaspe, la plus belle de ses maîtresses, qui lui avait servi de modèle pour sa Vénus Anadyomène, et de rendre une loi qui conférait au seul Apelles le droit de le peindre.

Enfin, trois cent trente-trois ans avant le Christ, comme Darius Codoman, continuant l'œuvre de ses prédécesseurs, qui, depuis cent cinquante ans, tenaient en servitude la Grèce d'Asie et attaquaient la Grèce d'Europe, tantôt avec des millions d'hommes, tantôt avec l'or et l'intrigue, rêvait une troisième invasion, Alexandre, après avoir détruit Thèbes, à l'exception de la seule maison de Pindare, lève trente mille hommes d'infanterie et quatre mille cinq cents cavaliers, rassemble une flotte de cent soixante galères, se munit de soixante-dix talents, prend des vivres pour quarante jours, dit adieu à Apelles, part de Pella, sa patrie, longe les côtes d'Amphipolis, passe le Strymon, franchit l'Eubée, arrive en vingt jours à Cestos, débarque sans opposition sur le rivage de l'Asie Mineure, visite le royaume de Priam, couronne de fleurs le tombeau d'Achille, son aïeul maternel, traverse le Granique, bat les satrapes, tue Mithridate, soumet la Mysie et la Lydie, prend Sardes, Milet, Halicarnasse, s'empare de la Galatie, traverse la Cappadoce, subjugue la Cilicie, rencontre dans les plaines d'Issus les Perses, qu'il chasse devant lui comme une poussière, monte jusqu'à Damas, redescend jusqu'à Sidon, prend et saccage Tyr, fait trois fois le tour des murailles de Gaza, traînant à son char son commandant Bœtis, comme fit autrefois Achille à Hector; va à Jérusalem et à Memphis, sacrifie à Jéhovah et à Isis, redescend le Nil, visite Canope, fait le tour du lac Maréotis, arrive sur son bord septentrional, et, frappé de la beauté de cette plage et de la force de sa situation, se décide à donner une rivale à Tyr qui tombe, et à Carthage qui s'élève, et charge l'architecte de lui bâtir une ville qui s'appellera Alexandrie, tandis qu'il fera une pointe dans le désert pour aller prier au temple de son père, Jupiter Ammon.

C'était l'âge des merveilles : tout insensé que parût un pareil ordre, Alexandre est obéi; l'architecte trace une enceinte de quinze mille pas, à laquelle il donne la forme d'un manteau macédonien; coupe son plan par deux rues principales, dont une aura onze cents pas, l'autre cinq mille pas de longueur, toutes deux cent pieds de large, et la ville s'élève non pas peu à peu, comme ont coutume de s'élever les villes, mais sort tout armée comme Minerve du cerveau de Jupiter.

Le jeune vainqueur revient et trouve sa ville bâtie et habitée; elle a des dieux dans ses temples, un peuple dans ses rues, des vaisseaux dans ses ports; l'Égypte nouvelle va succéder à la vieille Égypte, à cette Égypte mystérieuse descendue de l'Éthiopie avec le Nil, et qui n'existe plus que dans les ruines d'Éléphantine et de Thèbes. Memphis la Troyenne, qui leur a succédé, va bientôt passer à son tour, si bien que la belle cité grecque n'a pas de rivale à craindre, et que, sûr de ses destins, son fondateur peut marcher à de nouvelles victoires.

Couchée entre son lac et ses deux ports, baignant ses pieds dans le golfe Cyrénaïque et mirant son front dans la mer de Syrie, Alexandrie écouta le retentissement de ses pas qui s'enfonçaient vers l'Euphrate et le Tigre. Une bouffée du vent oriental lui apporta le bruit de la bataille d'Arbelles; elle entendit comme un écho sombre la chute de Babylone et de Suse; elle vit rougir à l'horizon l'incendie de Persépolis; puis enfin cette rumeur lointaine se perdit derrière Ecbatane, dans les déserts de la Médie, de l'autre côté du fleuve Arius.

Huit ans après, Alexandrie vit entrer dans ses murs un char funèbre roulant sur deux essieux, autour desquels tournaient quatre roues à la persane, dont les rayons et les jantes étaient dorés; des têtes de lions d'or massif, dont la gueule mordait une lance, formaient l'ornement des moyeux : il y avait quatre timons à chacun desquels était attaché un quadruple rang de jougs, et quatre mulets étaient attelés à chaque joug; chacun d'eux avait sur la tête une couronne d'or, des sonnettes d'or aux deux côtés de la mâchoire, et autour du cou des colliers chargés de pierres précieuses. Sur ce char était une chambre d'or voûtée, large de huit coudées et longue de douze; le dôme était orné de rubis, d'escarboucles et d'émeraudes; au devant de cette chambre régnait un péristyle d'or soutenu par des colonnes d'ordre ionique, et dans ce péristyle étaient appendus quatre tableaux. Le premier de ces tableaux représentait un char richement travaillé; un guerrier y était assis, tenant en main un sceptre magnifique, et autour de lui marchaient la garde macédonienne et le bataillon des Perses avec leur avant-garde formée par les oplites. Le second tableau se composait du train des éléphants armés en guerre, portant sur leur cou les Indiens et en croupe les Macédoniens couverts de leurs armes. Dans le troisième on avait figuré les corps de cavalerie, imitant les manœuvres et les évolutions du combat. Enfin le quatrième représentait des vaisseaux en ordre de bataille et prêts à attaquer une flotte que l'on voyait dans le lointain. Au-dessus de cette chambre, c'est-à-dire entre le plafond et le toit, tout l'espace était occupé par un trône d'or carré, orné de figures en relief d'où pendaient des anneaux d'or, et dans ces anneaux d'or étaient passées des guirlandes de fleurs qu'on renouvelait tous les jours. Au-dessus du faîte était une couronne d'or d'une assez grande dimension pour qu'un homme de haute taille pût tenir debout dans le cercle qu'elle formait; et lorsque la lumière du soleil frappait dessus, elle lui renvoyait ses rayons en éclairs. Enfin dans cette chambre, qui formait le centre du char, était couché sur des aromates le cadavre d'Alexandre.

Celui qui se disait un dieu avait fait à Babylone un excès de table, et la mort, à trente-deux ans, était venue lui rappeler qu'il n'était qu'un homme.

C'était un des douze capitaines que la mort de leur général avait faits rois, et un des quatre qui devaient conserver leur royaume, qui menait le deuil : dans ce grand partage du monde, accompli autour de ce cercueil, Ptolémée, fils de Magus, qui se vantait d'être le frère d'Alexandre, et qui était certainement l'un de ses plus chers favoris, avait pris pour lui l'Égypte, la Cyrénaïque, la Palestine, la Phénicie et l'Afrique; puis, comme un palladium qui devait, pendant trois siècles et demi, conserver l'empire chez ses descendants, il avait détourné de sa route le corps d'Alexandre, et le ramenait demander une tombe à la ville à laquelle il avait donné un berceau.

Voilà donc ce que vit Apelles. Quoiqu'on ignore l'époque précise de sa mort, il est certain qu'il survécut à Alexandre, puisque Pline raconte, comme une preuve de son habileté à saisir la ressemblance, qu'une tempête l'ayant jeté sur la côte d'Égypte et contraint de débarquer à Alexandrie, d'autres peintres, jaloux de lui, subornèrent le bouffon du roi, qui l'invita faussement à venir souper avec son maître. Sans doute Ptolémée, tout auteur (1) et tout amateur des sciences et des arts qu'il fût, n'aimait point personnellement Apelles, car à peine l'eut-il

(1) Ptolémée avait écrit une relation des campagnes d'Alexandre qui a été perdue.

aperçu, qu'il se leva furieux, et, montrant à l'artiste ses *vocatores*, lui demanda lequel d'entre eux l'avait invité de sa part. Apelles alors prit au foyer un charbon éteint et commença de tracer un portrait sur la muraille. Mais, avant même que la tête ne fût finie, Ptolémée l'arrêta. Aux premiers traits, il avait reconnu son bouffon.

Pendant tout le règne d'Alexandre, et tandis que le conquérant allait chercher des aventures dans la Perse et dans l'Inde, les Grecs, sous le gouvernement d'Antipater, avaient joui d'une longue paix; ce fut sans doute pendant cette paix, dont l'indolente douceur fit relâcher Sparte elle-même de son austérité, que fleurirent, successeurs des Phidias, des Praxitèle et des Myron, Lysippe de Sicyone, qui fondit en bronze les vingt et une statues équestres des gardes à cheval d'Alexandre qui perdirent la vie au passage du Granique en défendant celle de leur maître, et qu'après la conquête de la Macédoine Métellus fit enlever de Dicée et transporter à Rome; Agésandre, Polydore et Athénodore, auteurs du Laocoon; et Pyrgotélès, le graveur, qui avait, comme Apelles en peinture et Lysippe en statuaire, le privilége de graver seul la tête d'Alexandre.

Tacite dit qu'après la bataille d'Actium Rome ne produisit plus rien de grand; Pline, qu'après la mort d'Alexandre l'art s'éteignit. Les deux propositions sont peut-être un peu absolues. Tacite était contemporain de Sénèque, de Pline, de Pétrone et de Lucain; et Pline, tout en disant que l'art cessa à compter de cette époque, *cessavit deinde ars*, parle cependant du Taureau Farnèse d'Apollonius et de Tauriscus, et du Torse d'un autre Apollonius. Quant aux peintres, il est vrai que tous ceux qu'il nomme ne sont plus que des peintres du second ordre.

C'est qu'aussitôt la mort d'Alexandre, le monde, et nous entendons toujours par le monde ce point de la terre où la civilisation brille, le monde, disons-nous, ne fut plus que chaos et confusion.

Alexandre, en mourant, avait laissé son anneau à Perdiccas. Chez les anciens, l'anneau, c'est-à-dire le sceau, était le signe visible de la souveraineté. Ses neuf collègues, qui étaient Antipater, Polysperchon, Eumène, Cratère, Antigone, Ptolémée, Séleucus, Lysimaque et Cassandre, lui dévolurent la régence des enfants d'Alexandre. Mais, comme il voulait profiter de ce titre pour s'emparer de la monarchie universelle, il fut égorgé

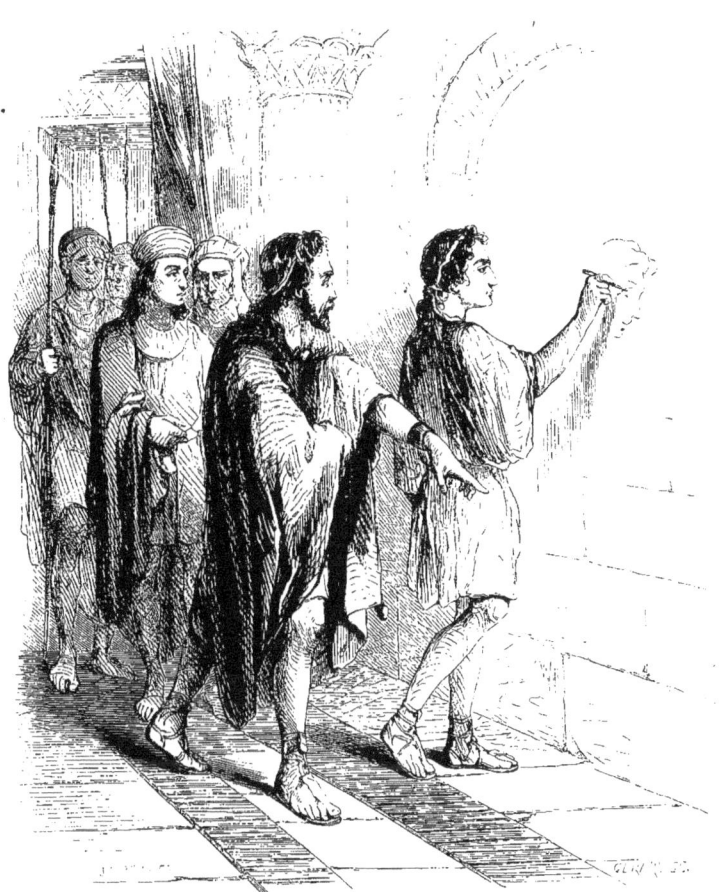

Apelles prit un charbon éteint et commença de tracer un portrait sur la muraille. — Page 12.

en Égypte, où il combattait Ptolémée, l'an 322 avant le Christ, c'est-à-dire dix-huit mois à peine après la mort d'Alexandre.

Antipater lui succéda. Son lot, à lui, c'était la Macédoine, l'Épire et la Grèce. Mais Athènes, chez laquelle l'esprit de liberté se réveilla, se souleva contre Antipater, et fit prendre les armes aux autres villes de la Grèce; mais, vainqueur à Lamia, il prit Athènes, et mourut léguant la régence à Polysperchon, en réservant ses États à son fils Cassandre.

Polysperchon, en héritant de la régence, hérita des troubles qu'elle menait avec elle. Athènes fut reprise par lui. A son premier siège, elle avait perdu Démosthènes; à son second siège, elle perdit Phocion. Puis, comme il voulait déposséder Cassandre des États que lui avait légués son père, il rappela Olympias, la mère d'Alexandre, pour la mettre à la tête du gouvernement; si bien que, tout en combattant, disait-il, pour les intérêts des fils d'Alexandre, il finit par les égorger tous deux, ainsi que leur aïeule.

Eumène, qui de simple soldat était devenu un des capitaines les plus chéris d'Alexandre, au point qu'il lui avait fait épouser une de ses femmes, était peut-être le plus dévoué aux intérêts de la malheureuse famille qui servait de prétexte à toutes les ambitions. Mais, dans le partage du monde, il n'avait obtenu que la Cappadoce, dans laquelle Antigone, son voisin, ne lui permit jamais de s'établir sérieusement. Il n'en fit pas moins ce qu'il put en brave capitaine, battit Antipater et tua Cratère. Mais, livré à Antigone, il fut étranglé à son tour, trois cent quinze ans avant le Christ, c'est-à-dire huit ans à peine après la mort d'Alexandre.

Cratère jouissait d'une grande réputation parmi les Macédoniens; un instant il fut question d'enlever la régence à Perdiccas pour la lui donner, mais le choix d'Alexandre l'emporta sur la sympathie générale. Allié d'Antipater contre Eumène, il se fit tuer, comme nous l'avons vu, trois cent vingt et un ans avant le Christ.

Antigone avait eu l'Asie en partage, et avait pris le premier le titre de roi. Lui aussi, comme Perdiccas, rêva un instant la monarchie universelle, et fut merveilleusement secondé dans cette intention par son fils, Démétrius, qu'on appela Poliorcète ou le preneur de villes, et qui était celui-là même qui rendit, lors du siége de Rhodes, un si public hommage à Protogène; mais, sa puissance naissante ayant effrayé les autres capitaines d'Alexandre, ils se liguèrent contre lui, et Antigone fut tué à la bataille d'Ipsus, c'était trois cent un ans avant le Christ. Les choses allaient vite, comme on le voit; vingt ans à peine s'étaient écoulés depuis la mort d'Alexandre, et il ne restait plus, de cette splendide cour de généraux qui l'entouraient, que Ptolémée, Séleucus, Lysimaque et Cassandre.

Dans tout ce chaos qui annonçait les derniers jours de la Grèce, les Athéniens, comme nous l'avons dit, avaient essayé de reprendre leur liberté; mais, défaits à la bataille de Lamia, ils furent forcés d'acheter la paix en payant les frais de la guerre, et de recevoir une garnison macédonienne à Munichia; alors les proscriptions commencèrent, les républicains échappés à la bataille de Lamia furent poursuivis de tous côtés par leurs ennemis, arrachés des temples où ils s'étaient réfugiés, et partie mis à mort, partie envoyés en Thrace. Ceci se passait sous Antipater.

Il est vrai qu'Antipater étant mort, Athènes eut quelque temps de répit. Polysperchon, à qui il avait laissé la régence, et Cassandre, son fils, à qui il avait laissé son royaume, se prirent de querelle entre eux; il y eut même plus : Polysperchon, voulant se faire des amis parmi les Athéniens, rendit un décret qui abolissait les ordonnances d'Antipater et les rendait à la liberté; aussi s'attachèrent-ils à lui de corps et d'âme. Malheureusement le songe ne fut pas long : Cassandre battit Polysperchon et Alexandre son fils; et Nicanor, son lieutenant, envoyé à Athènes, mit de nouveau garnison dans le port de Pirée et dans la citadelle de Munichia, et installa comme gouverneur de la ville Démétrius de Phalère, qui était de la famille de Conon.

Tout le temps du gouvernement de Démétrius fut une trêve : aussi Athènes reconnaissante lui éleva-t-elle, dans l'espace d'un an, cent soixante statues de bronze, parmi lesquelles il y en avait d'équestres et en char.

Mais après avoir pris Rhodes, le preneur de villes prit Athènes : Cassandre fut vaincu par Démétrius Poliorcète, et la Macédoine conquise; Démétrius de Phalère s'enfuit de l'Attique et alla demander un asile à Ptolémée. Mais à peine eut-il quitté la ville, qui la veille l'adorait encore comme un dieu sauveur, que le peuple gratta son nom de tous les monuments publics, renversa et fondit toutes ses images, et, pour enchérir sur les statues de bronze élevées à Démétrius de Phalère, décidèrent qu'il serait élevé des statues d'or à Démétrius Poliorcète. L'art était déjà bien tombé, comme on le voit, puisqu'on estimait déjà la valeur de la statue, non point d'après l'artiste qui l'avait faite, mais d'après le métal dont elle était composée.

Le revirement parut à Démétrius Poliorcète trop prompt pour être sincère : cet enthousiasme fut tenu par lui pour lâcheté, il traita les descendants des Miltiade, des Thémistocle et des Phocion comme ils méritaient d'être traités : aussi, lorsque Antigone fut tué à la bataille d'Ipsus, se révoltèrent-ils contre Démétrius. Malheureusement Démétrius, tout battu qu'il était, était encore à craindre; on avait cru le preneur de villes mort, il n'était que blessé, blessé mortellement, blessé dans sa puissance, mais blessé comme un lion dont l'agonie est longue et terrible.

Démétrius, dépossédé de l'Asie, se retourna contre l'Europe, prit et reperdit des provinces comme il avait pris et reperdu des villes, fut un instant roi de Macédoine, et, pendant cet instant, chassa Lacharès, chef de la révolte athénienne, fortifia le musée et y mit garnison.

Alors tout fut dit pour celle qui avait été la reine de la Grèce. Tout ce qui lui restait de grand ou de beau disparut. Aigle ou cygne, tout s'envola et alla chercher un air plus libre ou un air plus doux. L'un alla demander asile à Ptolémée, l'autre à Séleucus; celui-ci se réfugia en Sicile, celui-là à Pergame.

Terminons avec la Grèce, à laquelle nous reviendrons plus tard à la suite des armées romaines.

Cependant quelques vieux Grecs restaient encore qui parlaient à leurs enfants des temps de Marathon, de Salamine et de Platée. A leur voix, quatre villes à peine nommées jusque-là dans l'histoire, Phare, Tritée, Patras et Dyme, formèrent une association. Nul ne fit attention à cette ligue tant elle sembla d'abord méprisable. Ce fut cependant la même qui fut appelée depuis la ligue achéenne.

C'est qu'en effet, dès qu'elles eurent un centre de réunion, toutes les villes de la Grèce se réunirent pour une cause commune. Aratus et Philopœmen, les derniers des Grecs comme Brutus et Cassius furent depuis les derniers des Romains, se mirent à la tête de leurs compatriotes. La Grèce respira un instant dans l'espérance de sa régénération. Cet instant donna Ménandre, Épicure, Zénon et Euclide.

Mais la vieille jalousie qui existait entre les Étoliens et les Achéens amena une guerre, et la rage des deux partis alla si loin, que, lorsqu'elle ne pouvait plus frapper les hommes, elle frappait les monuments et les statues. Les Étoliens étant entrés dans une ville de Macédoine nommée Dios, et l'ayant trouvée déserte, abattirent les murs, renversèrent les maisons, brûlèrent et brisèrent les statues. Autant fut fait au temple de Jupiter à Dodone en Épire, où ils ne laissèrent pas pierre sur pierre.

Les Macédoniens et les Achéens ne demeurèrent pas en reste avec leurs ennemis. S'étant emparés deux fois de Therma, capitale des Étoliens, ils n'épargnèrent la première fois que les temples et les statues des dieux, à la seconde, tout disparut. Pergame eut le même sort : le roi Philippe, après l'avoir prise, non-seulement en fit abattre les temples, mais encore il fit briser les pierres de ces temples en petits morceaux pour qu'ils ne pussent point être rebâtis. L'Élide elle-même, qui jusque-là, à cause de ses jeux publics, avait été respectée, perdit son privilége et cessa d'être pour l'art un lieu d'asile.

Puis vint le tour d'Athènes. D'abord tranquille et sous la protection ou plutôt la dépendance des rois de Macédoine et d'Égypte, elle avait vu le commencement de cette guerre sans y prendre part; mais, ayant quitté le parti macédonien, Philippe marcha contre elle, la prit, brûla l'Académie, saccagea les temples et brisa toutes les statues. De leur côté, les Athéniens rendirent un décret qui ordonnait d'anéantir non-seulement toutes les images de ce prince, mais encore toutes celles des personnes de sa famille de quelque sexe qu'elles fussent. La destruction répondait à l'appel de la destruction.

Pendant ce temps mouraient assassinés ou empoisonnés la veuve de Cassandre et ses deux fils; c'étaient les derniers débris de la famille d'Alexandre. Quarante ans s'étaient écoulés à peine depuis que le conquérant de l'Inde avait fondé un empire plus grand que n'avait été la monarchie perse et plus grand que ne devait être la monarchie romaine, et déjà il ne restait plus trace de celui qui, pour me servir des paroles d'un historien moderne, avait traversé l'horizon avec la rapidité de l'éclair, l'éclat du soleil et les calamités de la foudre.

Cependant, cette volée d'artistes qui, effrayée par le bruit des armes et par la vue du sang, était partie d'Athènes, s'était abattue en Égypte, en Asie, en Sicile et en Asie Mineure, et avait été reçue par Ptolémée, par Séleucus, par Hiéron et par Attale, comme des envoyés des dieux qui devaient consacrer leurs monarchies chancelantes du sceau de leur génie. Jetons donc successivement les yeux sur chacun de ces quatre empires, et voyons ce que l'art y produisit dans sa dernière période.

Presque toutes les statues que les artistes grecs exécutèrent en Egypte sont faciles à reconnaître, soit qu'on les ait retrouvées complètes, soit qu'on n'en ait retrouvé que des fragments, car elles sont en pierres libyques, c'est-à-dire en porphyre, en basalte ou en granit : ces statues sont rares, attendu l'extrême difficulté de travailler ces pierres; en échange, les médailles d'Alexandrie étaient renommées pour leur finesse et leur intelligence, et sont préférées de beaucoup, par les amateurs, aux médailles athéniennes. Quant à la peinture, on la perd de vue, et, comme les tableaux n'étaient point datés du lieu où ils étaient faits, les œuvres des artistes grecs d'Alexandrie se confondent avec celles des autres peintres de la décadence.

Séleucus n'avait pas été moins hospitalier pour l'art fugitif que Ptolémée Soter, mais il avait transporté le siége de sa capitale à Séleucie, c'est-à-dire assez avant dans l'Asie pour interrompre toute communication entre la colonie et sa métropole : il en résulte que parmi les artistes qui se rendirent célèbres à la cour des premiers Séleucides on ne connaît guère, et encore grâce à Lucien, qu'Hermoclès de Rhodes, auteur de la statue du beau Combabus. Quant à la peinture, il est presque impossible d'en retrouver des traces.

En arrivant en Sicile, au contraire, les exilés purent croire qu'ils n'avaient point changé de patrie : c'étaient des ancêtres communs qu'ils retrouvaient, c'étaient des frères qui leur offraient l'hospitalité de la famille. Dès les temps les plus reculés, sous Gélon, sous Hiéron, sous les deux Denys, Syracuse avait été à la Sicile ce qu'Athènes était à la Grèce, et ses portes du temple de Pallas, ciselées en or et en ivoire, étaient, au dire de Cicéron, ce qu'on avait jamais fait de plus beau en ce genre.

Agathocle régnait alors; il avait été, disait-on, potier dans sa jeunesse, ce qui lui avait appris les règles du dessin et donné le goût de l'art. Il reçut donc les artistes à bras ouverts, fit frapper force médailles qui représentaient d'un côté une tête de Proserpine, et de l'autre une Victoire qui posait un casque sur un trophée; il fit exécuter, en outre, un tableau représentant un combat de cavalerie où il avait commandé en personne, sans doute dans son expédition d'Afrique, et fit exposer ce tableau dans le temple de Pallas, où le trouva Marcellus.

Hiéron II lui succéda; lui aussi, simple citoyen de Syracuse, avait été proclamé roi d'une voix unanime : c'était un prince magnifique, qui, ne sachant comment occuper ce monde d'artistes qui habitait son royaume, en choisit trois cents des plus habiles et les chargea de lui construire le plus beau vaisseau qui eût jamais été fait. Au bout d'un an, le vaisseau flottait sur la mer de Sicile, plutôt avec l'aspect d'un palais que d'un navire : il avait, de chaque côté, vingt rangs de rames, il renfermait des aqueducs et des jardins, des bains et des temples; mais son chef-d'œuvre était une chambre dont le pavé de mosaïque représentait toute l'Iliade.

Les dieux récompensèrent Hiéron; il vécut quatre-vingt-dix ans et en régna soixante-dix : ce fut l'âge doré de la Sicile.

Attale régnait à Pergame : il avait amassé de tels trésors, qu'on disait riche comme Attale. Ce fut lui qui offrit, des tableaux grecs, ces prix incroyables que rapporte Pline; on juge de ce qu'il fit pour les artistes, faisant cela pour leurs œuvres. Lui et Eumène, son fils, furent des dieux pour la pauvre Grèce expirante; aussi Sicyone fit-elle ériger à Attale une statue gigantesque qu'elle plaça dans un lieu public, près de celle d'Apollon, et la plupart des autres villes du Péloponèse en firent-elles autant pour Eumène.

Ils avaient à leur cour, ôutre quatre statuaires fameux qui se nommaient Pyromachus, Higone, Stratonicus et Antigone, plusieurs peintres qui étaient chargés de représenter les batailles qu'Attale et Eumène avaient gagnées contre les Gaulois, dans la Mysie, et un mosaïste célèbre, nommé Sosus, qui avait fait le fameux pavé appelé la Maison non balayée, et la Colombe buvant dans une jatte.

Ce furent eux encore qui, pour encourager les savants et protéger les lettres, fondèrent cette fameuse bibliothèque de Pergame, à laquelle les Ptolémées donnèrent une rivale; elle fut bientôt si considérable et si riche (quoique, dans la louable intention de l'emporter sur leurs confrères des bords du Nil, les savants hellespontins y eussent fait entrer près d'un tiers de livres apocryphes), que Ptolémée, jaloux, défendit l'exportation du papyrus; mais à cette défense les Pergaméniens répondirent en écrivant sur des peaux de mouton préparées : de là l'invention du parchemin.

Parmi les beaux tableaux que possédait Attale, on citait surtout l'Ajax d'Apollodore et le Malade d'Aristide ; on se rappelle qu'il avait payé ce tableau cent talents attiques, c'est-à-dire deux cent quarante mille francs de notre monnaie.

Ce fut vers ce temps que l'on commença de voir poindre à l'horizon occidental un peuple qui commença à donner à tous les rois d'Orient quelques craintes, par la manière rapide dont il s'élevait : ce peuple était le peuple romain.

Voici en deux mots l'histoire de ce peuple d'abord inaperçu, et qui, bientôt, devait conquérir le monde. Quatre cent trente-deux ans après la prise de Troie, au commencement de la septième olympiade, Charops étant archonte à Athènes dans la première année de son gouvernement de dix ans ; Numitor, roi des Albins, ayant donné à Romulus et à Rémus le canton dans lequel ils avaient été élevés, ils sortirent d'Albe conduisant chacun une colonie.

Arrivés au pied du mont Palatin, terme du voyage, une contestation s'éleva entre les deux frères sur le lieu le plus favorable à la fondation de leur ville : les Albins prirent parti pour l'un et pour l'autre ; un combat s'engagea, Rémus fut tué, quelques-uns disent par Romulus lui-même. Trois mille hommes se rallièrent autour du vainqueur, sans s'inquiéter si ce vainqueur était un fratricide.

Alors, comme rien ne faisait plus obstacle à sa volonté, Romulus fixa un jour pour offrir aux dieux un sacrifice propitiatoire : ce jour arrivé, il fit son sacrifice, ordonna à chacun d'en faire un autre selon ses moyens, et, allumant un grand feu, il sauta le premier à travers les flammes pour se purifier ; tous l'imitèrent.

Ensuite, ayant convoqué le peuple sur le mont Palatin, il attela un bœuf et une vache à une charrue, et, traçant lui-même un sillon autour de la montagne, il dit : « Voilà où seront les murs de ma ville, et cette ville s'appellera Rome. »

Puis, lorsque ses murs furent élevés, lorsque son enceinte renferma le nombre de maisons nécessaires à sa population, Romulus rassembla tous ses habitants, satisfait qu'il était d'avoir été choisi pour conducteur de la colonie, et d'avoir donné son nom à la ville nouvelle.

Il voulait consulter le peuple sur le choix du gouvernement, il lui proposa, en conséquence, trois formes d'administration différentes : la monarchie ou le gouvernement d'un seul homme, l'oligarchie ou le gouvernement de plusieurs magistrats, la démocratie ou le gouvernement du peuple ; quant à lui, quelle que fût la forme adoptée, il déclarait être prêt à s'y soumettre et ne refusait ni de commander ni d'obéir.

Le peuple, après avoir délibéré, répondit qu'il voulait suivre le gouvernement de ses ancêtres, qui l'avait rendu heureux, et que, fixé comme il l'était pour la royauté, il n'en voyait pas d'autre que Romulus qui convint au trône, tant à cause du sang royal qui coulait dans ses veines, qu'à cause du courage qu'il avait déployé depuis qu'ils étaient sortis d'Albe.

Romulus répondit à son tour qu'il n'accepterait cet honneur qu'autant que les dieux le ratifieraient, et, le peuple l'ayant unanimement approuvé, il indiqua un jour pour consulter les augures ; ce jour il sortit de sa tente de grand matin, et, après avoir immolé des victimes, il s'adressa aux dieux protecteurs de la colonie, les priant de lui indiquer, par quelque signe favorable, si c'était leur volonté qu'il acceptât le pouvoir royal : au même instant, un éclair venant de gauche à droite sillonna le ciel ; et Romulus, élu par les hommes et adopté par les dieux, fut nommé roi de Rome.

Il fit alors le recensement de son peuple ou plutôt de son armée, et il se trouva qu'il avait autour de lui trois mille hommes d'infanterie et trois cents cavaliers.

Ce fut le noyau du peuple romain.

Alors il le divisa en trois corps qu'il nomma tribus, et leur donna trois chefs qu'il appela tribuns ; puis il subdivisa ces trois tribus en trente autres corps qu'il appela curies, et leur donna trente chefs qu'il appela curions ; enfin il subdivisa de nouveau chaque curie en dix corps qu'il nomma décuries, et leur donna des chefs qu'il nomma décurions.

Il y avait donc trois tribuns, trente curions et trois cents décurions.

Le partage des hommes terminé, il passa au partage des terres, qu'il divisa en trente parts égales, réservant la part des dieux et la part de la république.

Puis, le partage des hommes et de la terre achevé, Romulus passa au partage des emplois et des honneurs ; il choisit les plus braves et les plus instruits de ses sujets, et les nomma patriciens, les autres furent appelés plébéiens.

Voici quels étaient les devoirs de chacun :

Le roi se réservait la souveraine sacrificature, la garde des lois et des coutumes du pays, le soin de veiller à l'exacte observation du droit naturel

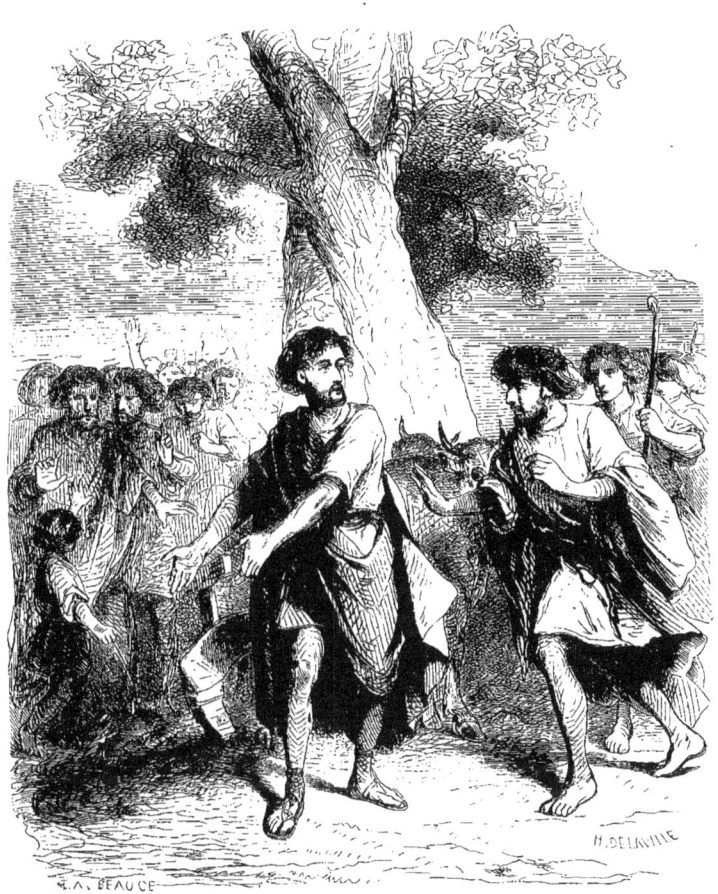

Voilà où seront les murs de ma ville, et cette ville s'appellera Rome. — Page 16.

et du droit civil, la rédaction des traités et des conventions, le jugement des grands crimes, la faculté d'assembler le peuple, de convoquer le sénat, de dire son avis le premier, de conclure à la pluralité des voix et d'exécuter les décisions, enfin le commandement des armées et la souveraine autorité dans la guerre : il réunissait donc le pouvoir religieux au pouvoir militaire, le pouvoir législatif au pouvoir exécutif.

Le nourrisson de la louve s'était, comme on le voit, fait une part de lion.

Les patriciens avaient le soin du culte des dieux, rendaient la justice, et aidaient le roi dans le gouvernement.

Les plébéiens étaient chargés des fonctions qui exigeaient moins de capacités et de richesses; ceux qui ne remplissaient aucune charge, et ce fut le plus grand nombre, s'appliquèrent à l'agriculture, à l'entretien des troupeaux et à l'exercice des métiers.

Les patriciens se convoquaient par des hérauts, les plébéiens se réunissaient au son de la trompette.

Ce fut la base du gouvernement de Rome.

La pondération des pouvoirs ainsi établie entre les trois corps de l'État, et lorsque chacun connut sa puissance, ses droits et ses devoirs, Romulus s'occupa de l'agrandissement du royaume et de l'augmentation des individus.

Dans ce but, il rendit trois lois.

La première défendait aux parents de tuer leurs enfants avant qu'ils eussent trois ans accomplis, à moins qu'ils ne fussent estropiés et monstrueux à leur naissance; dans ce cas, on les faisait voir à cinq voisins, et, selon leur sentiment, on les mettait à mort ou on les laissait vivre.

La seconde accordait asile aux peuples mécontents de leurs gouvernements. Entre la capitale et la citadelle s'étendait un bois de chênes fort touffu : Romulus consacra ce bois, y bâtit un temple, et en fit un lieu d'asile pour toute personne libre.

La troisième était la défense de passer au fil de l'épée la jeunesse des villes vaincues, de ne point la vendre, de ne point laisser les terres conquises en friches, mais de déclarer la conquête colonie romaine, et, comme telle, de la faire participer à une partie des avantages réservés aux citoyens romains.

Le gouvernement établi par Romulus dura jusqu'au moment où Brutus chassa les rois, c'est-à-dire jusqu'à l'an 243 de la fondation de Rome, qui correspond à l'an 510 avant Jésus-Christ. Brutus était contemporain d'Harmodius et d'Aristogiton.

Alors, quoique le nouvel ordre de choses prit le nom de république, le fond resta à peu près le même : seulement, un léger changement s'opéra dans la forme : le pouvoir, réuni auparavant dans les mains d'un seul roi, fut partagé entre deux magistrats, et, de viager qu'il était, devint annuel; on appela les nouveaux chefs consuls, afin que, par ce nouveau nom introduit dans la langue romaine, ils se trouvassent avertis de ne rien faire sans consulter les citoyens.

Ces consuls héritèrent non-seulement de l'autorité royale, mais encore de l'appareil du pouvoir souverain : cet appareil consistait en une troupe de douze licteurs marchant toujours devant le consul sur une seule ligne et armés de simples faisceaux de verges de bouleau, qu'ils surmontaient d'une hache quand ce magistrat sortait de Rome.

Les patriciens qui avaient fait la révolution l'organisèrent à leur profit en se réservant le consulat. Ils laissèrent bien l'élection au peuple, mais, comme les consuls ne pouvaient être pris que parmi la noblesse, et que les consuls nommaient les sénateurs, ils se trouvèrent ainsi maîtres de la république, par le consulat et la sénatorerie.

Quoique le peuple se fût promptement aperçu du réseau aristocratique dans lequel il était enveloppé, cet état de choses dura quelque temps. Puis, comme dans toutes les situations où les intérêts des masses sont compromis au profit d'une minorité, un accident, qui au premier coup d'œil paraissait n'avoir aucun rapport avec la cause réelle du malaise populaire, vint apporter une modification dans le système gouvernemental.

A cette époque, tout citoyen devait à la république le service militaire sans indemnité; ce qui fit que beaucoup de plébéiens, qui ne vivaient que de leur travail, se trouvèrent obligés, par suite de fréquents appels sous les drapeaux, de contracter des dettes. Bientôt ces dettes s'accumulèrent au point que les débiteurs devinrent insolvables. Tourmenté par ses créanciers, et ne trouvant aucun appui dans le patriciat, le peuple réclama des sénateurs un adoucissement à son sort. Cet adoucissement lui fut durement refusé. Le peuple alors se décida à une banqueroute générale; il émigra tout entier, suivi des femmes et des enfants, et se retira sur une montagne distante d'une lieue et demie de Rome à peu près, ne laissant dans la ville que les consuls, les sénateurs et la noblesse.

Le patriciat, effrayé de cette désertion, envoya des ambassadeurs aux mécontents; les mécontents exigèrent : 1° l'abolition des dettes contractées pour le service de la patrie; 2° l'élargissement des détenus; 3° la création de deux magistrats, selon Tite-Live, et de cinq, selon Plutarque, qui, choisis parmi les plébéiens, devaient les protéger contre l'avidité des riches, l'insolence des patriciens et les injustices du sénat.

Ces trois demandes furent accordées : les dettes furent remises, les débiteurs élargis; les nouveaux magistrats, choisis dans l'armée parmi les chefs de corps, prirent le nom de tribuns du peuple, et la colline qui avait offert un asile aux opprimés fut appelée le Mont-Sacré. A compter de ce jour, les plébéiens eurent entre les mains leur force légale; mais d'abord cette force fut seulement défensive, les tribuns n'étant et ne devant être que de simples protecteurs : en conséquence, ils n'avaient aucun costume particulier, marchaient sans suite, accompagnés seulement d'un seul viateur, et perdaient leur puissance en sortant des portes de la ville.

Mais tout pouvoir, si faible qu'il soit à sa naissance, grandit vite s'il a été procréé par les besoins de la majorité, et bientôt le droit d'opposition ne suffit plus au tribunat. Il se lassa du rôle passif qui lui était dévolu, et une occasion se présenta bientôt où il put faire l'essai du pouvoir actif qu'il était à même d'exercer. Neuf à dix ans après la chute des Tarquins, une famine affreuse s'était fait sentir, le sénat, dans lequel étaient concentrées toutes les richesses, fit venir du blé des pays environnants, et Marcius Coriolan proposa de donner le blé à moitié prix au peuple si le peuple consentait à renoncer à ses tribuns. Les tribuns, menacés dans leur existence, répondirent en citant Coriolan devant le peuple, et, quoique le fier patricien refusât de comparaître au tribunal populaire, il fut jugé et condamné.

À compter de ce moment, la puissance des tribuns alla sans cesse croissant; le pouvoir populaire, une fois en face du pouvoir aristocratique, ne lui donna ni paix ni trêve. Bientôt le consulat cessa d'être circonscrit parmi les patriciens, et les magistratures les plus importantes, passant par la brèche faite à la constitution primitive, descendirent jusqu'au peuple, tandis qu'au contraire il est prouvé par les témoignages de Caton d'Utique, de Cicéron, de Plutarque et de Tite-Live, que jamais un noble ne put obtenir le tribunat. En effet, Auguste fut le premier que l'on décora de ce titre.

Et maintenant voici dans quelle progression, malgré ses révolutions intestines, malgré l'invasion des Gaulois et malgré la guerre étrangère contre Pyrrhus, le peuple romain en était comme population à l'époque où nous en sommes arrivés, c'est-à-dire cinquante à cinquante-cinq ans après la mort d'Alexandre.

Grâce aux lois qu'il avait fondées, lorsque Romulus, après trente-sept ans de règne, fut emporté par une tempête, Rome comptait quarante-sept mille âmes, tant habitants que sujets.

L'an 220, ce nombre montait, selon Fabius Pictor, le plus ancien historien romain, à quatre-vingt mille hommes en état de porter les armes.

L'an 395, époque de la prise de Rome par les Gaulois, et qui correspond à dix ans près à la guerre de Thèbes et de Lacédémone, c'est-à-dire à l'époque où était en pleine floraison Athènes,
la république comptait, selon Tite-Live, cent trente-deux mille quatre cents citoyens.

Enfin, l'an 500, c'est-à-dire à l'époque où nous sommes arrivés, sa population était augmentée du double, ce qui peut porter le chiffre total, toujours au dire de Tite-Live, et en y comprenant les femmes, les vieillards et les enfants, à huit cent mille âmes à peu près.

Maintenant nous allons voir, au moment où l'art tombait chez les Grecs vieillis, où l'art en était chez ce peuple à peine adulte, qui devait grandir avec tant de rapidité et tomber avec tant de bruit.

Comme on l'a vu, les Romains étaient un peuple guerrier; élevé par les armes, il se soutenait par les armes; il lui fallut près de cinq cents ans de lutte pour consolider son droit de bourgeoisie dans le Latium : lorsqu'on combat pour sa propre existence, on n'a guère de temps à perdre pour les choses de luxe.

D'abord, au dire de Plutarque, Numa avait rendu une loi qui défendait de représenter la divinité sous une forme humaine; de sorte que Varron rapporte que pendant les cent soixante-dix premières années de la république, c'est-à-dire de Romulus à Servius Tullius, on ne vit dans les temples de Rome ni statues ni images des dieux.

Cependant la ville n'était point dénuée de toute espèce de monuments de ce genre. Il existait une statue de Romulus, et Denys d'Halicarnasse parle comme d'un ouvrage remontant à la plus haute antiquité de la louve du Capitole qui allaitait Romulus et Rémus, et Pline ajoute que Tarquin l'Ancien, Plutarque dit Tarquin le Superbe, fit venir des artistes du pays des Volsques pour exécuter en terre cuite le Jupiter Olympien et le quadrige qui fut placé sur le faîte du temple. De plus, Appien, dans sa *Guerre civile*, livre I, p. 168, affirme que du temps des Gracques et pendant les troubles qu'ils excitèrent, c'est-à-dire six cent vingt ans à peu près après la fondation de Rome, on voyait encore les statues des anciens rois à l'entrée du Capitole.

D'ailleurs, une chose essentielle s'opposait, chez les Romains, aux progrès de l'art de la statuaire : dans le traité conclu avec Porsenna, après la mémorable aventure de Mutius Scévola, il fut stipulé, à ce qu'assure Pline, que le fer ne serait employé qu'à des instruments d'agriculture. De cette manière, les outils manquant pour tailler le marbre, on dut avoir recours à la fonte : aussi voyons-nous que le plus grand honneur qu'on pût rendre à un citoyen était de lui élever une colonne ou une statue de bronze; encore cette statue, comme celle d'Horatius Coclès, qui était érigée dans le temple de Vulcain, et celle de Clélie, que Sénèque vit encore et dont il parle dans ses consolations à Marcia, ne pouvait-elle être que de trois pieds de hauteur.

Quant aux portraits des particuliers qui n'avaient point été jugés dignes des honneurs publics de la statue, la piété privée les faisait exécuter en cire; c'étaient de simples médaillons enclavés dans des cadres, afin qu'on pût les emporter avec soi lorsqu'on changeait de maison, ou les promener dans les pompes funèbres de la famille (1). Aussi, dit Pline, lorsqu'il mourait un citoyen de marque, voyait-on assister à son convoi une telle quantité d'ancêtres, que le mort était littéralement accompagné d'un peuple portant le même nom que lui.

C'était le temps où les vertus étaient fières encore d'être des vertus et voulaient être perpétuées; aussi, en même temps qu'un arbre généalogique tracé sur la muraille étendait ses rameaux jusqu'à chacune de ses médailles, les cases des archives se remplissaient de manuscrits contenant les faits et gestes de ceux dont la maison offrait les portraits. En outre, il y avait en dehors et autour des portes d'autres effigies représentant les actions glorieuses des propriétaires de ces maisons, ainsi que les trophées ennemis qui en avaient été la récompense; et, quels que fussent les acquéreurs de ces maisons, ils ne pouvaient enlever les effigies et les trophées, de sorte qu'elles continuaient de triompher même en changeant de maître, et qu'un lâche y regardait à deux fois pour passer ce seuil qui lui criait à haute voix d'être brave.

Ce fut Appius Claudius qui, pendant son consulat avec Servilius, l'an 259 de Rome, quinze ans après la chute de Tarquin, donna le premier l'exemple de cet hommage rendu à ses ancêtres en dédiant dans le temple de Bellone des boucliers à leur effigie; autour de ces boucliers étaient leurs noms et des inscriptions rappelant les principales actions de leur vie. Cet exemple fut imité, et bientôt, cet honneur s'étendant des morts aux vivants, on vit de grands boucliers représentant le chef de la famille tout entouré de petits médaillons où étaient modelés les portraits de ses enfants. Cette coutume dura longtemps; car, plus de quatre cents ans après, Marcus Emilius Lépidus, qui, l'an 671 de Rome, eut pour collègue au consulat Quintus Lutatius, plaça les écussons de ses ancêtres dans la basilique Emilienne. Il y avait plus, jusqu'à l'incendie du Capitole, arrivé du temps des guerres de Marius et de Sylla, on voyait attaché au-dessus de la porte du temple de Jupiter Capitolin le bouclier d'Asdrubal, qui avait été rapporté d'Espagne par Marcius, et qui était tombé dans ses mains quand ce vengeur des Scipions avait forcé le camp du général carthaginois. Au reste, à cette époque d'ignorance et de vertus antiques, l'indifférence était si grande pour la matière, que ce fut Marcus Aufidius qui, ayant été préposé à la garde et à l'entretien du Capitole, l'an 575 de Rome, apprit aux sénateurs que les écussons à portraits que l'on avait pris jusqu'alors pour des boucliers de cuivre étaient des boucliers d'argent.

Pendant les quatre premiers siècles de la fondation de Rome, l'art, comme on le voit, ne fit donc aucun progrès chez les Romains. Cependant, vers l'an 252, Spurius Cassius, consul, avait fait faire une statue de Cérès en bronze, et en l'an 417 on avait érigé les premières statues équestres aux consuls Lucius Furius Camillus et à C. Marcius, vainqueur des Latins. Mais ces divers monuments étaient sans doute exécutés par des Etrusques, car en l'an 461 ces Romains étaient encore si ignorants en statuaire, que Spurius Carvilius, vainqueur des Samnites, ayant voulu faire jeter en fonte un Apollon colossal, fait des casques, des cuissards et des cuirasses des vaincus, fut forcé de faire venir à Rome un artiste étrusque. Or l'an 461 de Rome correspondait à la cent vingt et unième olympiade, c'est-à-dire trente-quatre ou trente-cinq ans après la mort d'Alexandre, époque à laquelle l'art grec, arrivé à son apogée depuis plus d'un siècle, était déjà bien près d'entrer dans sa décadence. L'artiste étrusque s'en tira, au reste, à son honneur, et sa statue, qui était si grande qu'on pouvait la voir de la montagne d'Albano, fut transportée plus tard dans la bibliothèque du temple d'Auguste, où Pline la vit vers la moitié du premier siècle de l'ère chrétienne. Quant au marbre, il n'en était pas le moins du monde question, et comme le territoire possédé à cette époque par les Romains ne renfermait encore aucune carrière de ce genre, il était si rare, que, longtemps encore après l'époque où nous sommes arrivés, le censeur Fulvius fit transporter à Rome les tuiles de marbre qui couvraient le temple de Junon Lucinia, situé près de Crotone, pour en faire la

(1) Nec mea tunc longa spatietur imagine pompa.
(Propert., lib. II, Eleg. xiii.)

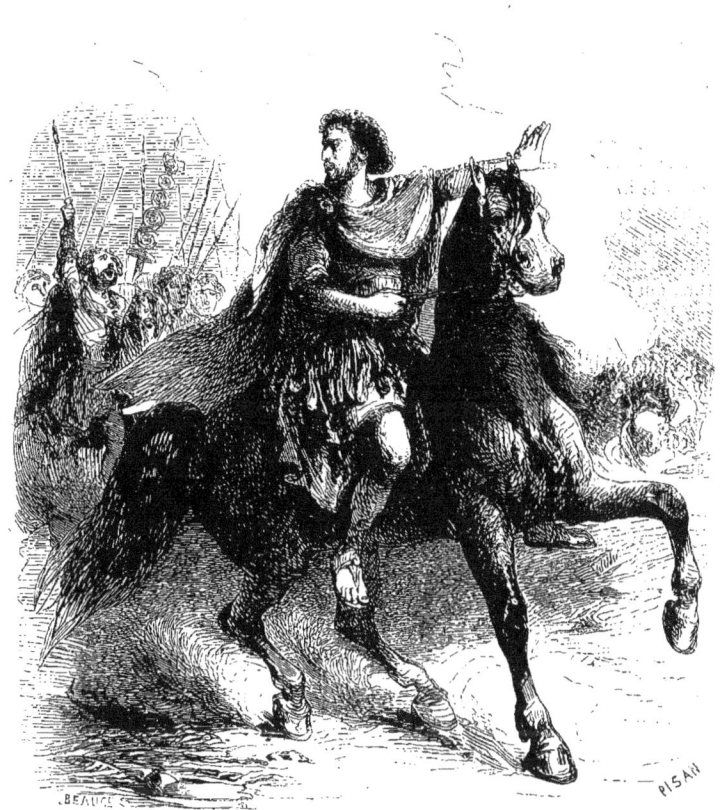

Scipion l'Africain.

couverture d'un nouveau temple que lui-même avait fait vœu de bâtir. En même temps son collègue, le censeur Emilius, faisait parer un marché de la même matière; mais, pour garantir cette merveille d'une trop prompte destruction, on l'avait entourée d'une palissade qui ne s'ouvrait que certains jours de la semaine.

Au reste, il était facile de reconnaître les statues antérieures à la cent vingtième olympiade, c'est-à-dire à l'an 454 de la fondation de Rome, en ce qu'elles avaient toutes la barbe et les cheveux longs, les barbiers, au dire de Plutarque, étant vers cette époque seulement venus de Sicile. Scipion l'Africain portait encore cette coiffure primitive dans son entrevue avec le roi Massinissa.

Quant à la peinture, c'était encore par les Étrusques qu'elle était pratiquée à Rome; ils avaient orné de leurs fresques un temple de Cérès; et ces fresques passaient pour de tels chefs-d'œuvre, que, lors de la reconstruction de ce temple, on enleva ces peintures en sciant, pour les conserver intactes, une partie de la muraille. Et il fallait bien que cette pénurie d'artistes indigènes fût grande, puisque Quintus Fabius, qui, après la bataille de Cannes, fut envoyé à Delphes pour consulter l'oracle, l'an 450 de Rome, reçut, pour avoir peint le temple du Salut, situé sur le Quirinal, le surnom de Pictor, qui fut depuis affecté à l'illustre famille Fabia. Au reste, ces peintures demeurèrent à Rome, comme les premiers essais de l'art, jusqu'au règne de Claude, époque à laquelle ce temple fut brûlé.

Deux ans après, Tibérius Gracchus, ayant remporté sur les Carthaginois, commandés par Hannon, une grande victoire, fit peindre, dans le temple de la Liberté à Rome, les fêtes qu'il avait données à son armée dans la ville de Bénévent. Ces fêtes consistaient en dîners publics dans lesquels on voyait les citoyens servir les vainqueurs, qui cependant n'étaient en grande partie que des esclaves à qui Tibérius Gracchus avait promis la liberté.

Pacuvius, neveu d'Ennius et poète comme son oncle, fut le dernier citoyen recommandable qui, au dire de Pline, exerça l'art de la peinture. Il avait décoré le temple d'Hercule, situé dans le marché aux Bœufs, et le succès de ses pièces de théâtre avait donné une nouvelle célébrité à ses autres travaux; mais vers le même temps les Romains, qui, ainsi que je l'ai dit, commençaient à devenir une puissance, ayant été appelés par les Étoliens à leur secours contre les Achéens, et ayant passé du parti de leurs premiers alliés à celui de leurs ennemis, eurent occasion de comparer les peintures grecques aux essais informes qu'ils avaient vus à Rome. L'admiration pour les productions étrangères les ayant naturellement conduits au mépris des productions indigènes, ils jugèrent inutile de se donner une plus longue peine pour arriver au degré de perfection où étaient parvenus les Grecs, et trouvèrent qu'il était bien plus simple d'envoyer à Rome des chefs-d'œuvre tout faits que de perdre leur temps à essayer d'en faire. Au reste, cette campagne des Romains eut un résultat excellent pour l'art. Quintus Flaminius prit Corinthe et força Philippe à une paix dont l'un des articles fut : qu'il évacuerait toutes les îles grecques dans lesquelles il avait garnison, et cela avant le retour des jeux isthmiques. Cette convention exécutée, Quintus Flaminius déclara les Grecs libres. Les Grecs tombèrent à genoux et, dispensés de lui obéir comme à un maître, l'adorèrent comme un dieu. Cela se passait après la seconde guerre punique, c'est-à-dire vers l'an 197 avant le Christ.

Ce moment de liberté produisit en Grèce une recrudescence de l'art, quelques maîtres reparurent, de second ordre il est vrai, mais hommes de talent sinon de génie : c'étaient les Antée, les Polyclète, les Callistrate, les Athénée, les Callixène, les Pythias et les Métrodore, dont les productions, dont on peut retrouver la liste dans Pline, signalent le dernier âge de l'art grec.

Mais les premiers chefs-d'œuvre apportés à Rome le furent par Claudius Marcellus et venaient de Syracuse, qu'il avait pris : c'étaient des statues et des tableaux du beau temps et de la belle école grecque; aussi ces statues et ces tableaux, destinés à la décoration du Capitole et à l'ornement d'un temple, qu'au dire de Plutarque il éleva vers la porte de Capène, produisirent-ils un véritable enthousiasme.

Il en fut de même pour la ville de Capoue; Fulvius Flaccus, l'ayant prise, la dépouilla de tous les objets d'art qu'elle possédait, et les envoya à Rome.

Puis, vers le même temps où Scipion l'Africain détruisait Carthage, Mummius prit Corinthe et trouva, dans la lave qui coulait de l'incendie, ce précieux métal, composé d'or, d'argent et de bronze, pour lequel devaient se ruiner les Romains du temps de Claude et de Néron.

Enfin, Antiochus fut vaincu; et cette victoire, en livrant aux Romains l'Asie Mineure jusqu'au mont Taurus, leur livra ces richesses étranges, inconnues, inouïes, où devaient, au pied du tombeau des Gracques et des Scipions, s'éteindre les restes de leurs vieilles vertus.

A partir de ce moment, Rome marcha vers la monarchie universelle, absorbant au profit de sa propre gloire tout ce que, dans ses conquêtes successives, elle trouva de grand et de beau. Alors elle ne comptait plus sa population territoriale comme aux temps dont parle Tite-Live, mais la population de Rome seule; et cette population, au dire d'Eusèbe, cinquante ans avant le Christ, c'est-à-dire du temps de César, se montait à peu près à trois millions d'habitants, non compris les femmes, les enfants, les vieillards et les étrangers; mais alors Rome était la capitale du monde, et partout où n'était pas Rome il n'y avait rien.

C'est qu'en effet, arrivée à cette époque, Rome n'est pas encore la reine du monde, elle n'en est que la maîtresse. A son territoire italien, qu'elle a conquis avec tant de peine, et après cinq cents ans de lutte, Duilius a réuni la Sardaigne, la

Corse et la Sicile; Scipion, l'Espagne; Paul Émile, la Macédoine; Sextius, la Gaule Transalpine; Scipion Émilien, le littoral de l'Afrique; Pompée, la Syrie et le Pont; Marius, la Numidie; Jules César, les Gaules et l'Angleterre; enfin, elle a hérité : la Bithynie, de Nicomède; Pergame, d'Attale; et la Libye, d'Apion; si bien que les limites de la république s'étendent, à l'orient, jusqu'à l'Euphrate; au midi, jusqu'au grand désert; au nord, jusqu'à la Germanie; à l'occident, jusqu'à l'Atlantique.

Depuis longtemps la Rome de bois a fait place à la Rome de brique, et la Rome de brique, à son tour, commence à disparaître sous les pieds de la Rome de marbre. Circonscrite d'abord dans le sillon que la charrue de Romulus a tracé autour du mont Palatin, elle a successivement fait craquer ses trois enceintes de murs, envahi les six collines qui entouraient son berceau, et couvert de ses faubourgs, de ses jardins et de ses villas le territoire qu'elle avait trouvé occupé par sept peuples. Comme un riche praticien a un château d'été, la voluptueuse qu'elle est a une ville de campagne, qu'on appelle Naples. Les dépouilles du monde entier sont venues, comme nous l'avons dit, grossir son trésor; les chefs-d'œuvre de la Grèce, envoyés de Syracuse par Marcellus, de Corinthe par Mummius et d'Athènes par Sylla, ornent ses places publiques et ses palais.

Il y a plus : inhabile à la peinture et à la statuaire, elle s'est réfugiée dans l'architecture, et elle s'essaye à bâtir ces monuments gigantesques dont elle couvrira le monde : déjà elle a bâti ou va bâtir sur son Forum la basilique Émilia, dont les deux cents colonnes sont de marbre de Phrygie; le temple de Saturne, qui renferme le trésor de la république et dont le fronton est surmonté de dieux marins sonnant de la trompette; le temple de Vesta, qui est couvert en airain de Syracuse; le temple de la Fortune, dont le péristyle est soutenu par dix colonnes; le temple de Castor et Pollux, qui est situé sur l'emplacement de la fontaine où les deux frères divins se baignèrent en revenant de combattre avec l'armée romaine à la bataille de Régille; le temple de la Félicité, qui occupe l'emplacement de l'ancienne curie Hostilia; enfin, le Græcostase, où les ambassadeurs des rois étrangers attendaient l'audience du sénat romain.

Sur son Champ de Mars, en entrant par la porte Flumentane, on aperçoit, isolés entre la voie Triomphale et le Tibre, les trois temples de l'Espérance, de Junon-Reine et de la Piété; tandis que de l'autre côté de la voie s'élèvent : le Forum-Olitorium, où les paysans des environs viennent étaler le produit de leurs jardins; le temple de Janus, qui n'a été fermé que deux fois encore depuis cinq cent cinquante ans qu'il est bâti; le temple d'Apollon, qui touche à la maison de Quintus Cicéron, frère de l'orateur; le théâtre de Cornélius Balbus, qui fait face au temple de l'Hercule aux muses; le temple de Bellonne et sa colonnette guerrière, du haut de laquelle on lance la javeline hostile vers le côté du monde où Rome veut porter la guerre; le cirque de Flaminius, qui a donné son nom à toute la région; le théâtre de Pompée, où pour la première fois, depuis les tuiles de Crotone, au milieu de la Rome républicaine, le marbre aristocratique a été employé, et devant lequel s'étend un portique qui repose sur cent colonnes, dont les intervalles et les extrémités se ferment avec des voiles d'étoffe attaliques, tandis que, derrière lui, sa curie touche, par une promenade plantée d'arbres et ornée de statues, au stade de Jules César; puis, à l'extrémité opposée du Champ de Mars, en le traversant dans toute sa largeur, pour aller du Tibre au mont Quirinal, le temple d'Isis au milieu de ses jardins; et enfin les Septa Julia, bazar splendide où l'on vend des coupes de myrrhe, des tables de bois en citre, des lits d'écaille incrustés d'or, des vases d'airain de Corinthe, des statues de Polyclète, des plats ciselés par Évandre, et des vases murrhins qui viennent du royaume des Parthes, et dont quelques-uns valent jusqu'à trois cent mille francs.

Dans ces temples, devant les péristyles, sous les portiques, circulent, non plus les matrones du temps de Cornélie, vêtues de longues stoles qui couvraient leurs poitrines et retombaient jusqu'à leurs talons, enveloppant leur taille des plis du palla, couvertes d'un voile qui cachait leur visage, et dont les enfants étaient les seuls bijoux, mais d'élégantes coquettes, qui se sont fait apporter aux portes Triomphale, Flumentane ou Carmentale, mollement étendues dans des litières aux rideaux de soie et d'argent, précédées de deux coureurs africains ceints autour des reins seulement, pour mieux faire ressortir l'ébène de leur peau, de la toile la plus fine et la plus blanche d'Égypte, portées par six esclaves vêtus de magnifiques penulæ, accompagnées d'une suivante qui, à l'aide d'un parasol couvert de plumes de paon, intercepte les rayons du so-

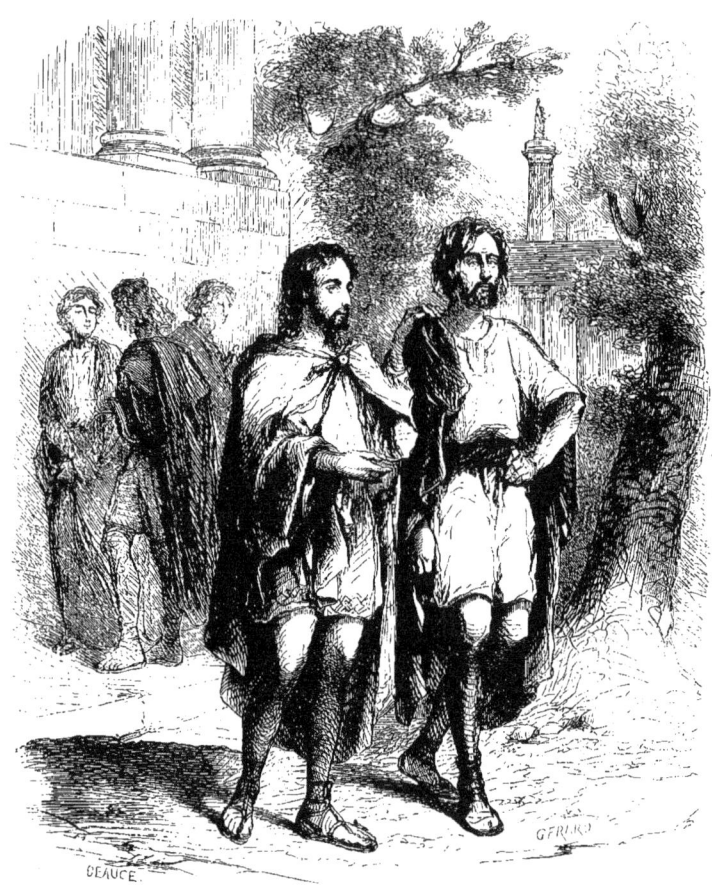

Et marchant en s'appuyant sur l'épaule d'un esclave circassien. — Page 25.

leil, et suivies de deux Liburniens qui tiennent chacun un petit marchepied qu'ils posent, lorsque le cortége royal s'arrête, chacun d'un côté de la litière, afin que la dame paresseuse n'ait pas même besoin de faire un signe pour indiquer de quel côté de la litière elle veut descendre.

A l'entrée du *champ*, car on disait alors à Rome le *champ*, comme on dit aujourd'hui à Paris le *bois*, à l'entrée du champ, dis-je, elles ont laissé dans leurs litières leurs manteaux, et elles n'ont conservé qu'une tunique si légère et qu'un voile si transparant, qu'on dirait d'une vapeur tissue.

Elles marchent suivies d'esclaves, vieilles ou laides, ombres que la Mauritanie ou la Lybie ont fournies à leur beauté, froissant entre leurs mains des boules d'ambre jaune qui donnent d'abord une fraîcheur douce, puis en s'échauffant un parfum suave. Quelques-unes, encore plus raffinées dans leurs recherches contre la chaleur, portent autour du cou, au lieu de colliers, de petits serpents privés, qu'elles laissent flotter sur leur sein pour le rafraîchir par le contact de ces animaux à sang glacial, tandis qu'autour d'elles comme autour de nos femmes modernes, dahlias vivants des Tuileries, papillonnent les dandys, s'empressent les trossuli et les beaux, ces modèles de l'élégance romaine, qui ont tellement raffiné tout, qu'à leur avis Alcibiade n'était qu'un crocheteur : on les reconnaît facilement à leur chevelure parfumée de baume et de cinnamome, qu'ils partagent au milieu de la tête, et que le fer roule en longs anneaux des deux côtés de leurs tempes; à leur visage sans barbe ou à leur barbe taillée avec art, de manière que les uns n'ont que des moustaches et les autres qu'un collier; à leurs toges transparentes ou pourprées, dont les manches démesurées couvriraient la main tout entière, s'ils n'avaient soin d'élever la main pour que ces manches, en se retroussant, laissent voir leurs bras polis à la pierre ponce, et leurs doigts couverts, dès le mois de mars, de bagues d'été, trop faibles qu'ils sont, par la chaleur naissante du printemps, pour porter encore leurs bagues d'hiver. Les uns ont le visage couvert de vermillon et de mouches, comme les histrions grecs qu'on met en étalage aux boutiques des marchands d'esclaves, et font siffler des baguettes sur lesquelles ils ne peuvent s'appuyer, tant elles sont frêles et pliantes; les autres parlent d'un ton mou et languissant, et marchent en s'appuyant sur l'épaule d'un jeune et bel esclave circassien, comme si les travaux herculéens de leurs nuits ne leur laissaient pas de force pour leurs promenades du jour : ceux-ci, au contraire, se balancent et sautillent en marchant, comme si leurs pas étaient réglés par une musique qu'eux seuls entendent; ceux-là, enfin, qui sortent des thermopoles la langue encore épaisse par le vin cuit qu'ils ont bu, chantent les voluptueuses chansons de Cadix et d'Alexandrie, dont une courtisane nue leur a fait entendre les airs sur la flûte tibicine. Tous ont aux portes du champ leurs équipages qui les attendent pour les ramener chez eux; ce sont des mules espagnoles, chargées de riches housses de pourpre et de harnais couverts d'or, guidées par des coureurs aux robes retroussées, dont le pas est si agile, qu'ils devancent la monture de leur maître, quelle que soit l'allure qu'elle prend. Ce sont des cisii légers, espèces de tilburys antiques, garnis de tapis précieux, auxquels on attelle trois chevaux de front, et devant lesquels courent, en aboyant, une troupe de chiens molosses, aux cous parés de colliers d'or armés de pointes de fer; des pétorita, imités des chars gaulois, dont la conquête transalpine a fait naître la mode, et dont les ciselures d'airain, d'ivoire ou d'argent rehaussent, par des détails élégants, la forme tant soit peu commune; enfin, au milieu de cette foule d'esclaves et de maîtres, circule le parasite, au visage souriant, qui cherche un dîner qu'il payera avec des louanges, et le mendiant aux cheveux ras, qui assure sa marche sur un bâton entouré de bandelettes.

Maintenant descendons de l'aristocratie au peuple, et voyons ce que c'était que ces trois millions d'hommes qui fourmillaient dans les rues de la capitale du monde.

C'était un mélange singulier de vieux Romains, de provinciaux, d'hommes libres, de citadins et d'étrangers. La citoyenneté s'était étendue d'un côté jusqu'à l'Euphrate, et de l'autre jusqu'à l'Océan, de sorte que, de tous les points de l'empire, il arrivait des citoyens à Rome, qui, de son côté, renvoyait des colonies aux deux bouts de l'univers. C'était un grand système de la circulation du sang appliqué au monde tout entier; le Capitole était le cœur, et les voies publiques les artères : de tous les points de cette immense circonférence dont il était le centre, ce peuple avait vu successivement arriver les richesses de l'Asie, de l'Afrique, de l'Égypte et des Gaules; il avait tant d'or, que, du temple de Saturne, qui ne pouvait plus le contenir, on en porta une partie au Capitole : il avait tant de statues, que ses rues en étaient encombrées; on fut obligé de rendre un édit pour enlever la faculté d'en dresser de nouvelles à quiconque de ses propres deniers n'aurait pas restauré un édifice public; il avait tant de temples, de basiliques et de bains, qu'un million d'hommes, plutôt que de remonter tous les soirs dans ses chambres du sixième ou septième étage, se couchaient dans les entre-colonnements et les portiques; aussi savait-il bien, ce peuple, qu'il était devenu grand seigneur, et ne voulait-il plus travailler; il abandonnait en conséquence les métiers et le commerce à ses esclaves, et, quand la faim le pressait, il s'amassait sur la place publique et demandait, de sa voix puissante et universelle, du pain. Alors on lui distribuait, sous le nom de gratification (1), des aumônes de trente, de quarante, de cent, de deux cents sesterces par homme : seize millions y passaient en un jour. Qu'importe? Rome n'avait-elle pas

(1) Congiaria.

vingt rois pour tributaires? A peine l'argent touché, il allait dans ses tavernes, où, pour un as, il trouvait à se repaître, et, une fois repu, il revenait demander des spectacles. Alors on le rangeait aux deux côtés de la voie Triomphale, et l'on faisait passer devant lui Paul Émile remontant le Tibre sur la galère capitane du roi Persée, Pompée traînant à sa suite le roi des Juifs, la sœur de Mithridate, la mère de Tigrane, douze fils de rois, cent vingt satrapes et deux cent quarante généraux; César, vêtu du costume de Jupiter très-bon et très-grand, les bras et la figure couverts de vermillon, précédé de trois cents enseignes conquises, et suivi de trois tableaux, dont le premier représentait Lucius Scipion se jetant dans les flots, le second Pétréius se poignardant au milieu d'un repas, et le troisième Caton d'Utique se déchirant les entrailles; puis, lorsqu'il était las de voir passer en personne des rois captifs, et en image des républicains qui voulaient rester libres, on faisait venir pour lui des éléphants de l'Inde, des crocodiles du Nil, des serpents d'Afrique, des rhinocéros de Zahara, des lions de l'Atlas, des danseurs de Cadix, des gladiateurs des Gaules, des histrions d'Athènes. On ouvrait les cirques, les théâtres et les naumachies, et, après avoir dépensé un milliard en jeux ou en fêtes, César venait humblement demander à ce peuple souverain s'il était satisfait, et s'il voulait bien le nommer pontife ou préteur.

Et il nommait à toutes les charges auxquelles il désirait être nommé! C'est que César était à la fois le modèle de l'aristocratie et l'idole du peuple : nul homme peut-être n'a jamais été le type le plus parfait de son temps.

Après avoir dit ce qu'était Rome, l'aristocratie et le peuple, disons donc ce qu'était César, et l'on aura une idée complète de ce qu'était cette époque, où il y avait si peu de place pour l'art, que l'on comprendra qu'elle ait dû amener sa complète décadence.

A l'heure où nous sommes arrivés, César a cinquante ou cinquante-cinq ans, la taille haute, les membres arrondis, le teint blanc, le nez aquilin, les lèvres grosses, les yeux noirs et vifs comme ceux d'un faucon, la barbe épilée avec soin, et la tête ceinte d'une couronne de laurier sauvage, qui empêche de voir qu'il est chauve. Sur sa tunique, qui est faite d'une étoffe asiatique, brodée de palmes d'or, il porte la toge sénatoriale, qu'on appelle le laticlave à cause du nœud de pourpre en forme de clou qui lui sert d'ornement. Contre l'habitude, ce vêtement chez lui est bordé d'une frange d'or qui lui descend jusqu'aux mains, et, contre l'habitude encore, ses mains ne portent d'autres bagues qu'un simple anneau de fer antique, récompense de la vertu guerrière; enfin sa ceinture, au lieu de serrer le bas de sa taille, flotte libre et lâche, et ses brodequins d'écarlate sont fermés et retenus par leur croissant d'or. Quand il passe vêtu de ce costume, descendant vers le portique de Pompée ou montant au Capitole, chacun s'écarte devant lui, lui livre passage et se met à sa suite comme à celle d'un empereur.

C'est que, comme nous l'avons dit, cet homme, c'est César, c'est-à-dire le type le plus parfait qui ait jamais existé; la nature lui a accordé tous les accomplissements. Les autres hommes ont des défauts et des qualités; lui, il a tous les vices et toutes les vertus; si bien que l'on dit à la fois de lui : « C'est une femme et c'est un héros; c'est le divin Jules, qui, par ses aïeux maternels, remonte à Ancus Marcius, quatrième roi de Rome, et, par ses aïeux paternels, à Vénus, déesse de la beauté; c'est César l'homme aux quatre faces : César l'ambitieux, César le prodigue, César le voluptueux, et César le conquérant.

César l'ambitieux, qui, étant enfant, a rêvé qu'il violait sa mère, et en a auguré qu'il conquerrait le monde; qui, à l'âge de vingt-cinq ans, pleurait devant la statue d'Alexandre, honteux de n'avoir rien fait encore à l'âge où celui qu'il s'était proposé pour modèle avait déjà conquis l'Asie et l'Inde; qui préférait être le premier d'un pauvre village des Alpes que le second à Rome; qui, grâce à son alliance avec Pompée et avec Pison, a pu, comme il l'a dit, marcher sur toutes les têtes, et qui a sans cesse à la bouche cette maxime : « Que, s'il est permis de violer les lois d'un pays, c'est pour se faire empereur! »

César le prodigue, qui, sans patrimoine, a acheté le pontificat, et le pontificat lui a coûté quatre millions; qui a acheté le consulat, et le consulat lui a coûté six millions; qui a acheté la questure, et la questure lui a coûté huit millions; de sorte qu'arrêté par ses créanciers au moment où il allait partir pour l'Espagne, le riche Crassus a été obligé de répondre pour lui de vingt-cinq millions, la moitié de ses dettes à peu près, quoiqu'il eût quelque temps auparavant volé au Capitole trois mille livres pesant d'or en lingots, qu'il avait remplacées par du cuivre doré; César le prodigue, qui partagea aux pauvres les champs hellatiens réservés aux dieux, et les plaines de la Campanie réservées à la république; qui faisait aux fermiers de l'Etat la remise d'un tiers de leur bail, et donnait à chacun de ses soldats un esclave et un quartier de terre; qui, plus riche et plus puissant que les rois, faisait des cadeaux aux rois, envoyant aux uns dix mille captifs et aux autres vingt millions; qui, à propos de la mort de sa fille, donna un combat de gladiateurs et un repas à tout le peuple, ce que personne n'avait fait avant lui; qui, à l'occasion de ses victoires, fit célébrer des fêtes publiques dans lesquelles on joua des comédies en cinq langues différentes, des jeux dans lesquels les enfants des premières familles d'Asie et de Bithynie dansèrent la pyrrhique, des chasses pour lesquelles on fit descendre dans le Cirque trois cents lions, trois cents tigres, quarante éléphants et deux armées; des naumachies dans lesquelles, sur un lac creusé à ses frais, des galères à deux, trois et quatre rangs de rames se heurtèrent sous les noms de flotte Tyrienne et Egyptienne; enfin des repas pour lesquels on dressa dans les rues et sur les places vingt mille tables, trois fois renouvelées par jour pendant cinq jours, et autour desquelles on versait le vin de Chio par amphores et le vin de Crète par tonneaux.

César le voluptueux, qui commença par être la maîtresse de Nicomède et qui finit par être l'amant d'Octave; qui fit raser une de ses maisons située dans le quartier des courtisanes afin de la faire rebâtir plus en harmonie avec les plaisirs auxquels elle était destinée; qui portait avec lui, à la guerre, des parquets en marqueterie et des pavés en mosaïque; qui attaqua la Grande-Bretagne dans l'espérance d'y trouver des perles plus grosses et plus blanches que celles d'Orient; qui, dans les édits de Bibulus, son collègue, était qualifié du titre de reine de Bithynie, et qui répondit en riant à cette injure que Sémiramis s'était assise seule sur le trône assyrien, et que les Amazones avaient dominé une partie de l'Asie; qui, mari de toutes les femmes et femme de tous les maris, avait eu pour maîtresses Posthumie, épouse de Servius Sulpicius; Lottie, épouse d'Aulus Galbinius; Tertullie, épouse de Crassus; Mucie, épouse de Pompée; Eunoé, épouse du roi maure Bogude; et qui, pour une nuit d'amour, avait donné à Servilie une perle de douze cent mille francs, et pour une nuit de plaisir le royaume d'Egypte à Cléopâtre.

César le conquérant, qui, faisant ses premières armes en Asie, a commencé par obtenir la couronne civique au siége de Mitylène; qui, passant en Espagne, a soumis la Galice et la Lusitanie; qui, franchissant les Alpes et descendant dans les Gaules, a emporté de force huit cents villes, subjugué trois cents peuples, soumis toute la partie de notre France située entre le Rhône et le Rhin, c'est-à-dire, au calcul de Suétone, un circuit de trois millions deux cent mille pas; qui, n'ayant plus rien à faire sur le continent, traversa le détroit et conquit l'Angleterre; et qui, n'ayant plus rien à faire, revint conquérir Rome, où il triompha cinq fois pour avoir vaincu Arioviste, Caractacus, Arsinoé, Pharnace, Juba et enfin Pompée, qui avait lui-même vaincu douze millions cent quatre-vingt mille hommes, coulé à fond ou pris huit cent quarante-six vaisseaux, reçu à composition quinze cent trente-huit villes, et soumis tout le pays qui s'étend depuis le lac Méotis jusqu'à la mer Rouge, ainsi que l'atteste l'inscription gravée dans le temple, qu'à son retour de l'Asie le vainqueur de Tigrane, d'Artocès, de Darius, d'Orosa et d'Antiochus avait élevé à Minerve.

Enfin César l'heureux, qui, au moment où il allait peut-être gâter cette belle vie et perdre cette grande popularité, trouva une vingtaine de fous comme Brutus et Cassius pour lui épargner la honte d'un revers, la souffrance d'une maladie et les infirmités de la vieillesse.

Voilà la ville, voilà le peuple, voilà les hommes qui se sont constitués, de leur propre autorité, les héritiers du monde; et le monde, obéissant, a livré dans son agonie tout ce qu'il possédait de riche, de beau et de grand : ses trésors, ses tableaux, ses statues; puis Rome, comme le gouffre de Curtius, a tout englouti, et va se refermer sur eux.

On comprend qu'au milieu d'une semblable vie, d'une pareille agitation, d'une telle lutte, il était impossible à Rome de cultiver les arts : la vie politique dévorait tout. On commençait par acheter l'édilité : l'édilité s'accordait, il est vrai, par l'élection; mais elle n'en coûtait que plus cher, car il fallait acheter les électeurs. En général, on y laissait son patrimoine; mais le premier pas était fait, et, en se ruinant, on avait agrandi son crédit. L'édilité était gratuite; mais, si on n'y touchait rien, en revanche on y dépensait beaucoup, car il fallait, au moins deux fois l'an, donner des jeux au peuple : le peuple était-il mécontent, il tournait à un autre qui promettait davantage que vous n'aviez donné, et il vous laissait sans patrimoine et sans crédit; était-il content, il vous nommait préteur, c'est-à-dire roi : roi de la Grèce, roi de l'Egypte, roi de l'Espagne, roi de la Gaule ou roi de Syrie; et plus que roi, car la province qu'il vous donnait ainsi, c'était votre province; les temples des dieux, c'était à vous; les palais des chefs, c'était à vous; les maisons des citoyens, c'était à vous; vous pouviez tout prendre, tout piller, tout emporter, sans que personne eût le plus petit mot à dire; à moins que vous ne fussiez maladroit ou insolent comme Verrès, et que vous n'eussiez eu le malheur de tomber sur quelques diamants, or, argent, airain, statues, tableaux, bronze de Corinthe, tapis de Perse, vases murrhins. Alors vous faisiez trois parts : la part des dieux, la part du peuple, votre part. Ce que vous ne vouliez pas, vous le donniez aux dieux; le peuple était un peu plus difficile : il lui fallait des bains et des cirques; le tiers de ce que vous aviez volé y passait, mais il vous restait encore les deux tiers pour vous faire bâtir des maisons avec des bibliothèques, des galeries, des cabinets de curiosités. Alors, assis dans votre chaise d'ivoire, vous faisiez le Mécène, vous deveniez artiste au milieu des chefs-d'œuvre de l'art, et vous faisiez venir quelque pauvre sculpteur grec, non pas même pour qu'il fit devant vous une statue, mais pour qu'il cassât la tête de quelque chef-d'œuvre de Praxitèle ou de Phidias, pour y substituer la vôtre.

Les commencements du règne d'Auguste achevèrent de ruiner l'art en Grèce, car quelques villes de l'Attique, de l'Elide et de l'Achaïe ayant pris le parti d'Antoine, et Antoine ayant été battu à Actium, ces villes perdirent leurs priviléges; et Auguste, pour punir les Athéniens, leur ôta entre autres choses la ville d'Érétrie et l'île d'Égine. Tout ce qui restait d'artistes en Grèce quitta dès lors ce malheureux pays, et s'en vint chercher fortune à Rome.

Le moment était bon : tout le monde était las de guerre; Pompée avait été assassiné en Egypte, Caton s'était ouvert les entrailles à Utique, Brutus était resté sur le champ de bataille de Philippes, Antoine était mort de ses blessures dans la pyramide de Cléopâtre; il ne restait plus rien de la vieille Rome; Auguste restait seul et vainqueur, il venait de fermer le temple de Janus, et, dans un beau moment d'enthousiasme, il avait dit : « J'ai reçu une Rome de brique, je laisserai une Rome de marbre; » et comme il avait prononcé ces paroles assez haut pour qu'elles fussent entendues de ses courtisans, ses courtisans s'étaient mis à l'œuvre : Asinius Pollion avait fait bâtir un sanctuaire à la Liberté; Balbus, un théâtre; Philippe, des murs; et Agrippa, son Panthéon, dix ou vingt aqueducs, cent cinquante fontaines et cent soixante-dix bains.

Aussi y eut-il un moment de recrudescence pour l'art, comme parfois, au commencement de l'hiver, il y a des jours si doux, que, trompées à ces derniers rayons du soleil, quelques roses tardives sourient et fleurissent. Aussi Tite-Live, son contemporain, et Horace, son flatteur, appellent-ils Auguste, l'un le fondateur des temples, et l'autre le restaurateur des arts. En effet, outre les monuments qui furent élevés, Auguste fit tailler et fondre quelques belles statues, et entre autres celles qu'il plaça dans son forum, et qui représentaient les Romains qui avaient contribué à la gloire de la patrie. Mais déjà le style de ces ouvrages commence à baisser étrangement, ainsi qu'on peut en juger en comparant avec les ouvrages du temps d'Alexandre et de Périclès la propre statue d'Auguste, qui le représente à l'âge de trente à trente-cinq ans, avec un gouvernail à ses pieds.

Quant à la peinture, elle jeta aussi une dernière lueur : il y eut entre autres peintres un certain Timomaque de Byzance, qui avait fait sous Jules César un Ajax et une Médée, connus par deux épigrammes, l'une d'Ausone, et l'autre d'un auteur inconnu; les deux tableaux furent payés par César quatre-vingts talents attiques, deux cent mille livres à peu près de notre monnaie, et placés par le dictateur dans le temple de Vénus Génitrix. Timomaque fit encore un Oreste, une Iphigénie en Tauride et une Gorgone qui passe pour son chef-d'œuvre.

A Timomaque il faut joindre un certain Arellius, son contemporain, qui ne s'était pas moins rendu célèbre par son libertinage que par ses talents, et à qui Pline reproche de prendre les modèles de ses déesses parmi les courtisanes de Rome; et le peintre Amulius, qui avait fait une Minerve qui regardait le spectateur de quelque côté qu'on l'envisageât; et qui, aussi grave et aussi sévère que son confrère Arellius était libertin et léger, ne quittait jamais sa toge pour peindre, même lorsqu'il peignait des plafonds et qu'il était forcé de s'échafauder; mais nous ne parlons de ce dernier que pour mémoire, car à peine était-il né sous Auguste.

Mais ce qui acheva de perdre la grande peinture fut le goût que prit l'empereur pour la pein-

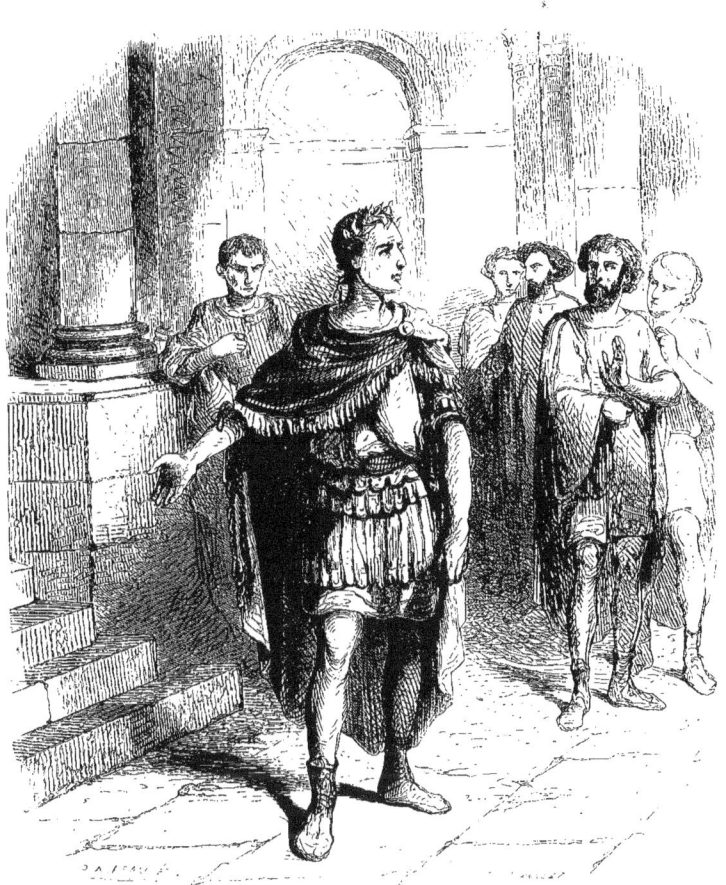

César.

ture de genre; en effet, il fut le premier, au dire de Pline, qui couvrit les murailles de ses appartements de marines, de paysages et de marchés. Grâce au goût qu'il avait manifesté, et que chacun s'empressa de suivre, on vit bientôt les murailles se couvrir, non-seulement à l'intérieur, mais encore à l'extérieur, de métairies, de portiques, de boulingrins, de bois, de bosquets, de viviers, de fleuves et de rivages au gré de toutes les fantaisies, et embellies de promenades de toutes sortes; il y avait des rivières avec des bateaux qui remontaient et qui descendaient; des grands chemins avec des personnes de toutes conditions qui s'en allaient à la campagne, sur des ânes ou dans des voitures; des pêcheurs qui tiraient le poisson de l'eau avec tous les filets inventés à cette époque; des oiseleurs qui prenaient des oiseaux aux lacets et à la glu; des vendangeurs cueillant le raisin, et des chasseurs poursuivant le gibier. Mais le chef-d'œuvre du genre, la peinture en réputation de l'époque, était une fresque représentant des hommes qui, à l'entrée d'un village, font prix avec des femmes pour les porter sur leurs épaules à travers une mare, de sorte que, tandis que les uns marchandent encore, on en voit d'autres chargés de leur fardeau féminin, déjà dans l'eau jusqu'aux genoux, semblant prêts à succomber sous le poids, et à tomber avec elles : situation qui excitait au plus haut degré l'hilarité de ceux qui regardaient.

« Ah! ce n'est pas ainsi, dit Pline, que nous apparait la vénérable antiquité! Les grands maîtres que nous regrettons se seraient fait scrupule d'embellir ainsi des murailles pour le plaisir égoïste d'un seul homme : il leur fallait, à eux, des tableaux qui pussent porter leur gloire vers toutes les parties du monde, et non des peintures captives et enchaînées qu'on ne pourrait pas même sauver en cas d'incendie; ou bien, s'ils peignaient ainsi, c'était pour l'ornement d'une ville entière, dans les temples de quelqu'un des grands dieux, ou sous des portiques destinés aux promenades d'un peuple; car alors le génie était un effet public, et un bien dont la nature généreuse voulait faire part à toute la terre. Protogène n'avait qu'une cabane, et on ne trouvait pas une seule peinture dans toute la maison d'Apelles. »

Et Pline avait raison de se lamenter ainsi sur la décadence de l'art, car Vitruve, l'architecte d'Auguste, trouvait déjà qu'on suivait dans les ornements ce goût dépravé dont nous retrouverons des exemples sous la lave d'Herculanum et sous les cendres de Pompéia.

En effet, Auguste n'était point une de ces grandes natures, miroir des grandes choses; c'était plutôt un bourgeois qu'un empereur, et il y avait en lui beaucoup de la bonhomie spirituelle de Henri IV et des vertus de famille de Louis-Philippe; quant au courage, ce n'était pas son côté brillant.

Aussi fut-il fort effrayé lorsqu'on vint lui annoncer la mort de César, et qu'il eut appris de quoi se composait la succession qu'il avait tant ambitionnée. C'était un grand homme à continuer, une grande vengeance à poursuivre, un grand pouvoir à consolider. Puis, après tout cela, il y avait encore un testament qui l'inquiétait fort, attendu que ce testament était dans les mains d'Antoine, et que, sous certains rapports, Octave ne se fiait pas trop à son illustre ami le descendant d'Hercule.

Il n'en prit pas moins sa résolution; car, si la partie était dangereuse, elle était belle, et, tout bourgeois qu'il était de cœur, Octave était ambitieux d'esprit. Il quitta donc Apollonie, où il étudiait, et vint à Rome, rassuré par cette idée que, n'ayant pris parti ni pour les républicains ni pour les impérialistes, l'avenir lui appartenait d'autant mieux, qu'il n'était point obligé de rompre avec le passé. C'était la position de Napoléon au 13 vendémiaire.

Octave comprit tout d'abord que les premiers amis qu'il devait s'assurer étaient les soldats de son oncle, qui le connaissaient à peine, ou plutôt ne le connaissaient pas. Les vieilles légions des Gaules, de l'Espagne et d'Égypte attendaient de leur côté avec impatience l'héritier du vainqueur de Caractacus, de Vercingétorix et de Pompée, et sans doute elles s'en étaient fait une idée à leur taille, lorsqu'elles virent venir à elles un écolier de vingt et un ans à peine, petit, pâle, boiteux, ayant peur du tonnerre, ayant peur du chaud, ayant peur du froid, portant un chapeau l'été, des bas l'hiver, et en tout temps une peau de veau marin, le plus efficace préservatif que l'on connût contre la foudre.

Le premier moment ne fut pas favorable à Octave : ses amis eurent beau dire aux vieux guerriers que leur futur maître était d'une des plus anciennes familles de Velletri, qu'à l'âge de quatre ans, tandis qu'il était en train de dîner dans un bois, un aigle avait enlevé le pain qu'il tenait à la main, était remonté vers le ciel et lui avait rapporté son pain tout mouillé de l'eau des nuages, ce qui était un augure suprême; que cette taille de cinq pieds deux pouces, à laquelle il n'arrivait, il est vrai, qu'à l'aide des semelles épaisses de ses sandales, était juste celle d'Alexandre le Grand; ils commençaient fort à murmurer déjà lorsque Octave, au lieu de leur parler de leurs vieilles victoires, parla du testament de César, des legs qu'il leur avait laissés, et annonça qu'il était venu tout d'abord pour acquitter cette partie de son testament. Les soldats trouvèrent que, s'il se présentait mal, il parlait bien, et ils résolurent d'attendre quelques jours encore pour fixer leur opinion sur lui.

Huit jours après, les légions criaient : « Vive Octave! » Huit ans après, le monde entier criait : « Vive Auguste! » Ce sont les grands caractères qui commencent les révolutions, ce sont les caractères patients et tenaces qui consolident les monarchies.

Octave était au reste bien l'homme de l'époque : ni trop grand ni trop petit; ne choquant ni l'aristocratie ni le peuple; ne s'appuyant ni sur un principe ni sur un parti; marchant pas à pas et ne posant le pied sur une idée que lorsqu'elle était devenue bien populaire. La chose était d'autant plus facile à Auguste, qu'il n'était ni sanguin ni bilieux, il avait des qualités négatives, qui sont l'apanage des lymphatiques. Tout était chez lui le résultat du calcul et non d'une impulsion. Il fut cruel sans être méchant, clément sans être bon, et sobre parce qu'il avait un mauvais estomac.

Il traversa ainsi la vie, occupé à la fois de petites et de grandes choses, pacifiant l'Italie, restaurant la vieille Rome, passant le jour et la nuit à rendre la justice, mais ne sortant pas si le matin on lui présentait mal ses sandales, la gauche pour la droite, par exemple, ce qu'il tenait à mauvais présage; alors, au lieu d'aller jouer aux osselets avec les enfants, ou porter témoignage pour un de ses vieux soldats d'Actium, il restait chez lui à voir filer ses filles, et à écrire à Tibère des lettres sans orthographe, dans lesquelles il l'invite à ne pas se laisser aller à la vivacité de son âge, et à ne pas trop s'irriter du mal qu'on dit des princes, trop heureux qu'ils sont quand on ne leur en fait pas; ou dans lesquelles il lui raconte qu'il n'est pas de Juif qui observe mieux que lui, attendu qu'il n'a mangé que deux bouchées dans son bain après la première heure de la nuit, et avant de se faire parfumer.

Il avait vécu près de soixante-seize ans, dont il avait régné cinquante à peu près, lorsqu'un jour qu'il était en train au Champ de Mars de s'acquitter, en face de tout le peuple, des cérémonies qui accompagnent la fin d'un lustre, un aigle vola plusieurs fois autour de lui, et, passant ensuite au faîte du temple voisin, se percha au-dessus de la première lettre du nom d'Agrippa. Auguste vit dans cet événement un présage de mort, et chargea Tibère, son collègue, de prononcer les vœux que l'on avait coutume de faire pour le lustre suivant, attendu, dit-il, qu'il était ridicule de commencer ce qu'on ne pouvait accomplir; puis, voulant vivre au moins pour lui les cent derniers jours que l'oracle consulté lui accordait, il partit pour Astura, parcourut la Campanie, s'arrêta quatre jours à Caprée, qu'à cette époque on appelait encore l'Heureuse, et, se trouvant plus mal, fut obligé de s'arrêter enfin à Nole. Là, sentant la mort s'approcher, il voulut mourir comme il avait vécu, se fit apporter un miroir, se fit peigner les cheveux, mit du rouge pour dissimuler même après sa mort le creusement de ses joues, et, ayant rassemblé ses amis autour de son lit, il leur demanda : « Ai-je bien joué le rôle de la vie? » Et comme ils lui eurent répondu qu'oui : « Alors, ajouta-t-il, battez des mains et applaudissez. »

A peine avait-il dit, que la mort baissa le rideau, et que le plus grand comédien qui eût jamais existé rendit le dernier soupir.

Voilà Auguste. On comprend qu'un pareil homme devait préférer les tableaux de genre aux tableaux d'histoire, et la vue des paysages que chantait Virgile à la vue des grandes actions que peignait Zeuxis, Parrhasius et Apelles.

A Auguste succéda Tibère. Celui-là du moins se dédommagea dans la seconde partie de sa vie de la contrainte hypocrite qu'il s'était imposée dans la première. Celui-là n'aimait pas les arts, et faisait peu bâtir; car les statues, les tableaux et les monuments coûtent cher, et Tibère était avare; le seul monument qu'il entreprit fut un temple à Auguste : aussi ne l'acheva-t-il point. Une fois seulement il préféra un objet d'art à une somme d'argent : un citoyen lui ayant légué un tableau de Parrhasius, qui représentait Méléagre et Atalante, avec liberté de recevoir à la place un million de sesterces, c'est-à-dire cent quatre-vingt-dix-huit mille huit cents francs de notre monnaie, il préféra le tableau à la somme. Il est vrai que le tableau représentait une peinture obscène, et que Tibère, au dire de Suétone, aimait fort ces tableaux à la fin de sa vie.

Cependant, pendant le règne d'Auguste, était né dans un coin de la Judée un enfant, et sous le règne de Tibère était mort à Jérusalem un homme dont la naissance et la mort devaient changer la face du monde. Ce prédestiné était le Christ.

A Tibère succéda Caligula; au tyran profond, le despote insensé. Celui-là ordonna que toutes les statues des grands hommes, placées dans le Champ de Mars par Auguste, fussent renversées et brisées. Il avait encore une autre manie, c'était celle de se faire apporter les plus belles statues grecques, de leur faire casser la tête et de mettre la sienne à la place. A cet effet, il avait envoyé en Grèce Memmius, le même dont il avait pris la femme, afin qu'il lui envoyât tout ce qu'il y restait de beau, et surtout la statue de Jupiter Olympien de Phidias. Heureusement, les architectes déclarèrent que le transport était impossible, attendu que, dans le trajet, la statue, qui, comme on le sait, était d'or et d'ivoire, se briserait en mille morceaux. Cette réponse contraria fort Caligula, mais il se consola en faisant brûler tout ce qu'il pouvait trouver d'exemplaires de l'*Iliade* et de l'*Odyssée* : il avait juré d'anéantir Homère!

Heureusement, celui-là ne vécut pas âge d'homme; à vingt-neuf ans, Chéréas en fit justice; il fut assassiné comme il sortait du Cirque, où il venait de voir un combat de gladiateurs.

Puis vint Claude : celui-là, c'est autre chose; il n'était pas méchant, il n'était pas fou, il n'était que distrait, ce qui lui donnait l'air stupide. L'empire vint le chercher malgré lui; on le conduisit de force sur le trône, on le fit empereur à son corps défendant; sans cet accident, il fût resté un bon homme, aimant le jeu, les bouffons, les femmes et les gros dîners. Aussi est-il bafoué par tout le monde; par Narcisse, son affranchi, qui veille pour César, tandis que l'on plaide devant César distrait ou César endormi; bafoué par sa mère Antonie, qui l'appelait un monstre de nature, et qui, en réprimandant un esclave, lui disait: « Tu es plus bête que Claude! » Bafoué par Tibère son oncle, à qui il avait demandé le consulat, et qui lui en envoyait les ornements sans le titre, avec quarante écus pour s'amuser pendant les fêtes de Saturne; bafoué par ses camarades, qui, pendant qu'il dormait en ronflant après son repas, lui mettaient aux mains ses sandales, afin qu'en se réveillant il s'en frottât les yeux avec la semelle; bafoué par ceux qu'il jugeait, et qui lui jetaient au visage leur stylet et leurs tablettes; enfin bafoué jusque par le ciel, qui lui donna pour femme Messaline.

Au milieu de tout cela, Claude fait le savant, il écrit des traités sur la langue grecque et sur la langue latine, et, ne pouvant inventer une lettre, il la retourne; c'est Claude qui mit en vogue l'E renversé.

Puis, si l'on veut avoir une idée de son goût comme artiste, nous allons en donner une preuve. Son dieu, c'est Auguste; au Forum, au sénat, dans la vie publique, dans la vie privée, il ne parle que d'Auguste. Il a deux magnifiques tableaux grecs représentant deux traits de la vie d'Alexandre, des tableaux d'Apelles, peut-être; il fait découper les têtes du conquérant de l'Asie, et leur fait substituer celle du pacificateur du monde.

La mort de Claude fut digne de sa vie, empoisonné dans un plat de champignons; et, comme l'agonie tardait, on le rempoisonna avec les barbes de la plume dont on lui chatouillait la gorge pour le faire vomir.

Néron monta sur le trône. Celui-là, ce fut tout le contraire ; il avait la prétention d'être artiste, et sur quelques points, surtout en musique, il l'était réellement. Mais, malheureusement pour la peinture et pour la statuaire, il avait été élevé par Sénèque, qui excluait les peintres et les sculpteurs du cercle des arts libéraux : aussi Néron fit-il dorer une belle statue de bronze d'Alexandre qu'il possédait, et qui était de la main de Lysippe. L'intention était bonne; Néron était de cette époque où l'on croyait que le beau était le riche, et que le haut était le grand ; aussi commanda-t-il pour lui une statue de cent dix pieds de haut et un portrait de cent vingt. Peut-être dira-t-on, pour défendre le successeur de Claude, qu'il transportait partout avec lui la fameuse Amazone de Strongylion; mais Pline prend soin de nous dire que cette faveur dont elle jouissait lui venait de la beauté toute particulière de ses jambes, beauté qui l'avait fait surnommer *Eucnémon*.

La fantaisie qu'il prit à Néron de faire bâtir une maison dorée fut le dernier coup porté à la Grèce, cette éternelle mine où les empereurs romains allaient chercher tout ce qu'ils avaient de beau : en conséquence, il y envoya un affranchi nommé Acratus, et un demi-savant appelé Secundus Carinas, qui, du seul temple d'Apollon de Delphes, tirèrent cinq cents statues de bronze, et des autres villes une foule de chefs-d'œuvre de marbre, parmi lesquels se trouvaient très-probablement l'Apollon du Belvédère et le Gladiateur Borghèse, qui furent trouvés tous deux à Antium, patrie de Néron.

On comprend que, lorsqu'on avait sous la main une pareille ressource, il était fort inutile de se donner la peine de faire peindre des tableaux ou de faire fondre des statues; d'autant plus que, grâce à la décadence dans laquelle l'art était tombé, la fonte ne réussissait pas toujours : témoin le fameux colosse de Xénodore, qui sortit du moule tout contrefait.

Aussi, ouvrons Pline au chapitre II du livre XXXV de son Histoire naturelle, et écoutons comme il se plaint non-seulement de la décadence de l'art, mais encore du mépris dans lequel il est tombé :

« Autrefois, dit-il, c'était la peinture qui avait la gloire de transmettre aux descendants la figure des ancêtres : aujourd'hui tout est changé; on modèle sur des boucliers d'airain des simulacres d'argent qui n'ont jamais qu'une sourde ressemblance avec ceux qu'ils veulent représenter : quant aux statues, on se contente d'en changer les têtes, et les épigrammes qui courent à ce sujet sont assez publiques. On aime mieux être regardé pour la matière que d'être reconnu par la ressemblance; et cependant nos galeries sont pleines de portraits de nos ancêtres, et nous honorons encore la peinture dans les images des autres, tandis que nous la méprisons pour nous-mêmes; si bien que nous n'attachons de prix qu'à celles qui sont d'une assez riche matière pour que nos héritiers les fassent fondre, ou qu'un voleur les enlève à l'aide d'un nœud coulant; et c'est ainsi que le grand art de la peinture s'en va. »

Oui, en effet, et Pline avait raison; oui, l'art païen s'en allait, mais il ne s'en allait pas seul, il s'en allait avec ses croyances, ses quatre-vingts empereurs et ses six mille dieux; il s'en allait fouetté par l'art chrétien encore invisible comme l'ange d'Héliodore; il s'en allait trébuchant au milieu des orgies et des bûchers, glissant dans le vin et dans le sang; il s'en allait au milieu de cet effroi prodigieux, de ce soupçon incessant qui clouait Tibère à Caprée et chassait Néron de Bauli. Un malaise inouï, une folie incroyable, un vertige éternel atteignait ces hommes placés au faîte de la société antique. C'est qu'ils n'avaient plus ni foi ni espoir : c'est qu'ils sentaient sur leur tête un olympe vide, et sous leurs pieds des catacombes pleines.

C'est que Rome en était arrivée à une de ces époques mystérieuses, époque de transition pendant lesquelles s'accomplissent des choses inouïes qui, tout en se rattachant au passé, préparent déjà l'avenir. Elle commençait à éprouver, cette orgueilleuse qui allait échanger bientôt sa couronne contre la tiare, ces frémissements mystérieux et étranges qui accompagnent la naissance ou la chute des empires : elle sentait tressaillir en elle l'enfant inconnu qu'elle devait bientôt mettre au jour, et qui déjà s'agitait sourdement dans ses vastes entrailles : c'est que, comme nous l'avons dit, au-dessous de cette civilisation supérieure et superficielle qui s'agitait à la surface de Rome, s'était glissé un principe nouveau, souterrain et invisible, portant avec lui la destruction et la reconstruction, la mort et la vie, les ténèbres et la lumière : c'est que le christianisme naissant était le feu inconnu qui, échauffant cet immense creuset, y faisait bouillonner comme de l'or et comme du plomb les passions bonnes et mauvaises. Seulement l'or se précipitait et le plomb restait à la surface : les catacombes étaient le récipient mystérieux où s'amassait le trésor de l'avenir.

Presque en même temps que Dieu nous conservait dans la cité souterraine les premiers vestiges de l'art chrétien, un accident merveilleux nous conservait les derniers échantillons de l'art grec. Tout semblait bouleversé dans la nature; le Vésuve, qui se taisait depuis des siècles et que Strabon considérait comme éteint, se réveilla tout à coup : d'abord vers la cinquantième année de notre ère et sous le règne de Claude; puis l'an 63, tandis que Néron chantait, sur le théâtre de Naples qu'il ne veut pas quitter, quelque chose qu'on lui dise, avant qu'il ait achevé son air; enfin, en 79, première année du règne de Titus, l'éruption dura trois jours, le vent porta des cendres jusqu'en Égypte et en Syrie; et lorsque le calme fut de retour, on s'aperçut que Retine, Oplonte, Tegianum, Tauranie, Cose, Veseris, Stabies, Herculanum et Pompéia avaient disparu.

Ainsi, à quelques pas l'un de l'autre, comme nous l'avons déjà dit, Dieu nous gardait les premiers essais de l'art chrétien et les derniers vestiges de l'art grec.

Titus régna deux ans seulement, mais Suétone dit qu'en deux ans Titus fit plus pour l'art que n'avait fait Tibère en vingt-deux : il fit élever plusieurs monuments à Britannicus son ami, et entre autres une statue d'ivoire. Il y avait à sa

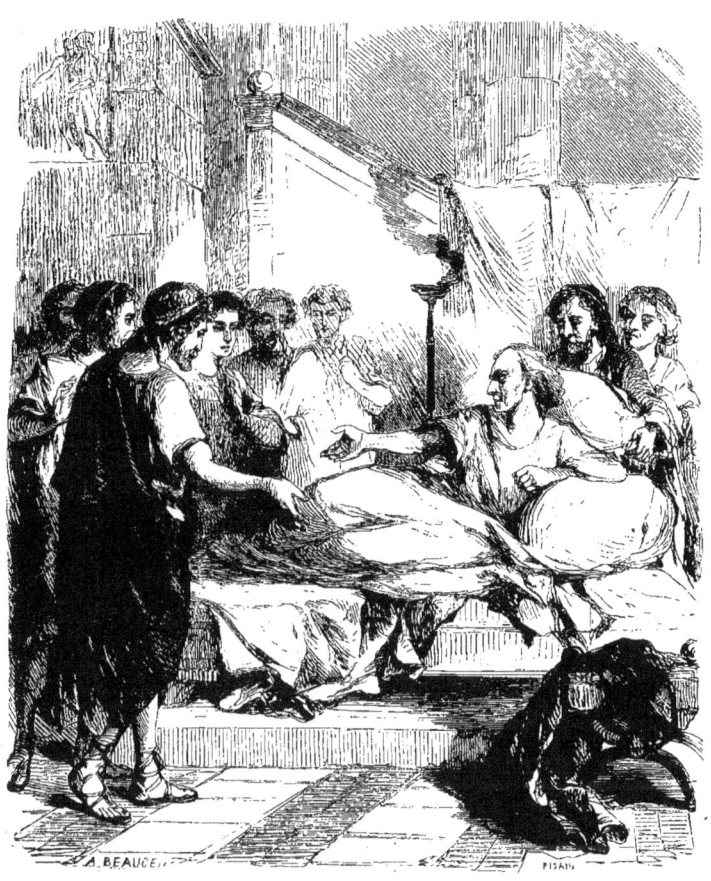

Ai-je bien joué le rôle de la vie? — Page 30.

cour quelques artistes remarquables encore : témoin la tête colossale qui reste de lui et dont l'auteur est inconnu, et la Julie gravée par Évodus sur une aigue-marine.

Dans les moments où Domitien ne piquait point des mouches avec son épingle d'or, il faisait bâtir des temples; mais, quelques précautions qu'il prit pour arriver à un heureux résultat, il était empêché par le point de décadence même où l'art était arrivé; les colonnes de marbre pentélique qu'il avait fait travailler à Athènes furent gâtées par les ouvriers romains, qui les achevèrent si bien, dit Plutarque, qu'elles y perdirent jusqu'à leur belle forme.

Au reste, il est difficile de retrouver des exemples de l'art sous Domitien, le sénat ayant fait briser ses statues.

Quant aux peintres, les derniers dont parle Pline furent Cornélius Pinus et Accius Priscus, qui peignirent le temple de l'Honneur et celui de la Vertu, rebâtis par l'empereur Vespasien.

En effet, à partir de cette époque, la Peinture disparaît et livre la place à l'agonie de sa sœur la Statuaire, qui, quoique son aînée, doit durer plus qu'elle, et qui, bien qu'elle l'ait précédée, doit encore lui survivre : forte de son origine immortelle, la pauvre fille de la Grèce se débat près de deux siècles, et les dernières lueurs qu'elle jette parfois, aussi brillantes que ses plus beaux rayons, éclairent le Forum de Nerva, la statue de Métius Epaphrodite, la Colonne Trajane, l'Arc de triomphe d'Ancône, la villa Adrien, les deux Centaures de marbre noir, la tête colossale d'Antinoüs, le Méléagre du Belvédère, la statue équestre de Marc-Aurèle, le rhéteur Aristide, enfin l'Hercule appelé l'Hercule Commode.

Ce furent là les derniers soupirs de l'art proprement dit : un an après Commode, arriva Septime Sévère. Qu'on jette un coup d'œil sur l'arc de triomphe bâti par lui, et qu'on n'exige pas que nous allions plus loin. De Marc-Aurèle à lui il n'y a que douze ans, mais ces douze ans sont un abîme où tous les souvenirs du beau antique se sont engloutis.

Maintenant, au moment d'abandonner l'art antique pour l'art moderne, la forme païenne pour le sentiment chrétien, voyons d'où vient que les Egyptiens et les Étrusques furent si promptement dépassés par les Grecs, et pourquoi ceux-ci sont restés, et resteront probablement toujours, les maîtres de l'art.

Une des premières conditions pour reproduire le beau est de l'avoir devant les yeux : or, sous ce rapport, les Egyptiens, ces premiers maîtres de l'art, n'étaient point, il faut en convenir, favorisés par la nature : comme chez les Chinois, chez les Hottentots et chez les Lapons, leurs hommes et leurs femmes avaient un caractère de figure unique; de là l'absence de variété. Ces hommes étaient gros et lourds, ces femmes, ces mères fécondes, étaient des vierges fort peu attrayantes, et les uns et les autres avaient ce teint basané qui leur a fait donner le nom d'Égyptiens, ou *brûlés par le soleil*. Ces beaux Egyptiens, dont parlent les deux satiriques latins, étaient des Égyptiens d'Alexandrie, c'est-à-dire des Grecs nés de parents Grecs.

D'un autre côté, grâce à l'imagination ardente des peuples d'Orient, qui ont plus de tendance à chercher l'extraordinaire que le beau, les Égyptiens comme les Perses, au lieu de se faire des dieux à leur image et de tendre à élever la nature divine par la perfection des formes, se choisirent des dieux fantastiques et monstrueux : Osiris avait une tête d'épervier, Anubis avait un naseau de chien, Isis avait des cornes au front, et les sphinx, ces étranges hermaphrodites du Nil, avaient, comme on le sait, la tête d'un homme, le sein d'une femme et les griffes d'un lion. Les Égyptiens n'avaient donc chance de trouver le beau ni sur leur terre ni dans leur ciel.

Ce n'était pas tout : de même qu'il était ordonné à leurs médecins de ne jamais s'écarter des recettes inscrites aux livres sacrés, il était prescrit aux ouvriers en peinture et en sculpture de ne jamais chercher un autre style que le vieux style : nous disons ouvriers et non point artistes, car c'étaient de véritables ouvriers, ceux-là qui se mettaient à tailler du porphyre et à barbouiller des tombeaux, non point par une inspiration de leur génie, mais parce que leurs pères en avaient fait autant avant eux. Quant aux progrès du côté de l'anatomie, il était bien convenu que ces malheureux manœuvres n'en pouvaient faire aucun, toute section d'un corps étant défendue, et les embaumeurs eux-mêmes, qui ne pouvaient pratiquer leur industrie qu'en faisant une incision sur le côté du mort, étaient, aussitôt l'opération terminée, poursuivis à coups de pierres, et avec des cris et des malédictions par les parents et les amis de celui ou de celle qu'ils venaient d'embaumer (1).

Aussi, depuis les siècles inconnus où elle commença jusqu'au jour où les Ptolémées barrèrent le Nil avec leur nouvel empire, la peinture égyptienne n'a-t-elle fait que peu de progrès : ce sont toujours les mêmes figures roides et profilées, dénuées d'anatomie, de grâce et de pittoresque, avançant roidement un pied sur l'autre, quelquefois même peintes toutes en bleu, comme le petit Osiris sur fond noir retrouvé à Herculanum.

Toutes ces choses s'opposaient donc, comme on le voit, à ce que les Égyptiens trouvassent le beau à la manière dont les Européens l'entendent.

Quant aux Étrusques, ils étaient dans des conditions meilleures : aussi firent-ils des progrès plus rapides. Après le siège de Troie, et tandis que la Grèce était troublée par ces mille petites guerres civiles qui suivirent la grande guerre asiatique, les Étrusques demeurèrent en paix; aussi peut-on fixer à peine à dix ou onze siècles avant le Christ les commencements de la peinture chez eux : en outre, leur gouvernement était démocratique, les douze peuples qui for-

---

(1) Diodore de Sicile, Winkelmann.

maient le corps de la nation s'assemblaient à des jours indiqués et avec des droits égaux; ces droits des peuples, qui se répartissaient sur les individus, donnaient à chacun une idée de sa propre valeur, et c'est dans cette conviction de la liberté et du pouvoir individuel qu'est le germe de toutes les grandes choses.

Mais une chose s'opposait chez les Étrusques à ce que l'art dépassât une certaine limite, c'était le caractère guerrier et mélancolique de la nation : comme chez les anciens Scandinaves, l'homme semblait chez eux fait pour la guerre, c'est-à-dire pour la destruction; toutes leurs figures sont armées, et sur les tombeaux eux-mêmes, symboles dans tous les pays du repos éternel, les bas-reliefs représentaient toujours quelque scène sanglante et mortelle. C'est qu'ils avaient inventé les premiers les combats sur les tombeaux, et qu'ils avaient cru faire un hommage à la mort par la mort même.

Aussi étaient-ils la terreur des peuples voisins : quand les Tarquins revinrent à Rome, à leur tête en avant de l'armée marchaient les prêtres armés de serpents et de torches allumées; leurs oracles étaient les plus sombres, et leurs livres sacrés, au dire de Cicéron, remplissaient de terreur ceux qui les consultaient ; enfin, au lieu d'un seul Jupiter Tonnant, ils avaient neuf dieux lançant la foudre.

Et peut-être, malgré ces dispositions contraires au développement de l'art, les Étrusques fussent-ils arrivés, à force d'études, à atteindre, sinon le beau, du moins le grand, si cette prospérité qui suivit la guerre de Troie n'avait pas été interrompue par le voisinage des Romains. L'agression de Porsenna avait été injuste et violente : ils étaient venus attaquer le lionceau; le lionceau se fit lion, et le lion les dévora. Après la mort d'Élius Volturrinus, tué à la bataille de Lucumo, c'est-à-dire, vers la cent vingt-quatrième olympiade, l'an 474 de la fondation de Rome, l'Étrurie devint province romaine. Douze ans après, Marius Flavius Flaccus s'empara de Bolsène, la ville des artistes, et fit transporter, de cette seule ville à Rome, deux mille statues. Il arriva dès lors, des Étrusques transportés hors de l'Étrurie, ce qui devait arriver, presque en même temps, des Grecs transportés hors de la Grèce : l'art étrusque s'arrêta court, et entra dans sa décadence avant d'avoir atteint son apogée.

Il n'en fut point ainsi des Grecs; plus favorisés que leurs aînés sous le rapport du ciel et de la terre, habitant un climat que Minerve elle-même avait choisi comme le plus doux et le plus tempéré qu'elle eût trouvé dans le monde, ils se trouvèrent tout d'abord placés dans ce milieu favorable à tous les développements : l'art est comme les fleurs, il ne peut éclore que dans certains climats et sous une certaine température; les Lapons et les Hottentots n'ont ni arts ni fleurs.

En Grèce, au contraire, au dire d'Hérodote, régnait une température mixte entre l'hiver et l'été; Athènes et Corinthe, situées toutes deux dans la plus belle situation du monde, étaient entourées d'un air limpide, qui permettait à l'œil, même à des distances considérables, de saisir, sans être gêné par le brouillard du nord ou les éblouissements du midi, la proportion exacte des objets. Aussi le beau fut-il constamment le dieu qu'adorèrent les Grecs.

En effet, chez les Grecs, l'homme devenait divin dès qu'il était beau; les prêtres de Jupiter Adolescent, ceux d'Apollon, ceux de Mercure, étaient choisis parmi les jeunes gens qui avaient remporté le prix de la beauté; les habitants d'Égeste, en Sicile, avaient fait élever un temple à un Crotoniate, nommé Philippe, parce qu'il était le plus bel homme qu'ils eussent jamais vu. Un des quatre souhaits que faisait, dans une vieille chanson grecque, Simonide à ses amis, était d'avoir une belle figure (1). A Sparte, les femmes conservaient dans leur chambre à coucher des statues de Narcisse, d'Hyacinthe et de Castor et Pollux, pour avoir de beaux enfants. Démétrius de Phalère avait été surnommé par les Athéniens Charitoblépharos (2). Enfin, la laideur et la vieillesse étaient tellement odieuses aux Grecs, que chez eux les Parques étaient jeunes, les Euménides étaient belles, et que Minerve, la déesse de la sagesse, c'est-à-dire de toutes les divinités celle à qui il était le moins permis d'être coquette, jeta sa flûte dans le fleuve aussitôt qu'une nymphe lui eut dit que jouer de cet instrument lui déformait le visage.

Il y avait plus : comme pour poser d'avance des bases positives à la beauté, les artistes grecs avaient établi des degrés de l'homme au dieu, afin que l'on pût sûrement monter de la terre au ciel, et redescendre du ciel sur la terre; cette grande échelle angélique que Jacob, endormi sur

---

(1) Les trois autres étaient d'avoir une bonne santé, de posséder des richesses bien acquises, et de se livrer à la joie avec des amis.

(2) Sur les paupières duquel siégent les grâces.

la pierre de Bethel, n'avait vue qu'en songe, ils l'avaient publiquement dressée pour escalader l'Olympe. Téléphe était le type de l'enfant, Ganymède le type de l'adolescent, Méléagre le type du jeune homme, Jason le type du héros, Castor et Pollux les types du demi-dieu, Apollon le type du dieu; de même qu'en redescendant de l'autre côté de l'échelle on trouvait Vénus d'abord, puis successivement les Grâces, les Muses, les Naïades, les Nymphes, et Psyché, type gracieux de la femme, comme Vénus était le type sublime de la déesse. Ainsi le peintre ni le statuaire ne pouvaient s'égarer, ils tenaient en main le fil d'Ariane, et ce fil les conduisait tout droit de la beauté humaine à la beauté céleste, en leur montrant les unes après les autres toutes les beautés intermédiaires.

Les Grecs avaient encore compris que la beauté n'est point une, et que plusieurs expressions de la beauté sont belles : ils avaient en conséquence reconnu l'impossibilité de fondre toutes les beautés en une seule, et avaient créé des types différents; ainsi Vénus était la beauté voluptueuse, Junon la beauté fière, Diane la beauté chaste, Minerve la beauté sévère, Hébé la beauté ingénue, et les Muses la beauté expressive.

Enfin ils avaient été plus loin encore; et, pour reculer la beauté au delà de la nature, au delà des croyances, au delà du possible, ils avaient créé l'hermaphrodite, afin de réunir, de mêler, de fondre ensemble les beautés réunies de l'homme et de la femme, de la déesse et du dieu.

Aussi les Grecs furent-ils les rois du beau, et, étant les rois du beau, demeurèrent-ils les princes de l'art.

Mais, comme tout ce qui est humain, l'art grec accomplit sa période, période brillante, lumineuse, magistrale. Nous l'avons accompagné dans son vol, nous l'avons salué à son apogée, nous sommes redescendus avec lui sur la terre, nous l'avons vu se diviser, s'éloigner, se perdre; laissons-le donc enfoui avec ses statues, ses tableaux et ses médailles jusqu'à ce que Nicolas de Pise le retrouve sur le sarcophage de la comtesse Mathilde, et passons à l'art chrétien, qui doit lui succéder, mais qui ne doit point l'atteindre.

Cependant, malgré les avertissements écrits par la main de Dieu sur les murs du festin, le monde païen continuait son immense orgie : c'est que ces torrents de nations, qui s'étaient jetés dans le grand fleuve romain, y avaient charrié plus de limon que d'eau pure; c'est que l'empire, en héritant des arts, de la science et des richesses des peuples, avait aussi hérité de leurs vices : la corruption était entrée dans les cours, la débauche dans les villes, la mollesse dans les camps. Enfants dégénérés de leurs ancêtres, les hommes suaient sous le poids de manteaux si légers, que le vent les soulevait; filles dégénérées de leurs mères, les femmes passaient leurs journées aux bains et en sortaient voilées pour entrer dans des maisons infâmes; fils dégénérés de leurs aïeux, les soldats sans cuirasse, couchés sous des tentes peintes, buvaient dans des coupes plus lourdes que leurs épées. Tout était devenu vénal, conscience des citoyens, faveurs des épouses, services des guerriers; la morale jeune et pure de l'Évangile n'eût point été comprise de ce monde usé et corrompu; la race primitive, arrivée au sacrilége, avait été détruite par les eaux; la race secondaire, arrivée à la corruption, devait être détruite par le fer et par le feu. Dieu se révéla à Constantin; Constantin prépare à la hâte son arche sainte, quitte Rome, aborde Byzance avec la semence de chaque art, comme Noé avait abordé au mont Ararat avec le germe de chaque race; et comme Dieu avait ouvert les cataractes du ciel, il lâcha sur le monde les écluses de la terre.

Alors du fond de contrées inconnues, que l'on croyait les unes désertes, les autres fabuleuses, au nord, au midi, à l'orient, se lèvent à grand bruit des hordes innombrables de barbares qui se ruent à travers le monde, les uns à pied, les autres à cheval, ceux-ci sur des chameaux, ceux-là sur des chars traînés par des cerfs. Les fleuves les charrient sur leurs boucliers, la mer les apporte sur leurs barques; ils vont chassant devant eux les populations étonnées et soumises, comme les bergers chassent les troupeaux avec le bois de la houlette, et renversent nations sur nations; car Dieu a dit : « Je mêlerai les peuples du monde comme l'ouragan mêle la poussière de la terre, afin que de leur choc les étincelles de la foi chrétienne jaillissent sur toutes les parties du globe, afin que, non-seulemen les temps, mais les souvenirs des temps, soient abolis, et que toutes choses soient faites nouvelles. »

Et il fut fait comme Dieu avait dit. Attila, Alaric et Genseric se partagèrent le monde; l'un marcha sur Lutèce, l'autre sur Rome, l'autre sur Carthage. Et comme la lave du Vésuve avait

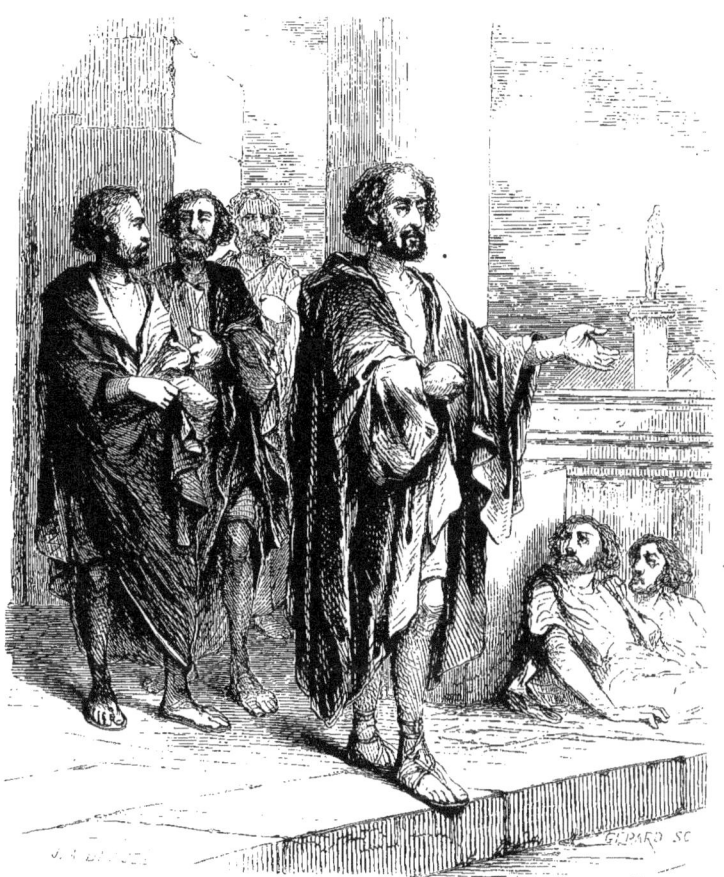

Vespasien.

recouvert Herculanum, Stabie et Pompéia, la lave de la barbarie recouvrit les nations.

Puis, lorsqu'eurent passé ces hommes qui, dans leur instinct sauvage devançant le jugement du monde, s'appelaient eux-mêmes le marteau de l'univers, ou le fléau de Dieu; lorsque le vent eut emporté la poussière que soulevait la marche de leurs armées; lorsque la fumée de tant de villes incendiées fut remontée aux cieux; lorsque les vapeurs sanglantes qui s'élevaient de tant de champs de bataille furent retombées sur la terre en rosée fécondatrice; quand l'œil enfin put distinguer quelque chose au milieu de cet immense chaos, il aperçut des peuples jeunes et renouvelés se pressant autour de quelques vieillards qui tenaient d'une main l'Evangile et de l'autre la croix.

Ces vieillards, c'étaient les Pères de l'Église.

Ces peuples, c'étaient les Francs, les Burgundes et les Visigoths se partageant la Gaule; c'étaient les Ostrogoths, les Longobards et les Gépides se répandant en Italie; c'étaient les Alains, les Vandales s'emparant de l'Espagne; c'étaient enfin les Pictes, les Scots et les Anglo-Saxons se disputant l'Angleterre.

Puis, de place en place, quelques colonies de vieux Romains, espèces de colonnes antiques plantées par la civilisation, et demeurées debout au milieu de la barbarie.

Maintenant voyons ce qu'était devenu l'art au milieu de cette grande catastrophe.

Le départ de Constantin pour Byzance, où il avait emmené avec lui tout ce qui restait de peintres grecs, avait laissé Rome libre de suivre la voie chrétienne dans laquelle ses artistes naissants étaient entrés. A peine sortis des catacombes, où dans l'obscurité et le secret ils avaient, avec la pointe d'un couteau, tracé sur les murs funéraires des représentations informes et symboliques de leur croyance nouvelle, ils se trouvaient devenus tout à coup de persécutés triomphateurs, en face des vastes basiliques qui s'élevaient à Constantinople et à Rome en l'honneur de ce Dieu qui, la veille encore, avait ses martyrs. Mais plus le changement était grand, plus la lumière était vive, plus les artistes nouveaux, guidés par la foi plus encore que par le talent, se mirent ardemment à l'œuvre, et ce fut alors qu'on vit succéder à la peinture allégorico-biblique des catacombes, qui promettait la résurrection, la peinture triomphale qui annonçait que l'heure de cette résurrection était enfin arrivée. En effet, qu'on interroge la peinture des catacombes, partout c'est l'allégorie, c'est-à-dire l'espérance. Jonas sort du ventre de la baleine, Lazare se lève de sa tombe, la colombe rentre dans l'arche, le phénix renaît de sa cendre, le prophète Elie monte dans son char de feu, le bon pasteur ramène la brebis égarée au bercail. Qu'on interroge les basiliques, partout c'est la réalité, c'est-à-dire le triomphe. Jésus trône dans sa gloire, Jésus couronne sa mère, Jésus redescend sur la terre, appuyé sur saint Pierre et sur saint Paul, ces deux colombes vivantes de sa primitive Église.

Alors éclate le schisme qui va séparer l'art grec de l'art romain. Avant de discuter sur la forme immatérielle du Christ, on va disputer sur sa forme visible; Tertullien, saint Cyrille et saint Justin disent que par humilité le Christ a revêtu une apparence abjecte, tandis que saint Jean Chrysostome et saint Grégoire de Nysse prétendent au contraire que le Christ n'a voilé sa beauté divine qu'autant qu'il était nécessaire pour ne pas éblouir les yeux des hommes. La dispute dura cinq siècles et ne fut tranchée en Occident que lorsque, en s'appuyant sur l'autorité de saint Ambroise, de saint Augustin et de saint Jérôme, le pape Adrien Ier, élu en 772, décida que Jésus, comme un second Adam, était le modèle des formes accomplies.

Mais depuis longtemps les peintres avaient pris parti dans cette grande querelle : les Grecs, c'est-à-dire les Orientaux, pour Tertullien, saint Justin et saint Cyrille; les Romains, c'est-à-dire les Occidentaux, pour saint Chrysostome et saint Grégoire de Nysse. Il en résulta deux types bien différents, bien séparés, bien distincts; car, tandis que les artistes romains cherchaient le beau, espérant monter jusqu'à la divinité, les artistes grecs cherchaient le laid, espérant descendre jusqu'à elle.

Ainsi, tandis que, dans le cimetière de Saint-Calixte, l'image du Christ, une des plus anciennes qui soient sorties du pinceau chrétien, représente Jésus comme un homme de trente à trente-cinq ans, au visage ovale, à la physionomie douce et mélancolique, aux longs cheveux partagés sur le haut de la tête et retombant sur les épaules, les basiliques grecques nous offrent le portrait du Sauveur, sous la forme d'un homme sans âge, amaigri, avec la barbe longue et avec le teint cadavéreux : type de laideur que les Byzantins n'ont jamais voulu embellir, abîme de dégradation d'où ils ne sont jamais sortis.

Il en fut de même pour Marie : les chrétiens

occidentaux en firent une jeune et belle vierge, les chrétiens orientaux en firent une vieille et noire matrone.

Ainsi il est facile, même dans ces temps d'obscurité, de reconnaître les deux écoles : chaque fois que se présente une Madone au teint noirâtre, aux mains amaigries, aux doigts démesurés, tenant dans ses bras quelque enfant aussi laid qu'elle, chaque fois que se présente un Christ en croix, informe, maigre et noir comme une momie, avec des flots de sang sortant de ses blessures, c'est l'œuvre d'un artiste grec; chaque fois, au contraire qu'on rencontre l'une ou l'autre de ces images saintes où l'artiste a essayé de peindre une belle vierge pleine de douleur, ou un beau jeune homme plein de résignation, c'est l'œuvre d'un artiste romain : nous disons romain, bien entendu, sans circonscrire ce mot dans les murailles d'une ville, mais seulement dans les limites d'une école.

C'est à cette école qu'il faut rattacher les peintures dont le pape Léon Ier, contemporain de Valentinien III, fit couvrir une des murailles de la basilique de Saint-Paul, et qui représentent la série des papes depuis saint Pierre jusqu'à lui, c'est-à-dire une collection de quarante-six portraits; et celles que Jean Ier, Félix IV et Jean III firent exécuter dans les catacombes, devenues la sépulture ordinaire des pontifes romains, et qui remontent, les unes à l'an 450, et les autres à la moitié du sixième siècle.

Ce fut malheureusement vers cette époque que Justinien reconquit l'Italie. Tout conquérant impose ses lois, ses dogmes et jusqu'à ses hérésies. Justinien ramena avec lui à Rome les descendants de ces artistes grecs que Constantin avait emmenés à Byzance; et, par l'influence qu'ils reprirent, si l'art italien ne fut pas étouffé, son progrès au moins fut suspendu par la lutte qu'il eut à soutenir contre la décadence grecque. Depuis deux siècles il soutenait la lutte; puis, au bout de cette période, Léon l'Isaurien monta sur le trône.

Léon l'Isaurien était contemporain de ce Jezid qui venait de détruire toutes les statues en Syrie. Sans éducation aucune, ayant passé une partie de sa jeunesse avec les Juifs et avec les Arabes, le nouvel empereur avait pris d'eux la haine des images, dont il regardait le culte comme une idolâtrie; en conséquence, après avoir commencé la destruction sur un crucifix qu'il trouva dans le vestibule de son palais, il envoya, dans toutes les provinces de son empire, dans toutes les îles de l'Archipel, des soldats chargés de brûler tous les tableaux et de briser toutes les statues qu'ils trouveraient dans les églises et dans les couvents, avec l'ordre d'arracher la barbe et de crever les yeux aux moines qui essayeraient de s'opposer à cette exécution.

Quelques moines fugitifs arrivèrent à Rome et racontèrent ce qui se passait dans la partie orientale de l'empire : à peine si on pouvait les croire, lorsque parvinrent à Rome les édits de Léon. Ces édits ordonnaient la destruction des images, et menaçaient, s'ils n'étaient exécutés, les récalcitrants de toute la colère de l'empereur.

Mais, en s'éloignant du lieu d'où elles partaient, les menaces de l'empereur perdaient de leur puissance : les Romains, les grands adorateurs de la forme, se révoltèrent contre Constantinople, chacun courut aux armes comme aux beaux jours de la république, une espèce de croisade stationnaire s'organisa; et pendant ce temps, comme, en attendant l'escadre et l'armée qu'on lui disait parties pour Constantinople pour appuyer les volontés de Léon, le peuple n'avait rien à faire, il s'amusa à briser les statues de l'Iconoclaste.

Heureusement pour l'art, toutes ces persécutions n'aboutirent qu'à détacher Rome de Constantinople; tous les efforts des empereurs iconoclastes échouèrent contre la résistance des Occidentaux. Naples seule prit le parti de l'empire, et elle en fut punie par l'empreinte ineffaçable que les Byzantins laissèrent chez elle, et qui eut pour résultat peut-être de la laisser sans école au milieu des écoles de Pise, de Sienne, de Rome, de Florence, de Bologne et de Venise.

Cependant peu s'en fallut que le même effet ne fût produit par l'hospitalité que les Romains donnèrent aux Grecs fugitifs, qui vinrent renforcer les Grecs conquérants restés en Italie depuis Justinien : des couvents tout entiers avaient émigré, et comme c'était à cette époque dans les couvents que s'étaient réfugiés la littérature, les sciences et les arts, l'influence des peintres grecs s'accrut au point que sans doute Adrien, effrayé par les productions monstrueuses qui sortaient de leur pinceau, rendit pour les combattre la déclaration que nous avons déjà citée, c'est-à-dire que le Christ était le modèle de toute perfection.

Mais, pendant que Rome et Byzance luttaient ainsi pour savoir ce qui l'emporterait de la beauté ou de la laideur, de l'art romain ou de l'art grec, un troisième art s'était fait jour à travers cette couche de barbarie qui avait recouvert l'Allemagne, la France et la Lombardie, c'était, si l'on peut l'appeler ainsi, l'art gallo-germanique.

Celui-là, né dans l'ignorance complète des chefs-d'œuvre de l'antiquité aux premiers rayons de la religion chrétienne, devait se développer dans sa force et dans sa liberté septentrionale : ce fut ce qu'il fit, et les premières traces qu'il imprima, traces effacées aujourd'hui et dont il ne reste plus souvenirs que dans l'histoire, furent les peintures que Théodore, roi des Goths, ordonna d'exécuter sous les portiques et dans les palais bâtis par ses ordres à Pavie, à Ravenne et à Monza. En leur succédant, les Lombards trouvèrent ces peintures comme des modèles à suivre, et, tout arien qu'il était, Astolphe, leur roi, récompensa, dit l'histoire, un peintre, nommé Aripert, qui avait peint à fresque les murailles de son palais : de plus, la reine Théodelinde fit peindre sur les murs de Monza les principaux traits de l'histoire des Lombards. Ce fut aussi vers cette époque que les peintures de l'église de Saint-Nazaire de Vérone furent exécutées ; et, selon toutes les probabilités, ces peintures appartenaient à l'école lombarde, c'est-à-dire à l'art germanique. Cependant cet art, tout individuel qu'il est, n'acquiert d'importance réelle qu'à partir du siècle qui s'ouvre par le couronnement de Charlemagne : c'est qu'alors il ne se circonscrit plus dans les Gaules (où, au dire de Fortunatus, la palme était remportée par les nationaux sur les ultramontains, et où Grégoire de Tours et ses contemporains l'employaient à orner les églises de Saint-Perpetuus, les basiliques de Toulouse, de Saintes, de Bordeaux et de Saint-Germain-des-Prés), ni dans la Lombardie, où il a décoré tour à tour les palais des rois goths et de leurs successeurs; mais il se présente à Rome avec Charlemagne, et, pour y acquérir son droit de bourgeoisie, il vient exécuter la grande mosaïque du palais de Latran et imprimer aux figures du Christ, de saint Pierre et de saint Paul ce caractère primitif de l'art chrétien que commençaient à oublier les Romains et que n'avaient jamais connu les Grecs.

Malheureusement ce monument est le seul qui reste, des réparations ordonnées par Adrien Ier et des fondations exécutées par Léon III : les travaux du même genre exécutés sous le portique de Sainte-Suzanne et dans l'église de Sainte-Croix de Jérusalem ont été remplacés par les fresques du Pinturicchio.

Mais à défaut de ces peintures que Charlemagne faisait exécuter dans son oratoire à l'aide de contributions levées à cet effet, et dont lui-même détermine le chiffre dans ses Capitulaires ; à défaut de celles qu'il invitait Offa, l'un des rois de l'heptarchie, à faire exécuter à son exemple dans les églises d'Angleterre; à défaut enfin de celles qu'il ordonnait à ses missionnaires de faire exécuter encore en Saxe et en Germanie, afin qu'ils parlassent à la fois aux yeux et aux oreilles des hérétiques, restent la Bible latine conservée dans le cloître de Saint-Calixte à Rome, le Psautier de la bibliothèque de Vienne, les deux Bibles de Charles le Chauve, dont l'une est à Munich et l'autre à Paris, et enfin le Bénédictionnal de Godemann, évêque de Winchester, chef-d'œuvre de calligraphie et de miniature, qui est aujourd'hui la propriété du duc du Devonshire.

Mais alors il y a, dans les trois branches de l'art que nous avons successivement décrites, un temps d'arrêt pendant lequel chacun attend le résultat des prédictions qui annoncent pour l'an 1000 la fin du monde : toute la fin du dixième siècle s'écoule en prières et en pèlerinage, de toutes parts on interrompt les travaux commencés, tant est grande la certitude que le présent n'a point d'avenir, et que, si on continuait de travailler, l'on travaillerait pour le néant. Enfin l'année fatale passe, le ciel couvert de nuages s'éclaircit ; c'est toujours la même nuit, mais c'est une nuit où brillent des étoiles.

Le onzième siècle retrouve les trois écoles le pinceau à la main. L'école gallo-germanique s'est fixée à Saint-Gall : c'est là que les traditions laissées par les deux peintres calligraphes Modestus et Sintramne sont recueillies par le moine Notker, peintre et poëte; par le moine Tutilon, peintre, poëte, ciseleur, musicien et statuaire ; et enfin par le moine Jean, que l'empereur Othon III fit venir à Aix-la-Chapelle pour y peindre une chapelle, travail dont il se tira avec un tel succès, que, ne connaissant pas de récompense pécuniaire qui pût payer un pareil chef-d'œuvre, l'empereur le fit évêque de Liége.

Quant à l'école romaine, elle est de son côté à l'œuvre en l'année 1011 : ses élèves peignent, à la voix de Sergius IV, l'église d'Urbin, et à cette heure il est encore possible de distinguer sur ses murs quelques scènes tirées de l'Evangile et quelques compositions fournies par la légende de sainte Cécile : son caractère est bien particulier, les figures n'ont rien du costume oriental, les draperies y sont traitées avec une certaine mollesse; aussi Lanzi n'hésite-t-il pas à l'attribuer au pinceau italien.

Quant aux Grecs, ils sont occupés à exécuter les mosaïques de Saint-Marc de Venise, de Saint-Jean de Florence et du Baptistère de Pise.

Au milieu de ces trois écoles, dont l'une par son progrès et l'autre par sa décadence nous entraîneraient trop loin, nous suivrons dans son développement l'école italienne, car c'est celle qui doit effacer toutes les autres par la lumière qu'elle répandra sur le monde. Dieu a mis six jours à faire la Genèse, l'Italie a mis six siècles à accomplir la sienne. L'Italie est la terre privilégiée du ciel : la Grèce a eu le siècle de Périclès, la France aura le siècle de Louis XIV : l'Italie seule comptera trois âges, le siècle des Étrusques, le siècle d'Octave et le siècle de Léon X.

Les peintures souterraines du dôme d'Aquilée succèdent en 1030 aux peintures de l'église d'Urbin; le chœur de la même église en renfermait d'autres qui furent recouvertes en 1735, mais dont les dessins existent : elles représentent entre autres choses les portraits du patriarche Popone, de l'empereur Conrad et de son fils Henri.

La Notre-Dame de Fiésoles est de la fin du même siècle, ou tout au plus du commencement du siècle suivant : malheureusement le visage de Notre-Dame en est retouché, mais les deux autres portraits qui se trouvent près d'elle sont mieux conservés.

Puis vient l'église Sainte-Marie l'Ancienne à Orviéto, avec ses peintures de 1199, ainsi que ces mille images de Notre-Dame attribuées à saint Luc; mais tout cela, dit Lanzi, est d'une médiocrité qui fait de l'exécution, non un art, mais un mécanisme, lequel glorifie peut-être la religion, mais défigure certainement la nature.

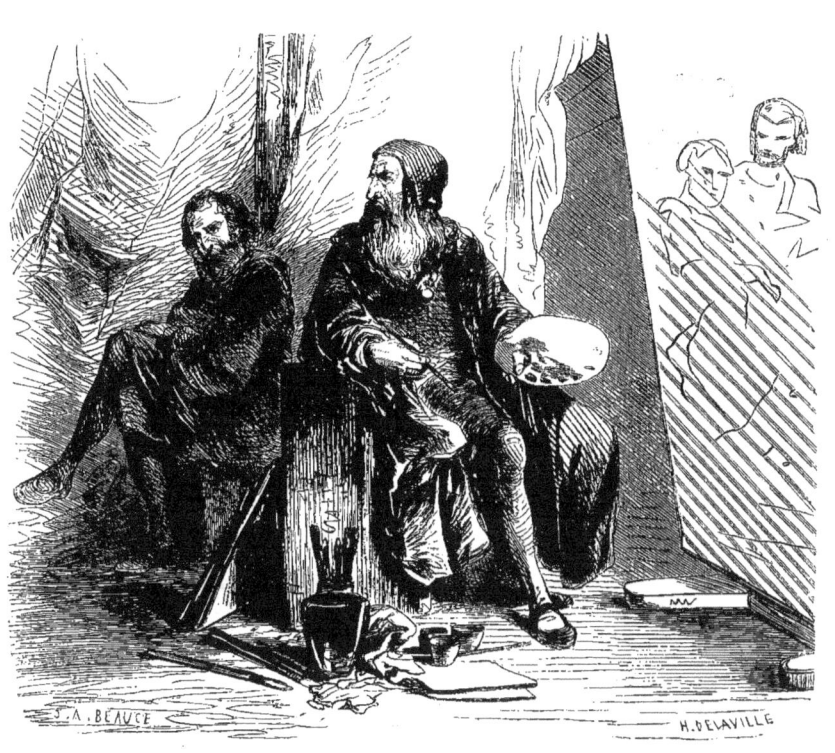

LÉONARD DE VINCI

ET

MASACCIO DE S.-GIOVANNI

PAR

ALEXANDRE DUMAS

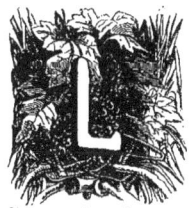éonard naquit au château de Vinci, dont on voit encore aujourd'hui les ruines près du lac de Fucecchio, situé à quelques lieues de Florence : de là son nom de Léonard de Vinci. C'est le fils naturel d'un notaire. Certes, le proverbe qui dit que les enfants de l'amour sont plus heureusement doués que les autres dut acquérir une nouvelle faveur de l'exemple qu'apporta le jeune Léonard prédisposé à l'élégance, à l'art, à la science. Sa figure était belle, sa taille admirablement proportionnée, son esprit disposé à comprendre avec facilité et à s'appliquer avec persévérance : chose rare! avec la rectitude de jugement du mathématicien, il avait l'imagination brillante

de l'artiste; et avec la frivolité apparente de l'homme du monde, l'application profonde de l'écolier. Aussi, en voyant son fils à la fois poëte, géomètre, mécanicien, peintre, danseur, écuyer et musicien, le brave notaire ne savait-il véritablement à quelle spécialité il devait destiner celui que tout le monde s'accordait à regarder autour de lui comme un prodige de précoce universalité, lorsque l'enfant tira son père d'embarras en optant lui-même pour la peinture. Le bon notaire prit alors quelques-uns des dessins de son fils, et les alla porter à André Verrocchio, autre phénomène du même genre, et qui s'était lui-même acquis une quintuple réputation comme peintre, statuaire, graveur, orfévre et musicien. Verrocchio regarda les dessins avec une attention qui indiquait l'importance dont ils étaient à ses yeux, et demanda à maître Pierre (c'est ainsi que se nommait le père de Léonard) quel était l'artiste dont il les tenait : ce à quoi maître Pierre répondit que l'artiste était son propre fils, bambin âgé de douze ans. Verrocchio n'en voulait rien croire : on lui amena l'enfant, qui traça sous ses yeux quelques figures d'hommes, d'animaux et de fleurs. Il fallut bien alors que l'incrédule Verrocchio fût convaincu, et le jeune Léonard entra dans la boutique du maître qu'il devait bientôt surpasser.

Trois ans après, André Verrocchio peignant pour les moines de Vallombreuse un tableau de saint Jean baptisant Jésus, Léonard fit dans ce tableau cet ange si plein de grâce qu'on montre encore aujourd'hui comme son premier ouvrage, et que son maître trouva si parfait, qu'il ne voulut point y retoucher : il resta tel qu'il était sorti du pinceau de l'élève de quinze ans.

Mais, tout en devenant un grand peintre, Léonard n'abandonnait ni les autres arts, ni les sciences; il jouait de différents instruments et entre autres d'une lyre dont il était à peu près l'inventeur; chimiste habile, il s'amusait quelquefois à former, par le mélange de matières inodores, quelque odeur détestable, qui forçait tous ceux qui se trouvaient dans l'appartement à s'enfuir; d'autres fois, il appliquait la mécanique à la mystification : un fauteuil, où un critique impertinent se croyait bien solidement assis, se mettait tout à coup à courir autour de la chambre, au grand effroi de celui qui se trouvait victime de cette locomotive inattendue; il faisait des oiseaux qui volaient tout seuls, des quadrupèdes qui marchaient par un mécanisme intérieur; il trouvait des machines propres à percer des rochers; il inventait des instruments qui soulevaient des poids énormes : un jour il proposa d'enlever l'église Saint-Laurent, et de la replacer sur une autre base. Aussi ne parlait-on à Florence que du jeune Léonard de Vinci. Cette réputation s'étendit jusque dans les campagnes environnantes : un jour un paysan vint trouver *ser Piero*, et, lui apportant une espèce de bouclier qu'il avait fait avec le tronc d'un figuier, le pria de faire couvrir ce bouclier de peintures par son fils; peu lui importait lesquelles : au reste, il laissait l'artiste parfaitement libre de sa fantaisie. Comme le notaire, grand amateur de chasse et de pêche, avait souvent trouvé dans ce même paysan un excellent compagnon, il se chargea de la commission, prit le bouclier et le remit au jeune Léonard. Léonard commença d'abord par redresser le bouclier au feu, puis il le fit polir, puis il l'enduisit de blanc. Pendant tout ce travail il rêvait à la chose qu'il peindrait dessus, et se détermina pour une tête de Méduse : alors il rassembla mystérieusement dans son atelier, fermé à tout le monde, des couleuvres, des lézards, des chauves-souris, des crapauds, des grillons, des sauterelles, des papillons de nuit; et de tous ces êtres hideux, de ces reptiles bizarres et terribles, il composa un seul monstre qui, sortant d'un rocher, lançait la flamme par les yeux, et la fumée par la bouche et par les narines. C'était la Méduse qu'il avait rêvée.

Alors, satisfait de son œuvre, Léonard place le bouclier dans un jour favorable, l'encadre de mousse et de branches d'arbre, appelle son père et le lui montre. Hercule y eût vu une nouvelle hydre à combattre, et fût tombé sur le bouclier à grands coups de massue. *Ser Piero* n'était pas Hercule : il poussa un grand cri de terreur, et se retourna vers la porte avec l'intention de s'enfuir le plus vitement qu'il pourrait. Léonard l'arrêta :

« C'est bien, mon père, lui dit-il; j'en suis venu à mon désir : ce que vous prenez pour un monstre vivant et inconnu, n'est rien autre chose que la peinture que vous m'avez demandée; prenez le bouclier de votre paysan et emportez-le. »

Ce disant, le jeune Léonard jeta bas la mousse et les branches d'arbre, prit la rondache, et la présenta à son père, lequel ne savait encore s'il devait la prendre; mais lorsqu'il se fut bien convaincu que c'était en effet un miracle de l'art et non point un jeu de la nature, il ne se le fit pas redire à deux fois : il prit le chef-d'œuvre et l'emporta; seulement, comme il fallait un bouclier au paysan, *ser Piero* acheta un vieil écu de hasard, sur lequel était un cœur percé d'une flèche, et le donna comme chose fort précieuse à son compagnon, qui heureusement pour lui se connaissait mieux en chasse et en pêche qu'en peinture. Quant à la Méduse, il la vendit cent ducats à des marchands, lesquels la revendirent bientôt trois cents écus au duc Galéas.

Vers le même temps, Léonard s'occupa de deux compositions bien différentes. L'une était une Vierge, près de laquelle il plaça une carafe d'où s'échappait un charmant bouquet de fleurs, qui paraissait si fraîchement cueillies, que la rosée perlait encore dessus ; l'autre était un Neptune, dont le char traîné par des chevaux marins fend une mer toute peuplée de tritons, de néréides, d'orques et de dauphins. Or, si l'on veut savoir vers quelle époque étaient achevés ces ouvrages, c'était vers 1478, cinq années avant la naissance de Raphaël, lorsque Michel-Ange n'avait que quatre ans! Aussi, selon toute probabilité, Léonard de Vinci gagnait-il un argent fou : sans autre fortune que son art, il était le jeune homme le plus élégant de Florence, avait les plus beaux chevaux de la Toscane, et menait près des femmes un train de prince. Or, d'après la façon dont son brave homme de père avait escamoté à son profit la tête de Méduse, on peut penser que l'argent que le jeune Léonard jetait ainsi à pleines mains ne sortait pas des coffres du vieux notaire.

Que sont devenus tous les chefs-d'œuvre que le futur auteur du Cénacle fit dans cette première partie de sa vie? Sans doute, pour la plupart, ils se perdirent : on sait seulement qu'il exécuta beaucoup de portraits, parmi lesquels étaient celui d'un capitaine de bohémiens nommé *Scaramuccia* et celui d'Amerigo Vespucci, qui à cette époque n'avait pas encore donné son nom à un monde. C'est de cette période aussi que date la tête de Méduse entourée de serpents, qui est aujourd'hui dans la Galerie des Offices, et qu'il ne faut pas confondre avec celle que Léonard peignit sur la recommandation de son père; enfin l'ébauche d'une Adoration des Mages, qui se trouve dans l'Académie des beaux arts de Florence, et un grand carton d'Adam et Ève, qui ne nous est point parvenu.

Maintenant, comment se fait-il que les Médicis, ces chercheurs d'hommes qui découvrirent Michel-Ange à treize ans, ne paraissent avoir fait aucune attention à Léonard de Vinci, le plus élégant cavalier, le plus grand peintre, le plus fort mécanicien de Florence à cette époque? C'est un de ces mystères d'injustice comme la vie des grands hommes en recèle toujours quelques-uns.

Aussi Léonard de Vinci était-il déjà résolu de quitter Florence, lorsqu'on vint lui proposer de s'attacher à Louis-Marie Sforza, qui d'avance voulait à force de gloire se faire pardonner sa future usurpation.

En effet, trois écoliers, échauffés par la lecture de Tite-Live, avaient cru refaire de l'histoire antique, et venaient d'assassiner Galéas.

Son fils, âgé de huit ans, lui avait succédé sous la tutelle de son oncle, ce même Louis-Marie Sforza dont nous venons de parler, et qu'on appelait *il Moro*, non point (comme l'ont répété les uns après les autres les historiens qui ont traité de cette époque) parce qu'il avait le teint basané, mais tout simplement parce qu'il portait un mûrier pour armes.

Or on avait parlé à Louis-Marie Sforza de Léonard de Vinci, et Louis-Marie Sforza fit demander au jeune homme de quoi il était capable.

Il est curieux de voir l'opinion que Léonard de Vinci avait de lui-même à l'âge de vingt-huit ans.

Voici ce qu'il répondit :

« Mon très-illustre seigneur, ayant vu et examiné attentivement jusqu'à ce jour les travaux de tous ceux qui se réputent maîtres et inventeurs d'instruments de guerre, et ayant reconnu que l'invention et le résultat de ces machines ne sont rien autre chose que ce qui est parfaitement connu jusqu'à ce jour, je m'efforcerai, sans porter préjudice à personne, de me faire comprendre de Votre Excellence en lui révélant mes secrets. En attendant le temps opportun d'en venir à cet effet, je mettrai sous les yeux de Votre Excellence la note suivante :

« 1° J'ai un moyen de faire des ponts très-légers, et propres à être transportés facilement, à l'aide desquels on peut poursuivre et fuir l'ennemi ; j'en ai d'autres qui sont incombustibles, faciles à lever et à poser, et j'ai de plus encore des secrets pour brûler et détruire ceux des ennemis.

« 2° Je sais comment on peut, pendant le siége d'une place, tarir l'eau des fossés, et faire une multitude de ponts volants à échelons, et toutes sortes d'autres instruments propres à faire réussir ladite expédition.

« 3° *Item* : si, par la hauteur des ouvrages, ou par la force du lieu, on ne pouvait dans le siége d'une place faire usage de bombardes, j'ai le moyen de ruiner toute citadelle ou forteresse qui ne serait point bâtie sur le roc.

« 4° En outre, je possède le secret de faire des bombardes très-commodes et faciles à transporter, avec lesquelles on peut lancer en détail la tempête, et dont la fumée peut, en épouvantant l'ennemi, le jeter dans la confusion.

« 5° *Item* : au moyen de chemins creux, étroits et tracés en zigzag, j'ai encore la faculté de faire avancer jusqu'à un certain....., dans le cas où il faudrait passer sous des fossés ou sous un fleuve.

« 6° *Item* : je fais des chariots couverts, sûrs et indestructibles, lesquels entrent dans les rangs de l'ennemi avec leur artillerie, si bien qu'il n'y a si grande quantité de gens d'armes que ces chariots ne rompent ; en outre, derrière ces chariots, et protégée par eux, l'infanterie peut s'avancer sans aucun empêchement.

« 7° *Item* : le cas échéant, je ferai des bombardes, mortiers et des passe-volants tout à fait inconnus, de très-belle et très-utile forme.

« 8° Là où les bombardes seraient insuffisantes, je composerai des catapultes, des balistes, des trébuchets, et d'autres instruments hors d'usage, et d'une admirable efficacité ; enfin, selon les différents cas, je composerai une infinité de moyens offensifs.

« 9° Et lorsque le combat se livrerait sur mer, je puis encore construire une multitude d'autres instruments offensifs et défensifs, des vaisseaux qui résisteront aux coups des plus grosses bombardes ; je puis enfin composer des poudres et des fusées (1).

« 10° En temps de paix, je crois pouvoir soutenir la concurrence avec quelque architecte que ce soit pour la construction des monuments publics ou des maisons particulières ; il en est de même pour conduire tout cours d'eau d'un lieu à un autre.

« 11° *Item* : je conduirai à bonne fin tous travaux de sculpture en marbre, en bronze ou en terre ; et pareillement en peinture, j'espère pouvoir soutenir avantageusement la comparaison avec qui que ce soit.

« Je pourrai encore donner mes soins à la statue équestre qui doit être élevée à la gloire immortelle du seigneur votre père d'heureuse mémoire, et à celle de la noble maison des Sforza.

« Et, si quelques-unes des choses dites étaient jugées impossibles ou infaisables, je déclare que je suis prêt à en faire l'expérience dans votre parc ou dans quelque autre lieu qu'il plaira à Votre Excellence, à laquelle je me recommande le plus humblement que je puis. »

La réponse de Sforza ne se fit pas attendre : il invitait Léonard à venir à sa cour. Le jeune homme, plein de joie et d'espérance, quitta donc Florence pour Milan : l'époque précise, on l'ignore ; il est probable cependant que ce fut vers l'an 1486.

Et maintenant que Léonard s'était offert à Louis-Marie Sforza, comme mécanicien, comme ingénieur, et au besoin comme peintre et comme statuaire, voulez-vous voir de quelle façon il se présenta à la cour de Milan ; je traduis textuellement Vasari :

« Léonard, précédé de sa grande renommée, vint à Milan, et fut présenté au duc Ludovic Sforza, successeur de Jean Galéas. Le duc aimait beaucoup à entendre jouer de la lyre, parce qu'il en jouait lui-même : aussi Léonard arriva-t-il avec l'instrument qu'il avait fabriqué presque en argent massif, et auquel il avait donné la forme de la tête osseuse d'un cheval ; forme bizarre, mais qui ajoutait aux sons quelque chose de plus sonore et de plus vibrant. Dans une joute musicale, Léonard surpassa tous les instrumentistes qui avaient été appelés pour se faire entendre ; de plus, il fut reconnu le plus habile poëte improvisateur de son temps. Aussi le duc, après l'avoir entendu, fut-il tellement épris de ses talents, qu'il le combla de compliments et de caresses, et lui demanda même un tableau d'autel, la Nativité de Notre-Seigneur, que le prince offrit à l'empereur quand il fut terminé. »

La première œuvre d'art qu'exécuta Léonard de Vinci, reconnu par Louis Sforza le premier joueur de lyre et le premier improvisateur du temps, fut donc, — nous le savons grâce à Vasari, — un tableau de la Nativité de Notre-Seigneur.

Ce tableau eut un tel succès, que Louis Sforza commanda aussitôt au peintre le portrait de ses deux maîtresses, Cécile Galerani et Lucrèce Crivelli, les deux plus belles personnes de Milan. Le portrait de Cécile, qui elle aussi était poëte, s'est perdu depuis, et il n'en reste qu'une copie à l'Ambrosienne : quant à Lucrèce, qui sait ! c'est peut-être cette femme inconnue, vêtue de

---

(1) Il est sans doute ici question du feu grégeois, dont Léonard de Vinci donne la recette dans ses manuscrits.

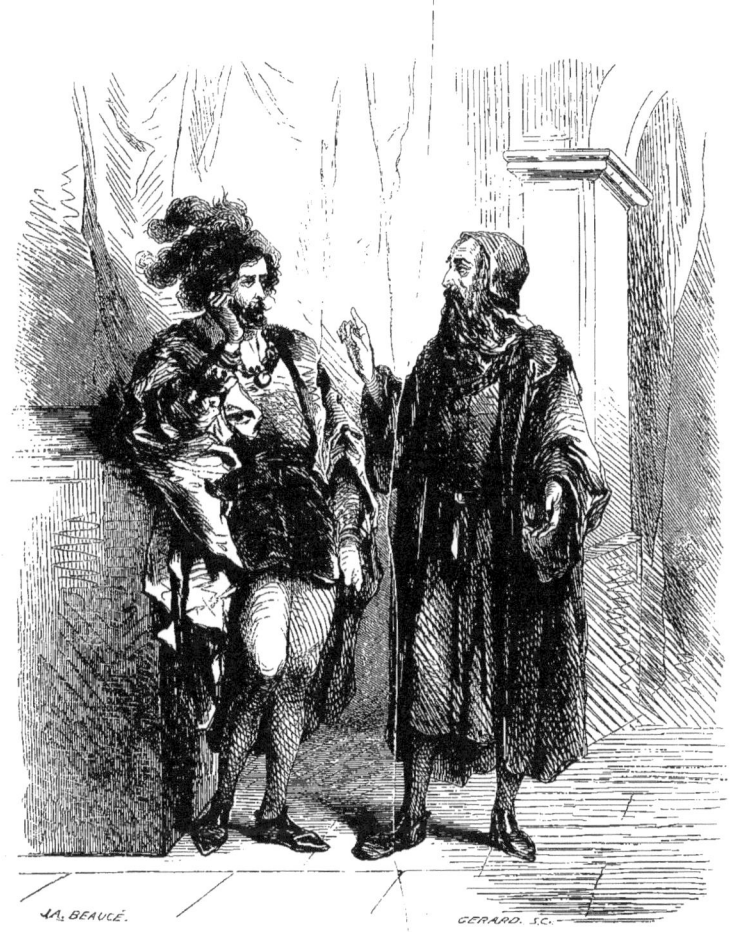

Il ne me reste à faire que la tête de Judas, et je prendrai les traits de ce père prieur qui vient se plaindre de moi. — PAGE 7.

brocart rouge et or, que nous possédons au Musée de Paris.

Tout en exécutant ses travaux particuliers, Léonard avait mission du duc de lui composer une académie. Cette académie exista; mais, comme le portrait de Cécile, elle disparut, elle et les savants qui la composèrent, si bien qu'il ne reste plus que le sceau de l'artiste qui l'avait instituée, et qui porte cette exergue : *Academia Leonardi Vinci.*

Puis vint la commande de la fameuse statue équestre dont l'artiste avait tant désiré obtenir l'exécution; elle suivit probablement de très-près la livraison des tableaux de la Nativité et des portraits de Cécile et de Lucrèce, car nous trouvons dans les manuscrits de Léonard cette note écrite de sa main :

« Je commençai la statue le 23 avril 1490. »

Et, à propos de cette note, un mot sur un étrange caprice de Léonard, celui de tous les peintres peut-être qui a le plus écrit : c'est qu'à la manière des Hébreux il écrivit constamment de droite à gauche. Pourquoi cela? Pour dérouter les curieux, disent les commentateurs.

Comme nous n'avons pas de meilleure raison à donner, bonne ou mauvaise nous reproduisons celle-là.

Léonard demeura à Milan, selon toute probabilité, comme nous l'avons dit, de 1486 à 1499. Voici, outre les œuvres déjà susmentionnées, la série de ses travaux pendant quinze ans.

D'abord il s'occupa constamment du modèle de sa statue équestre, qui fut, pendant douze ans de sa vie, le fond sur lequel pour ainsi dire il broda ses autres travaux : en effet, on voit, par les notes mêmes de l'artiste, qu'il portait le plus grand intérêt à cette œuvre colossale, dont il fut obligé de renouveler plusieurs fois l'armature.

Puis, en outre, et comme à ses moments perdus, il composa toutes les décorations destinées aux fêtes données à l'occasion du mariage de Jean Galéas et d'Isabelle d'Aragon : ces fêtes, qui devaient surpasser en splendeur celles dont le fameux Brunellesco avait été le directeur à la cour de Florence, furent pour Léonard (si l'on en croit encore ses notes) l'objet d'une grande préoccupation.

Puis, revenant sans cesse à la mécanique, sa science favorite, il se charge de l'irrigation des prairies du Milanais, détourne des cours d'eau, invente des machines hydrauliques d'un effet inouï, et répand sur tout le sol milanais cette fertilité surnaturelle et cette verdure colossale qui aujourd'hui font encore l'admiration des peintres qui traversent ces magnifiques paysages sans se douter que c'est à leur confrère Léonard de Vinci qu'ils doivent ces premiers plans dont Dieu, avec la masse neigeuse des Alpes, avait d'avance fait les sublimes lointains.

En outre, il écrivit, et toujours de droite à gauche, selon son habitude, son traité de peinture, son traité de perspective dont parle Benvenuto Cellini, son traité du mouvement local que cite dans une lettre son ami frère Luc Paciolo, son traité de la lumière et des ombres qu'il relate lui-même et dont on possède au reste le manuscrit, son traité des mouvements du corps de l'homme, et enfin son traité d'anatomie du cheval.

En outre, il avait fait trois ouvrages qui n'ont pas été retrouvés.

Le premier était une série de dessins, dans laquelle il indiquait la manière de se servir de toutes sortes d'armes, soit pour attaquer, soit pour se défendre ;

Le second, un recueil de trente moulins de formes et d'usages différents ;

Le troisième, un ouvrage sur le vol des oiseaux.

Le vol des oiseaux avait en effet fort préoccupé Léonard de Vinci ; car non-seulement il reste tous les dessins qu'il a faits sur les différents vols des oiseaux, mais encore de temps en temps les marges de ses manuscrits sont recouvertes d'images d'ailes artificielles et mécaniques destinées à faciliter cette éternelle et fantastique recherche du vol de l'homme.

De plus, et en même temps, Léonard introduisait dans le Milanais la gravure sur bois et la gravure sur cuivre.

Puis, revenant à la peinture, qui, sans être son art de prédilection, était cependant celui dans lequel il devait exceller, il faisait le beau tableau de la Vierge avec l'Enfant Jésus, saint Jean et saint Michel, le seul des tableaux de Léonard qui porte une date — 1492.

Puis il exécuta à l'huile, dans le réfectoire des Grâces, à Milan, les portraits de Louis Sforza, de sa femme et de ses enfants. Ce fut comme il achevait ces portraits, c'est-à-dire vers 1496, que le tableau qui devait être regardé comme son chef-d'œuvre, et par conséquent éterniser sa mémoire, lui fut commandé : nous voulons parler de la magnifique composition du Cénacle, plus connue sous le nom de la Cène.

Comme toujours, Léonard de Vinci, en sa qualité de chimiste, se préoccupa d'abord des moyens matériels d'exécution.

Léonard avait malheureusement décidé qu'il peindrait son tableau à l'huile, suivant en cela la nouvelle méthode exportée d'Allemagne en Italie par Jean de Bruges : en effet, l'huile, qui admet toutes les retouches qu'il convient à l'artiste de faire, allait admirablement au génie tâtonneur de Léonard de Vinci, cet éternel désireur de l'impossible, c'est-à-dire de la perfection. Il prépara donc lui-même non-seulement les huiles, mais encore l'enduit sur lequel il devait peindre ; aussi les soins de l'architecte chargé par Louis Sforza de préparer à son peintre favori le local du réfectoire de Sainte-Marie-des-Grâces se bornèrent-ils à peu de travaux et surtout à peu de dépenses, comme on peut le voir par la note suivante retrouvée dans ses livres :

« *Item, per lavori fatti in refettorio dove dipinge Leonardo gli Apostoli, con una finestra, lire 37 e soldi 16.* »

Un an auparavant, le Montorfano, artiste déjà plus que médiocre, avait peint, à l'une des extrémités de ce réfectoire, Jésus entre les deux larrons.

Puis, les moyens matériels préparés, Léonard passa aux travaux de la pensée.

D'abord il fit un carton de grandeur égale à celle qu'il devait donner à son tableau, c'est-à-dire de trente et un pieds quatre pouces de large et de quinze pieds huit pouces de haut.

Puis ensuite il peignit séparément les figures des douzes apôtres et celle de Jésus.

Enfin il refit une troisième fois ces mêmes têtes au pastel.

Maintenant, veut-on savoir comment Léonard procédait en général pour ses tableaux, et comment particulièrement il procéda dans son chef-d'œuvre, qu'on lise ce fragment publié en 1554 par Jean-Baptiste Giraldi ; il est tiré de son Discours sur le roman et la comédie, et nous l'empruntons au bel ouvrage de Stendhal, *de la Peinture en Italie*.

« Le poëte dramatique doit suivre l'exemple du fameux Léonard de Vinci : ce grand peintre, quand il devait introduire quelque personnage dans un de ses tableaux, s'enquérait d'abord en lui-même de la qualité de ce personnage, s'il devait être du genre noble ou vulgaire, d'une humeur joyeuse ou sévère, dans un moment d'inquiétude ou de sérénité, s'il était vieux ou jeune, juste ou méchant ; après avoir, par de longues méditations, répondu à ces demandes, il allait dans les lieux où se réunissaient d'ordinaire les gens d'un caractère analogue, il observait attentivement leurs mouvements habituels, leur physionomie, l'ensemble de leurs manières ; et, toutes les fois qu'il trouvait le moindre trait qui pût servir à son objet, il le crayonnait sur le petit livre qu'il portait toujours avec lui ; lorsque, après bien des courses, il croyait avoir recueilli des matériaux suffisants, il prenait enfin les pinceaux.

« Mon père, homme fort curieux de ces sortes de détails, m'a raconté mille fois que Léonard employa surtout cette méthode pour son fameux tableau de Milan.

« Il avait terminé son Christ et ses onze apôtres, mais il n'avait fait que le corps de Judas ; la tête manquait toujours, et il n'avançait pas son ouvrage. Le prieur, impatienté de voir son réfectoire embarrassé de l'attirail de la peinture, alla porter ses plaintes au duc Ludovic, qui payait très-noblement Léonard pour ces ouvrages.

Le duc le fit appeler et lui dit qu'il s'étonnait de tant de retard. Vinci lui dit qu'il avait lieu de s'étonner à son tour des paroles de Son Excellence, puisque la vérité était qu'il ne passait point de jour qu'il ne **travaillât deux heures entières à ce tableau**.

« Les moines revenant à la charge, le duc leur rendit la réponse de Léonard. « Seigneur, « lui dit l'abbé, il ne reste plus à faire qu'une « seule tête, celle de Judas ; mais il y a plus d'un « an que non-seulement il n'a point touché au « tableau, mais qu'il n'est pas même venu le « voir une seule fois. » Le duc, irrité, fait revenir Léonard : « Est-ce que ces pères savent « peindre ? répond celui-ci. Ils ont raison, il y a « longtemps que je n'ai mis le pied dans leur cou- « vent ; mais ils ont tort quand ils disent que je « n'emploie pas tous les jours deux heures au « moins à cet ouvrage. — Comment ! dit le duc, « si tu n'y vas pas ! — Votre Excellence saura « qu'il ne me reste plus à faire que la tête de « Judas, lequel a été cet insigne coquin que tout « le monde sait ; il convient donc de lui donner « une physionomie qui réponde à tant de scélé- « ratesse ; pour cela, il y a un an et peut-être « plus que je vais tous les jours, soir et matin, « au *Borghetto*, où Votre Excellence sait bien « qu'habite toute la canaille de sa capitale ; mais « je n'ai pu encore trouver un visage de scélérat « qui satisfasse à ce que j'ai dans l'idée ; une « fois ce visage trouvé, en un jour je finis le ta- « bleau ; si cependant mes recherches sont vai- « nes, je prendrai les traits de ce père prieur « qui vient se plaindre de moi à Votre Excel- « lence, et qui d'ailleurs remplit parfaitement « mon objet ; mais j'hésitais depuis longtemps « à le tourner en ridicule dans son propre cou- « vent. »

« Le duc se mit à rire, et, voyant avec quelle profondeur de jugement le Vinci composait ses ouvrages, comprit comment son tableau excitait déjà une admiration si générale. Quelque temps après, Léonard, ayant rencontré une figure telle qu'il la cherchait, en dessina sur la place les principaux traits, qui, joints à ce qu'il avait déjà recueilli pendant l'année, le mirent à même de terminer rapidement sa fresque. »

Mais, s'il faut en croire Jean-Paul Lomazzo, qui a laissé un des meilleurs traités de peinture que nous ayons, la tête de Judas ne fut point la seule qui préoccupa fortement Léonard ; celle du Christ, à laquelle il fallait donner autant de douceur, d'élévation et de divinité, qu'il fallait don-

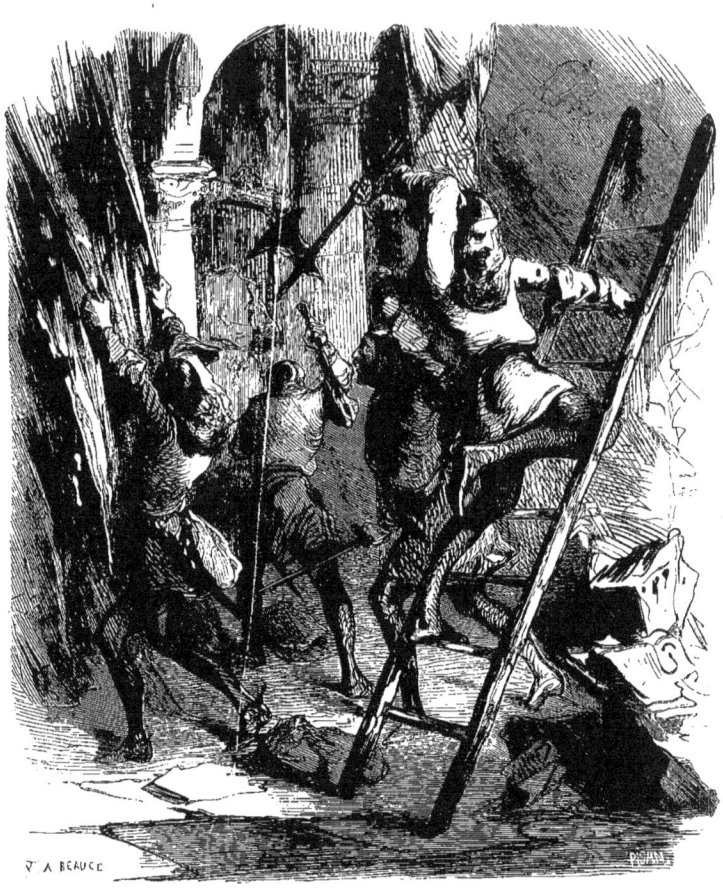

Ils commencèrent par détruire les ornements et toutes les peintures de Léonard de Vinci. — Page 10.

ner de bassesse à celle du traître, lui donna non-seulement une peine égale, mais plus grande encore. Nous traduisons et mettons sous les yeux de nos lecteurs un fragment du chapitre ix du premier livre de ce traité :

« Parmi les peintres modernes, Léonard de Vinci, peintre admirable, donna une si grande beauté et une telle majesté à saint Jacques le Majeur et à son frère dans le tableau de la Cène, qu'ayant ensuite à peindre la figure de Jésus-Christ, il ne put l'élever au degré d'idéalisme qui lui semblait convenable. Après avoir longtemps cherché, il alla demander conseil à son ami Bernard Zenale, qui lui dit : « O Léonard ! l'erreur que tu as commise est si grande, que Dieu seul « peut y porter remède; car il n'est pas plus en « ton pouvoir qu'en celui d'aucun homme de « donner à des personnages une beauté plus « grande et un air plus divin que tu ne l'as fait « pour les têtes de saint Jacques le Majeur et de « son frère : ainsi, laisse ton Christ inachevé; « car tu ne feras jamais qu'il soit le Christ près « de ces deux apôtres. »

« Et Léonard suivit ce conseil; comme on

peut le reconnaître encore aujourd'hui, quoique la peinture tombe en ruine. »

Lomazzo écrivait ceci vers l'an 1560, c'est-à-dire soixante-deux ans après l'achèvement du tableau de la Cène.

Léonard comprenait de quelle importance serait ce tableau pour sa renommée; aussi, s'il faut en croire Matteo Bandello (que François Ier trouva si jovial conteur, qu'il le fit évêque), pendant tout le temps qu'il y travailla, ce tableau fut-il la constante et éternelle préoccupation de l'artiste. Écoutez ce qu'en dit le bon évêque dans sa LVIIIe nouvelle:

« Au temps du prince Ludovic, quelques gentilshommes, qui étaient à Milan, se trouvèrent un jour réunis au monastère des Grâces, dans le réfectoire des pères dominicains; ils regardaient en silence Léonard de Vinci, qui achevait alors son tableau de la Cène. Ce grand peintre avait pour agréable que ceux qui voyaient ses ouvrages lui en dissent leur avis en toute liberté. Il venait souvent dès le matin au couvent des Grâces, et (cela, je l'ai vu moi-même) il montait en courant sur son échafaud, où, une fois arrivé, il oubliait tout, jusqu'au soin de boire et de manger; de sorte que souvent il ne quittait point ses pinceaux depuis le lever du soleil jusqu'à ce que la nuit en devenant tout à fait obscure le mit dans l'impossibilité absolue de travailler plus longtemps. D'autres fois, au contraire, il était trois ou quatre jours sans toucher à son œuvre, la regardant seulement une heure ou deux les bras croisés, et faisant sans doute sa propre critique en lui-même. Enfin je l'ai vu en plein midi, quand l'ardente canicule rend désertes les rues de Milan, quitter la citadelle, où il modelait en terre la statue équestre et colossale du père de Ludovic, et venir droit au couvent, sans chercher l'ombre, par le chemin le plus direct; puis, arrivé là, donner en hâte un ou deux coups de pinceau à l'une de ses figures, et s'en retourner à l'instant même. »

Aussi, lorsqu'en 1498, époque à laquelle (selon le témoignage de Luca Paciolo) cette grande œuvre fut terminée, et que Léonard l'exposa à l'avide curiosité du public, l'effet qu'elle produisit fut-il tel, qu'aucune description ne peut le rendre, qu'aucun éloge ne peut en donner une idée.

En effet, jamais jusque-là, et peut-être jamais depuis, le fini de l'exécution n'avait été joint à un égal degré à la sublime ordonnance de la composition.

Tout le monde connaît ce tableau par la belle gravure qu'en a faite Morghen: je ne tenterai donc pas de le décrire; je me bornerai à indiquer l'ordre dans lequel sont placés les apôtres, en commençant par le personnage debout à la gauche du spectateur.

Saint Barthélemi, saint Jacques le Mineur, saint André, saint Pierre, Judas, saint Jean, Jésus, saint Jean le Majeur, saint Thomas, saint Philippe, saint Matthieu, saint Thaddée et saint Simon.

Je ne sache pas qu'aucune gravure donne ces noms, qui se trouvent inscrits au-dessous des personnages dans une vieille copie de la Cène qui existe encore à Ponte-Capriasco.

Puisque nous avons prononcé ce nom de Ponte-Capriasco, racontons la tradition qui se rattache à cette copie du chef-d'œuvre de Léonard de Vinci.

Un jour un beau et élégant seigneur, qui fuyait Milan, vint se cacher dans ce village, où il reçut l'hospitalité: en échange de cette hospitalité, il demanda des couleurs et des pinceaux et exécuta cette fresque. A la vue de la copie dont l'étranger venait d'enrichir leur pauvre bourgade, les principaux du pays voulurent attribuer à leur hôte un salaire quelconque; mais celui-ci refusa d'abord avec obstination: enfin, contraint de céder, il accepta soixante-dix écus qui lui étaient offerts; mais aussitôt il descendit sur la place, et les distribua aux plus pauvres habitants de Ponte-Capriasco; puis il alla dans l'église où il avait exécuté son œuvre, suspendit au pied du Christ la ceinture rouge qu'il avait l'habitude de porter, monta à cheval et disparut.

Nul ne revit jamais le jeune étranger, nul ne sut jamais qui il était.

Ceci se passait en l'an 1520.

Quant à Léonard de Vinci, Ludovic Sforza fut si enchanté de la perfection de son œuvre, qu'outre la somme qu'il lui avait promise, et qui lui fut fidèlement payée, il lui fit encore don de ce qu'on appelle en Italie une vigne: c'était une petite terre qui pouvait rapporter à peu près cent écus de rente.

La Cène achevée, Léonard de Vinci se remit à la statue équestre. Mais à peine était-il revenu à ce grand travail, qui touchait enfin à son résultat, que Louis XII, en vertu de ses droits sur le duché de Milan, en fit la conquête en vingt jours: Ludovic, battu sur tous les points où il voulut résister, quitta précipitamment sa capitale, dont le vainqueur s'empara.

Léonard de Vinci resta : demeura-t-il par une philosophie insouciante, qui, née chez lui du désir d'approfondir les choses de la science, lui faisait regarder cet événement comme de peu d'importance? Fut-il retenu par cet amour plus fort que la reconnaissance, et qui attache l'artiste à son œuvre? Nul ne le sait. Le fait est que Léonard de Vinci ne suivit point son bienfaiteur, et demeura à Milan.

Mais s'il resta à Milan par égoïsme, cet égoïsme reçut une cruelle punition : les Français, à cette époque, avaient conservé bon reste de la barbarie des Teutons leurs aïeux; de sorte que, soit par insouciance, soit par haine, ils commencèrent par détruire tous les ornements et toutes les peintures que Léonard avait exécutés dans le palais du duc; puis ils démolirent les écuries du palais de Galéas San Severino, qui avaient été élevées sur les plans de Léonard ; enfin ils prirent le modèle en terre de la statue équestre, à laquelle l'artiste travaillait depuis douze ans, pour but de leurs traits, et le criblèrent de flèches et viretons.

Le coup fut terrible pour le pauvre Léonard de Vinci : il vit qu'il n'y avait rien à faire avec de pareils barbares; et, comme les vainqueurs, au lieu d'encourager les arts et les sciences avec les trésors du vaincu, les dépensaient en tournois, en bals et en fêtes, il quitta cette cour anti-artistique, et, accompagné de son élève Salaï et de son ami Fra Paciolo, il reprit le chemin de Florence, où il arriva heureusement.

Léonard de Vinci était alors arrivé à l'âge de quarante-sept ans.

Nous dirons plus tard comment, dans le malheur qui poursuivait Léonard de Vinci, ce chef-d'œuvre de peinture qu'il venait de composer devait à peine lui survivre.

Léonard s'établit à Florence. Là il reprit les projets qu'il avait déjà proposés à Laurent : il calcula les moyens de rendre l'Arno navigable en le canalisant; mais, ses calculs faits, il n'obtint aucune aide du gouvernement florentin, et fut obligé d'abandonner son projet, qui ne fut exécuté que deux siècles plus tard, sous la direction de Viviani.

Force fut donc à Léonard de Vinci de revenir à la peinture, son pis-aller.

Ce fut alors qu'il fit le portrait de Ginevra d'Amerigo Benci, connue en France sous le nom de la belle Féronnière, et celui de Mona Lisa, femme de Francesco *del Giocondo*, connue sous le nom de la Joconde, qui (malgré la pénurie d'argent où se trouvait François Ier) fut payé par lui quarante-cinq mille francs. Léonard de Vinci avait travaillé quatre ans à ce portrait, et le regarda toujours comme inachevé.

C'est à cette époque que remonte aussi sa composition de la Vierge et de sainte Anne, dont le Musée de Paris possède une répétition peinte par Salaï et retouchée par Léonard.

Sur ces entrefaites, César Borgia, qui avait entendu parler de Léonard de Vinci comme d'un homme dont les inventions guerrières pouvaient lui être utiles, le nomma ingénieur en chef de ses armées; en effet, c'était un homme précieux pour Borgia qu'un homme comme Léonard! Cependant les services que le grand artiste rendit au conquérant de la Romagne sont restés inconnus : on sait seulement qu'il fit une tournée d'un an à peu près, et revint à Florence après avoir visité Urbin, Pesaro, Rimini, Cesène, Cesenatico, Sienne et Piombino.

Ce fut à son retour que Léonard de Vinci, nommé par Soderini (gonfalonier perpétuel de Florence) peintre de sa maison, fut chargé par un décret spécial de peindre la grande salle du Conseil concurremment avec Michel-Ange.

En effet, en arrivant à Florence, à son retour de Milan, Léonard avait trouvé le jeune sculpteur en possession de l'admiration presque exclusive de ses compatriotes. Michel-Ange avait alors vingt-huit ans : quant à Raphaël, qui n'en avait que dix-neuf, il n'en était encore question que dans la boutique du Pérugin.

C'était un terrible rival à combattre que Michel-Ange! D'abord il arrivait, et l'on sait avec quelle facilité on accueille tout génie naissant dont on espère se faire une arme pour renverser les génies parvenus à leur apogée : c'est l'éternelle histoire du paysan fatigué d'entendre depuis si longtemps Aristide appelé Juste.

Quinze ans plus tard on devait attaquer Michel-Ange avec le jeune Raphaël, comme on attaquait Léonard de Vinci avec le jeune Michel-Ange.

Léonard accepta bravement le combat, et se prépara à la lutte.

Chacun des deux rivaux fit son carton : Léonard dans la salle appelée la salle du Pape, attenante à l'église de Sainte-Marie-Nouvelle; Michel-Ange dans l'atelier de l'hôpital de San-Onofrio. Tous deux avaient reçu pour sujet la bataille d'Anghiari gagnée par les Florentins sur Nicolas Piccinino, général de Philippe-Marie Visconti.

Chacun était libre de choisir l'épisode du combat qui lui conviendrait le mieux.

C'était une rude bataille que cette bataille d'Anghiari, et dont la mémoire méritait bien, au reste, d'être éternisée par le pinceau d'un Léonard et d'un Michel-Ange! Il y avait eu, tant d'un côté que de l'autre, un homme tué, encore était-ce par accident : ayant perdu les arçons, il avait été foulé aux pieds des chevaux.

Michel-Ange, cet admirateur du nu, ce savant peintre de la musculature humaine, ce statuaire qui peut-être avait encore eu plus souvent le scalpel que le ciseau à la main, Michel-Ange choisit un épisode qui allait admirablement à son génie : c'était le moment où un gros Florentin, en train de se baigner dans l'Arno, est surpris par l'avant-garde ennemie.

Nous nous étendrons plus longuement sur ce carton au moment où nous en serons arrivé là dans la vie de Michel-Ange.

De son côté, Léonard de Vinci, qui savait que Michel-Ange avait eu peu d'occasions d'étudier les chevaux, choisit un engagement de cavalerie.

Les deux cartons furent exposés en 1504 : Florence se sépara en deux camps. Cependant, il faut le dire, la majorité des suffrages contemporains fut pour le jeune Michel-Ange.

La postérité ne fut point appelée à rectifier ou à confirmer ce jugement, les deux cartons ayant été détruits.

La même année, Léonard perdit son père.

En 1505, Léonard reçut un message de Louis XII, qui l'invitait à venir en France. Enchanté de quitter Florence, qu'il trouvait avec quelque raison injuste envers lui, Léonard se hâta de traverser les Alpes.

En 1506 il est à Blois : qu'y fait-il? Nul ne le sait. Les notes seules de ses manuscrits font foi qu'il y demeura pendant toute cette année.

En 1507 on retrouve Léonard en Lombardie : il existe une lettre de lui adressée à ses sœurs, et datée de la Canonica sur l'Adda; il y habitait la maison de François Melzi, un de ses plus chers et de ses plus fidèles amis.

Léonard paya cette hospitalité en peignant sur une muraille une Vierge colossale dont la tête seule avait six palmes de haut. Cette fresque exista jusqu'en 1796. En 1796, les soldats français, dignes fils de leurs ancêtres du temps de Louis XII, allumèrent le feu de leurs marmites contre le mur sur lequel elle était peinte : la tête de Marie et celle de l'Enfant Jésus ont seules été épargnées par la flamme et la fumée; tout le reste de la fresque a disparu.

Plus heureux qu'en France, le biographe peut suivre Léonard en Lombardie ; un chapitre tout entier de ses manuscrits, intitulé *Du canal de la Martezana*, indique qu'il s'occupait :

1° Des moyens de diminuer les pertes qui résulteraient pour le Lodigiano des eaux que l'on détournerait de l'irrigation des terres de culture et des prairies en faveur de la navigation;

2° Des moyens de remédier à cette perte en cherchant des sources actives, afin d'employer leurs eaux à l'irrigation des terres.

Au reste, près de ces notes d'art ou de science, pas une note politique! Léonard travaillait alors pour Louis XII avec la même ardeur et probablement le même dévouement qu'il avait travaillé pour Louis Sforza : on eût dit que tous les événements contemporains tournaient autour de cet homme sans le toucher, et que, comme Archimède, occupé sans cesse de quelque problème, l'élévation ou la chute d'un empire ne lui paraissait pas valoir la peine qu'il levât les yeux des lignes qu'il traçait sur le sable de son jardin.

Nous nous trompons, il existe cependant une trace de cette grande catastrophe dans les œuvres de Léonard; on lit en tête d'un de ses manuscrits : « Le duc Sforza a perdu l'État, ses biens et la liberté. »

Aucun de ces ouvrages n'a été achevé. Louis XII récompensa les travaux hydrauliques de Léonard de Vinci en lui donnant un cours d'eau à prendre dans le grand canal près San-Cristoforo.

Sur ces entrefaites eut lieu la fameuse victoire d'Aignadel : Léonard fit le portrait du général vainqueur, Jean-Jacques Trivulce. Ce fut à cette occasion, à ce que l'on croit, qu'il eut le titre de peintre du roi et des appointements fixes.

Trois ans après, les princes d'Italie s'unirent pour chasser les Français; l'empereur Maximilien et le pape Jules II entrèrent dans la ligue : les conquérants de la Lombardie repassèrent les Alpes; et le jeune Maximilien, fils de Ludovic Sforza et petit-fils de l'empereur, remonta sur le trône de son père.

Léonard de Vinci, fidèle à son système d'indifférence politique, fit alors le portrait du jeune duc, comme il avait fait celui de Ludovic Sforza et de sa femme. Mais sans doute, vu la misère des temps, Léonard fut mal récompensé de ce nouveau travail ; et en 1513 il retourne à Florence avec Melzi et Salai, ses deux inséparables.

La famille des Médicis, longtemps exilée, venait de reprendre un double pouvoir, pouvoir temporel, pouvoir spirituel : Julien était redevenu chef de Florence, le cardinal Jean venait de monter au trône pontifical sous le nom de Léon X.

Ce qui avait déterminé le départ de Léonard de Vinci de Milan était sans doute des ouvertures à lui faites par Julien de Médicis, car on lit dans ses manuscrits :

« Je partis de Milan pour Rome le 24 septembre 1514. »

En effet, Léonard accompagne Julien ; et tous deux arrivent dans la ville éternelle pour le couronnement de Léon X.

Mais ce n'était plus seulement Michel-Ange que Léonard devait rencontrer à la cour de Rome, c'étaient Michel-Ange et Raphaël.

Cependant, vivement recommandé, comme l'était Léonard par Julien de Médicis, l'auteur de la Cène et de la Joconde obtint la commande d'un ouvrage important. Quel était cet ouvrage, on n'en sait rien : était-ce un tableau, était-ce une fresque? Tout ce qu'on sait, c'est que sur cette commande le peintre se mit aussitôt, selon ses habitudes chimiques, à distiller des herbes pour composer un vernis ; ce qu'ayant appris le pape : « Certes, dit-il en haussant les épaules, nous n'aurons jamais rien de cet homme, puisque avant d'avoir commencé son ouvrage il pense déjà à la fin. Ce propos fut rapporté à Léonard de Vinci, qui quitta aussitôt Rome. Il y était resté un peu moins d'un an.

Selon toute probabilité, ce fut pendant cette période qu'il fit à San-Onofrio, dans ce même couvent où est enterré le Tasse, une Madone portant l'Enfant Jésus entre ses bras, et qu'il exécuta pour Balthazar Turini, dataire de Léon X, deux tableaux, plus la magnifique Madone qui, après être restée longtemps dans le palais des ducs de Mantoue, où elle fut volée par des soldats allemands, fut vendue à l'abbé Salvadori, dont les héritiers la revendirent aux agents de Catherine II : ce tableau, l'un des plus parfaits de Léonard, est aujourd'hui au palais de l'Ermitage.

Mais ce qui détermina surtout Léonard à quitter Rome, c'est que le roi François Ier, après avoir traversé les Alpes, à son tour avait gagné la bataille de Marignan, et venait de s'emparer du Milanais, Léonard de Vinci avait deviné François Ier : c'était là le prince qu'il lui fallait.

Léonard arriva à Pavie au moment où la ville donnait une fête à ce vainqueur, qu'elle devait, quelques années plus tard, voir plus grand encore dans sa défaite qu'elle ne le voyait dans son triomphe : le roi était à table avec les principaux seigneurs de sa cour, lorsque la porte s'ouvrit, et qu'on vit entrer un lion qui marcha droit au convive couronné, et qui, se dressant sur ses pattes de derrière, lui montra sa poitrine creusée et toute pleine de bouquets de lis. L'imitation de l'animal était si parfaite, que François Ier avait cru d'abord avoir affaire à un lion véritable ; mais, reconnaissant bientôt que c'était une surprise, il s'informa à qui il devait cette galanterie : on lui répondit que c'était à Léonard de Vinci.

François Ier connaissait Léonard, non-seulement de nom, mais encore par ses œuvres : il avait vu la Cène en passant à Milan, et il avait été tellement frappé de la beauté de ce chef-d'œuvre, qu'il avait fait venir ses ingénieurs, et qu'il s'était informé s'il n'y avait pas moyen de scier la muraille et de la transporter en France au moyen d'une armature.

L'accueil que François Ier fit à Léonard de Vinci fut donc tel que celui-ci le pouvait désirer. Il lui offrit d'abord de l'accompagner à Bologne, où il devait avoir une conférence avec Léon X : proposition que le peintre accepta avec d'autant plus de joie, que c'était pour Léonard une occasion de montrer au pape qu'il avait trouvé près d'un autre cette sympathie qu'il lui avait refusée.

Puis, à son retour à Milan, François Ier proposa à Léonard de l'emmener en France avec le titre de son peintre et sept cents écus d'appointements.

Léonard avait soixante-quatre ans ; l'Italie était pleine de la renommée de ses deux jeunes rivaux, Michel-Ange et Raphaël : il accepta les offres du roi de France, et vers la fin de 1516 repassa les Alpes avec lui.

Léonard passa trois années à peu près en France : pendant ces trois années il habita le château du Clou, près d'Amboise, faisant quelques projets de canaux, mais refusant absolument d'entreprendre aucune peinture.

En 1518 il sentit que la mort approchait, et avant que de mourir, dit Vasari, il tourna ses pensées vers les vérités catholiques.

Le 18 avril il fit son testament : dans ce testament il recommandait son âme à Dieu, à la glorieuse vierge Marie et à tous les bienheureux et bienheureuses saintes du paradis ; en outre il

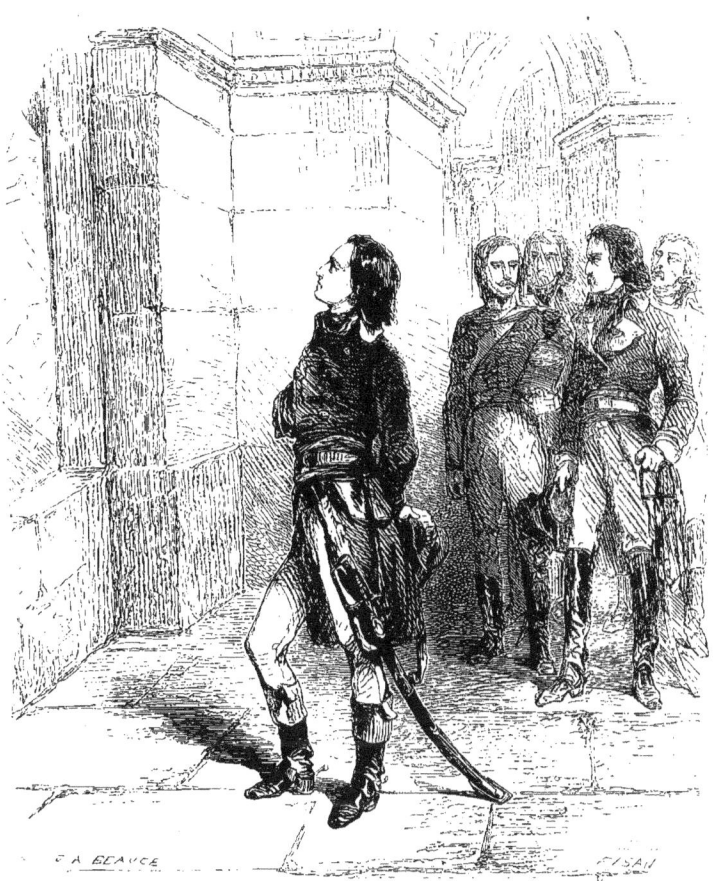

Bonaparte alla visiter le tableau de Vinci. — Page 14.

exprimait son désir d'être enterré dans l'église de Saint-Florentin à Amboise, et instituait pour son héritier François Melzi, cet ami que nous avons trouvé si souvent près de lui, et qui l'avait accompagné en France.

Une vieille tradition, bien souvent combattue, mais que rien n'a pu détruire, veut que François Ier ait lui-même assisté Léonard de Vinci au jour de sa mort, qui eut lieu le 2 mai 1519.

Telle fut la vie de l'homme dont le nom est resté presque l'égal des deux plus grands noms qui existent en art, de Michel-Ange et de Raphaël : précurseur de tous deux, il était déjà presque à son apogée lorsque Michel-Ange débutait par son groupe de la Piété, et lorsque Raphaël entrait, conduit par son père, dans l'atelier du Pérugin : et cependant, moins heureux que l'auteur de Moïse et celui de la Transfiguration, aucune de ces grandes œuvres qui eussent pu supporter la comparaison avec celles de ses rivaux ne lui survécut pour plaider sa cause près de la postérité. En effet, nous avons vu comment le modèle de sa statue colossale fut détruit; on ignore comment le grand carton de la salle du Conseil de Florence a disparu. Disons maintenant comment fut anéanti le chef-d'œuvre du réfectoire de Sainte-Marie-des-Grâces.

Que nos lecteurs nous permettent encore d'emprunter à M. Stendhal ce dernier fragment :

« Lorsqu'en 1515 le roi François Ier entra en Italie, le Cénacle était encore dans tout son éclat; aussi eut-il, comme nous l'avons dit, l'idée de le faire transporter en France. Mais, dès l'an 1540, c'est-à-dire vingt et un ans à peine après la mort de son auteur, Armenini nous le représente déjà comme à demi effacé; Lomazzo assure, en 1560, que les couleurs avaient bien vite disparu, et que, les contours seuls restant, l'on ne pouvait plus admirer que le dessin. »

En 1524 il n'y avait presque plus rien à voir dans cette fresque, dit le chartreux Sanèse; en 1652, les pères dominicains, trouvant peu convenable l'entrée de leur réfectoire, n'eurent point de remords de couper les jambes au Sauveur et aux apôtres voisins, pour agrandir la porte d'un lieu si considérable : on sent l'effet des coups de marteau sur un enduit qui déjà de toutes parts se détachait de la muraille! Après avoir coupé le bas du tableau, les moines firent clouer l'écusson de l'empereur dans la partie supérieure, et ces armes étaient si amples, qu'elles descendaient jusqu'à la tête de Jésus.

Il était écrit que les soins de ces gens-là seraient aussi funestes au chef-d'œuvre de Léonard que l'avait été leur indifférence : en 1726, ils prirent la fatale résolution de faire restaurer ce tableau par un nommé Belloti, barbouilleur qui prétendait avoir un secret; il en fit l'expérience devant quelques moines délégués, les trompa facilement, et enfin se fit une cabane couverte devant le Cénacle : caché derrière cette toile, il osa repeindre en entier ce tableau de Vinci; il le découvrit ensuite aux moines stupides, qui admirèrent la puissance du secret pour raviver les couleurs. Belloti, bien payé et qui n'était pas peu charlatan, donna aux moines, par reconnaissance, la recette du procédé.

Le seul morceau qu'il respecta fut le ciel, dont apparemment il désespéra d'imiter avec ses couleurs grossières la transparence vraiment divine : jugez-en par le ciel charmant de ce tableau du Pérugin qui est au bout du Musée.

La partie plaisante de ce malheur, c'est que les louanges sur la finesse pleine de grâce du pinceau de Léonard ne manquèrent point de continuer de la part des connaisseurs : un M. Cochin, artiste justement estimé à Paris, trouvait ce tableau fort dans le goût de Raphaël.

A leur tour les couleurs de Belloti se ternirent, et probablement le tableau fut encore retouché avec des couleurs en détrempe. Il fut question, en 1770, de le faire rétablir de nouveau; mais cette fois on délibérait longuement parmi les amateurs, et avec une attention digne du sujet, lorsque, sur la recommandation du comte de Firmian, gouverneur de Milan, et de plus homme d'esprit dont ce n'est point là le plus beau trait, le malheureux tableau fut livré à un M. Mazza qui acheva de le ruiner : l'impie eut l'audace de racler avec un fer à cheminée le peu de croûtes vénérables qui restaient depuis Léonard; il appliqua même sur les parties qu'il voulait repeindre une teinte générale, afin de placer plus commodément ses couleurs. Les gens de goût murmurèrent tout haut contre le barbouilleur et son protecteur.

Mazza n'avait plus à faire ou plutôt à défaire que les têtes des apôtres Matthieu, Thaddée et Simon, quand le prieur du couvent, qui s'était empressé de donner les mains à tout ce que Son Excellence avait paru désirer, obtint, mais trop tard, une place à Turin. Son successeur, le père Galloni, dès qu'il eut vu le travail de Mazza, l'arrêta tout court.

En 1796, le général en chef Bonaparte alla visiter le tableau de Vinci : il ordonna que le lieu où étaient ses restes fût exempt de tout logement militaire, et en signa même l'ordre sur son genou avant de remonter à cheval. Mais peu après un général, dont je tairai le nom, se moqua de cet ordre, fit abattre les portes, et fit du réfectoire une écurie : ses dragons trouvèrent même plaisant de lancer des morceaux de brique à la tête des apôtres. Après eux, le réfectoire des dominicains devint un magasin à fourrages : ce ne fut que longtemps après que la ville obtint la permission de murer la porte.

En 1800, une inondation mit un pied d'eau dans cette salle abandonnée, et cette eau ne s'en alla que par évaporation : en 1807, le couvent était devenu une caserne. Le vice-roi fit restaurer cette salle avec le respect dû au grand nom de Léonard. Sous ce gouvernement despotique, rien de ce qui était grand ne se trouvait difficile; le génie qui de loin civilisait l'Italie voulut rendre éternel ce qui restait du tableau de la Cène, et de la même main qui envoyait à l'exil l'auteur d'*Ajace* il signait le décret en vertu duquel le Cénacle a été copié en mosaïque de la grandeur même de l'original : entreprise qui surpasse tout ce que la mosaïque a tenté jusqu'ici, et qui touchait presqu'à sa fin lorsque l'étoile de Napoléon a cessé de briller sur l'Italie.

Pour le travail de l'artiste, il fallait une copie; le prince confia ce travail à M. Bossi. En voyant la copie de la chartreuse de Pavie, et celle de Castellazzo, on prend une haute idée du crédit que ce peintre avait à la cour du prince Eugène.

C'est d'après la fresque de Castellazzo qu'a été fait le dessin de Matteini gravé par Morghen.

Cette gravure est une des plus répandues, peut-être, qui soient au monde.

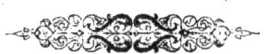

MASACCIO DE S.-GIOVANNI

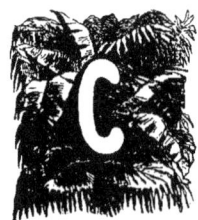

'est l'habitude de la nature, dit Vasari, lorsque dans un moment d'amour elle forme un homme qui doit exceller dans un art quelconque, de préparer en quelque sorte sa venue en l'entourant d'autres hommes qui peuvent faire valoir ses qualités par les exemples qu'ils lui donnent, ou par l'émulation qu'ils lui inspirent : et voilà pourquoi, après avoir créé Philippe Brunellesco, Donatello, Laurent Ghiberti, Paul Uccello et frère Angélique de Fiésoles, elle mit au jour Masaccio.

Celui pour lequel, dans sa prévoyance maternelle, la nature avait pris la peine de faire un si magnifique entourage, naquit au commencement du quinzième siècle à *Castello di S. Giovanni in Val d'Arno*, petit village situé à dix-huit milles de Florence, où du temps de Vasari on voyait encore des dessins qu'il avait faits dans sa première jeunesse. Comme toutes les personnes préoccupées d'une seule idée, il était d'une distraction étrange, marchant vers son but sans voir ce qui se passait autour de lui, pensant à peine à s'habiller, tant il était préoccupé sans cesse des choses de l'art. Ce qui fit que de Thomas, qui était son nom, selon l'habitude italienne on fit Masaccio : non point qu'il fût méchant, c'était au contraire la bonté en personne; non point qu'il fût laid, car au contraire encore il joignait à d'assez beaux traits cet air de mélancolie qu'on remarque presque toujours empreint sur le visage de ceux qui doivent mourir jeunes; mais parce qu'il était si négligé, qu'on voulait lui faire une honte de ce peu de soin qu'il avait de lui-même.

Ses premières études, quoique ce fussent les produits d'un art différent du sien, eurent pour objet les œuvres de Brunellesco, de Donatello et de Laurent Ghiberti, que sa jeunesse trouva tous les trois dans leur virilité; puis, après eux, il prit de Dello ses études du nu, et de Paul Uccello ses travaux sur la perspective. Seulement, en homme de génie qu'il était, il trouva du premier coup les derniers mots de chacun de ces deux arts que les autres avaient inutilement cherchés.

En effet, dès les premiers essais de Masaccio, on s'aperçut que l'art avait fait un grand pas; car tous les progrès exécutés par Brunellesco, Donatello et Ghiberti dans la statuaire, Masaccio venait de les appliquer à la peinture : de sorte que d'un seul bond il avait laissé un abîme entre lui et ses devanciers.

Un des premiers tableaux de Masaccio fut le Christ délivrant un possédé, dans lequel, outre le mérite des figures, il y avait pour l'époque une étude merveilleuse de la perspective : tableau qui du temps de Vasari appartenait à Ridolfo Ghirlandaio. Mais le mérite de ce tableau fut bientôt effacé par un autre représentant une Annonciation : en effet, la scène se passait dans un palais soutenu par un double rang de colonnes, et non-seulement ces colonnes fuyaient par la combinaison des lignes, mais encore par une si habile dégradation de la couleur, que l'art dans son époque la plus florissante ne fit rien de plus complet sous ce rapport. En outre, il avait peint à Sainte-Marie-Nouvelle une Trinité qui vers la fin du seizième siècle était encore sur l'autel Saint-Ignace, mais qui s'est perdue depuis; à l'église de Sainte-Marie-Majeure, une Notre-Dame avec une sainte Catherine et un saint Julien, une Vie de sainte Catherine, une Nativité du Christ et un saint Julien qui tue son père et sa mère; à la chapelle des Carmes de Pise, une Notre-Dame avec l'Enfant Jésus dans ses bras, et, aux pieds de la Madone, quelques anges qui jouent des instruments, parmi lesquels il en était un qui jouait du luth et qu'on voyait, tout en jouant, prêter l'oreille à l'harmonie du son qui naissait sous ses doigts; puis des Histoires de la vie de saint Pierre, de saint Jean-Baptiste et de saint Nicolas; puis les trois Rois Mages, avec une suite de serviteurs à pied et de soldats à cheval qui offrent des présents au Christ; puis enfin, à son retour à Florence, deux portraits d'homme et de femme nus, tableau qui du temps de Vasari était au palais de Palla Rucellai.

Alors, et quoique ces ouvrages dépassent de beaucoup tout ce qui se faisait de son temps, quoique les études de Masaccio, qui embrassaient les trois branches de l'art du dessin, fussent les premières qu'un seul homme eût faites si complètes, il comprit qu'il lui manquait encore quelque chose, et il partit pour Rome afin d'y compléter son éducation par la vue des chefs-d'œuvre de l'antiquité.

Sa réputation l'y avait précédé : aussi à peine fut-il arrivé dans la ville pontificale, que l'église Saint-Clément lui ouvrit une de ses chapelles où il peignit un Christ en croix entre les deux larrons, et un martyre de sainte Catherine, qui existent encore aujourd'hui, mais qui malheureusement ont été si lourdement retouchés, que les restaurations successives qu'ils ont subies leur ont entièrement enlevé leur caractère primitif. Puis, là comme à Florence, les chefs-d'œuvre se succédèrent sous ses pinceaux, chefs-d'œuvre qui, dans les divers bouleversements que Rome a subis, ont été détruits ou se sont perdus. Il venait d'achever une sainte Marie des Neiges et était en train de peindre d'après nature le portrait du pape Martin et celui de l'empereur Sigismond, lorsqu'il apprit que Côme le Père de la patrie était rappelé de son exil. Or, comme l'illustre exilé l'avait en grande amitié et que lui l'avait en grande vénération, à peine eut-il appris son retour, qu'il acheva en toute hâte son travail commencé, et s'en revint à Florence. C'était juste au moment où Masolino de Panicale venait de mourir, laissant inachevée la chapelle des Brancacci aux Carmes. Côme fit obtenir à Masaccio la continuation de cette chapelle, et Masaccio, avant de l'entreprendre, voulant donner une idée des progrès qu'il avait pu faire depuis son départ de Florence, tenta comme essai le saint Paul qui était près de la corde de la cloche, et qui existait encore du temps de Vasari, mais qui fut jeté à terre lorsque l'on bâtit la belle chapelle Saint-André Corsini.

Ce fut pendant qu'il travaillait à ce saint Paul que l'église des Carmes fut consacrée. La consécration d'une église était à cette époque une chose trop importante pour qu'on ne chargeât point la peinture d'éterniser le souvenir de cet événement : aussi Masaccio fut-il chargé de représenter la procession, travail qu'il exécuta en grisaille au-dessus de la porte qui va dans le couvent, et tout le long de la muraille du cloître; et parmi les citoyens qui suivaient en grand nombre cette procession, la tête couverte de capuchons ou le corps enveloppé de manteaux, il peignit d'après nature, et de manière à ce que chacun les reconnaissait à la première vue, Philippe Brunellesco, Donatello son ami, Masolino de Panicale son maître, Antoine Brancacci, qui lui avait fait faire la chapelle; Nicolas d'Uzzano, Barthélemy Valori, Laurent Ridolfi, ambassadeur de la république, et Jean de Médicis, père de Côme l'Ancien.

Puis, cette fantaisie achevée, Masaccio se remit à son œuvre. Ce fut alors qu'il fit cette magnifique chapelle, qu'il reprit des mains de Masolino et que Philippino reprit des siennes, et dans laquelle il peignit la Résurrection du fils du roi faite par saint Pierre et saint Paul ; saint Paul puisant dans le ventre du poisson l'or dont il doit payer le tribut de César (1); et enfin le fameux Baptême où, parmi ceux qui viennent de quitter leurs habits, est la figure du trembleur. Mais là, comme s'il eût accompli son chef-d'œuvre, le pinceau lui tomba des mains, et il mourut, Vasari dit à vingt-six ans, Baldinucci dit à quarante, tous deux disent par le poison.

Cette chapelle fut dès lors le sanctuaire où vinrent tour à tour s'agenouiller tous les peintres : Jean de Fiésoles, Alessio Baldovinetti, André del Castagno, Verrocchio, Dominique Ghirlandaio, Léonard de Vinci, Pierre Pérugin, Bartholomée de Saint-Marc, Michel-Ange Buonarotti, Raphaël (1), Granaccio, Laurent de Credi, André del Sarto, le Rosso, Baccio Bandinelli et Jacques de Pontormo ; car, dit Vasari, avant Masaccio, il y avait des tableaux qu'on pouvait dire peints, tandis que les siens, on pouvait les dire vivants.

C'est qu'outre sa perspective, qui est exacte, outre ses raccourcis, qui sont admirables, outre ses nus, qui sont savamment dessinés, outre ses draperies, qui sont sobres et naturelles, toutes choses qui, à un degré inférieur, avaient été trouvées avant lui, il trouva une chose nouvelle et inconnue jusqu'alors : l'expression.

En effet, l'expression est à l'art ce que l'âme est à la matière. Dieu crée l'homme, l'homme a du sang, des os, des chairs; mais l'homme n'est encore qu'une machine. Dieu le touche du doigt : il ouvre les yeux, il pense, il sent, il exprime.

L'expression est donc l'extrême résultat de l'art. La perspective est pour les algébristes, le dessin est pour les pédants, le coloris est pour les imagistes : l'expression est pour quiconque a une âme. Ce fut pour l'avoir trouvée que Masaccio resta grand parmi les grands peintres.

Masaccio fut enterré dans la chapelle même qui vivait par lui, et par laquelle il devait vivre; aussi n'a-t-il d'autre épitaphe que les magnifiques fresques qui l'entourent, et qui restèrent sans rivales jusqu'à ce que Raphaël eût peint les *stanze* du Vatican.

(1) Ce fut dans cette fresque que, parmi les apôtres, il peignit au miroir son propre portrait, si ressemblant, dit Vasari, qu'on eût cru le voir lui-même.

(1) Raphaël fit plus que d'y prier, car il y prit l'Adam et Ève chassés du Paradis qu'il peignit aux loges du Vatican.

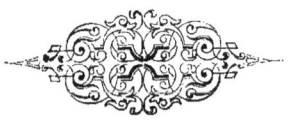

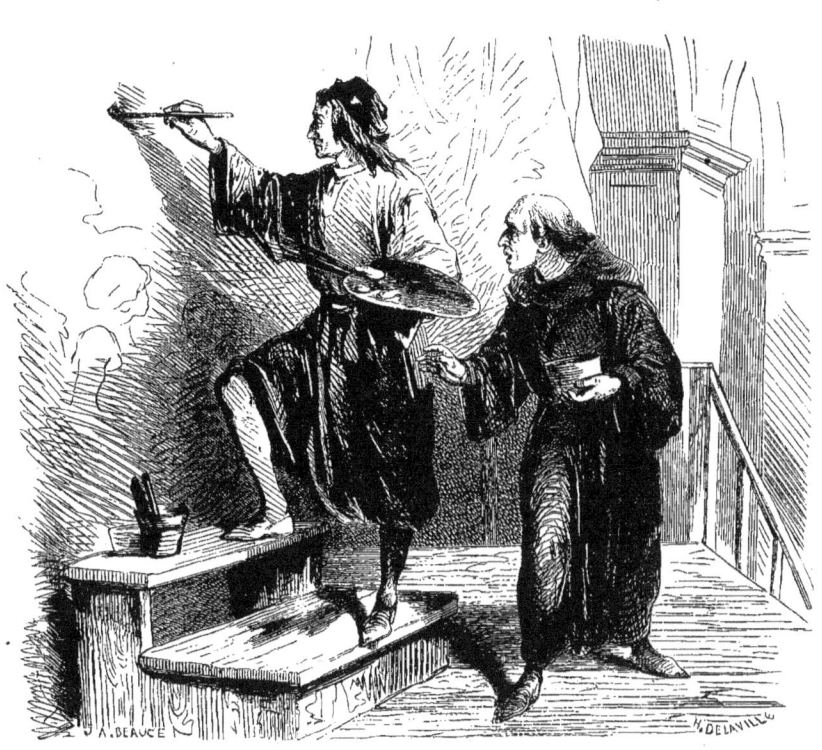

LE PÉRUGIN

JEAN BELLIN ET LUCA CRANACH

PAR

ALEXANDRE DUMAS

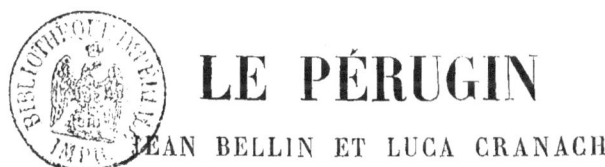

ous voici arrivés au peintre idéaliste par excellence, à Pierre Vannucci, dit le Pérugin.

Pierre Vannucci naquit non pas à Pérouse comme le dit Vasari, mais à *Città della Pieve*, comme le prouve une multitude de tableaux signés *Petrus* *de Castro-plebis*. Sa famille était pauvre, mais non pas de basse condition : on trouve des actes qui prouvent que, jusqu'à la fin de 1427, elle jouissait du droit de bourgeoisie.

Ce fut en 1446, environ six ans après la mort de Masaccio, six ans avant la naissance de Léonard de Vinci, que naquit celui qui devait mettre le pinceau aux mains de Raphaël.

Il y a des hommes deux fois grands, grands

par eux-mêmes, grands par l'élève qu'ils ont fait. Sur ce point, certes, le Pérugin peut soutenir la comparaison avec Verrocchio, le maître de Léonard de Vinci, et avec Ghirlandaio, le maître de Michel-Ange.

En outre, à l'examiner comme artiste providentiel (si cela peut se dire), Pérugin fut la dernière digue opposée par l'art chrétien à l'art païen : Pérugin mort, à part quelque ressouvenir de son maître, qui perce encore dans les Madones de Raphaël, le naturalisme triomphe et l'idéalisme est perdu.

Pérugin vint à Pérouse à l'âge de onze ans, et entra comme *fattorino* (je ne trouve pas de mot français qui rende ce mot italien) chez un peintre : le nom de ce peintre, on l'ignore; les uns disent que c'était Benedetto Buonfigli, d'autres que ce fut Niccolo Alunno. Vasari ne le nomme pas, mais se contente de dire que, quoique ce professeur inconnu ne fût point un maître, il avait les maîtres en vénération.

Toute cette première partie de la vie du Pérugin reste obscure; on sait seulement qu'il travaille avec ardeur chez ce maître inconnu, lequel l'excite sans cesse en lui citant de grands exemples par l'appât de la gloire et de l'argent : il en résultait que le jeune homme demandait sans cesse, non-seulement à son maître, mais encore à tous ceux avec lesquels il pouvait parler de son art, en quel lieu étaient les meilleurs peintres, et chacun lui répondait, à Florence; car, en effet, c'était à Florence qu'avaient brillé Giotto, frère Jean de Fiésole, Masaccio et Benozzo Gozzoli. Quant à Francia, cette étoile de l'école de Bologne, et à Léonard de Vinci, cet astre de l'école lombarde, ils étaient à peine nés lorsque Pérugin faisait cette éternelle question.

Avec un homme aussi décidé que l'était le Pérugin à devenir un grand peintre, une pareille réponse devait porter ses fruits. Aussi un beau matin, riche d'espoir mais fort léger d'argent, le jeune homme partit pour Florence.

Sous quel maître étudia-t-il dans l'Athènes moderne, c'est ce que personne ne sait encore : les uns lui donnent André Verrocchio pour maître, et le font par conséquent condisciple de Léonard de Vinci; les autres, Pierre Borghèse, ce grand professeur de géométrie; les autres enfin, Nicolas de Foligno. Malheureusement deux faits positifs empêchent que ni Verrocchio ni Pierre Borghèse aient droit à cet honneur : Verrocchio avait complètement cessé de peindre lorsque le Pérugin vint à Florence, et le Pérugin n'avait que douze ans lorsque Pierre Borghèse perdit la vue. Reste donc Nicolas de Foligno contre le préceptorat duquel aucune objection ne s'élève, et dont le talent a une grande analogie avec ce qu'on appela depuis le style péruginesque.

Quoi qu'il en soit, le jeune artiste était pauvre, mais fort, mais résolu : habitué dès l'enfance à la misère, la misère passée et la misère présente n'étaient rien pour lui; sa pauvreté se dorait aux rayons de l'avenir, et jamais un seul instant il ne parut douter de la gloire et de la fortune qui lui étaient promises par la voix de sa conscience.

En attendant, le pauvre rêveur était dans une mansarde sans meubles et sans lit, couchant dans un coffre, et ne possédant qu'une table et une chaise; ajoutant les nuits à ses journées trop courtes, et dessinant chez lui quand il ne pouvait plus peindre dans l'atelier de son maître; ne s'inquiétant ni du chaud ni du froid, ni de la faim, et répondant gaiement à ceux qui le plaignaient : « C'est l'habitude de Dieu d'envoyer le beau temps après la tempête. »

Tant d'efforts et de constance eurent enfin leur prix : on lui commanda quelques travaux dans le couvent de Saint-Martin, situé hors de la porte *al Prato* et qui fut ruiné depuis pendant le siége de Florence; et aux Camaldules un saint Jérôme, que l'expression de son visage et la savante anatomie de son corps feraient regarder du premier coup comme un chef-d'œuvre. Dès lors tout était dit, le temps des épreuves était passé pour le Pérugin, les commandes arrivaient de toutes parts, l'argent les suivait; et à son premier proverbe : Après la pluie le beau temps, vint un second adage, qu'il mit en principe avec autant de constance que le premier : c'est que pendant les beaux jours il faut bâtir la maison où l'on s'abritera pendant les mauvais.

De là, sans doute, cette réputation d'avarice que Vasari fait à Pérugin, oubliant que cet artiste, cupide selon lui, au plus fort de son talent, et lorsque par conséquent chaque coup de son pinceau était payé au prix de l'or, ne demandait qu'une omelette pour prix des magnifiques peintures dont il avait orné l'oratoire annexé à la confrérie des Blancs, située en face de la maison qu'il habitait.

Nous reviendrons là-dessus, et nous dirons comment la haine que portait Michel-Ange au Pérugin fut partagée par Vasari, son élève infime et son admirateur exagéré.

Ce fut vers ce temps que le Pérugin exécuta pour les dames de Sainte-Claire un Christ mort, dont le merveilleux coloris étonna les maîtres eux-mêmes : c'est que l'artiste, qui ne voulait négliger aucune partie de son art, avait appris des *Gesuati*, ces grands peintres sur verre, l'art de préparer les couleurs minérales.

Ce tableau est aujourd'hui dans le palais Pitti. Sa couleur merveilleuse s'est à peu près évanouie par le long temps où il fut exposé aux rayons du soleil dans l'église de Sainte-Claire; mais ce que n'ont pu lui ôter ni le soleil, ni le temps, et ce qu'on y retrouvera encore, c'est la merveilleuse ordonnance des personnages; ce sont ces belles têtes de vieillard, pleines d'onction et de majesté; c'est enfin la profonde douleur répandue sur le visage des Maries, qui contemplent en pleurant le Christ trépassé.

François de Pouille vit ce tableau en passant à Florence, et voulut l'avoir; mais les religieuses refusèrent de le lui vendre : le prince leur en offrit trois fois le prix qu'elles l'avaient payé, et en outre une copie de la main du même artiste. A ces conditions elles consentirent; mais alors ce fut Pierre Pérugin qui refusa, quelque prix que François de Pouille lui offrit de cette reproduction, disant qu'il n'était pas sûr que la copie atteignît jamais la valeur de l'original.

Comme on le voit, et quoi qu'en dise Vasari, Pérugin n'était donc point capable de tout pour de l'argent.

Outre les tableaux et les fresques que nous venons de dire, Pérugin exécuta encore de sa main beaucoup de peintures dans le couvent des frères *Gesuati*, situé hors de la porte Pinti; couvent qui fut jeté à terre pendant le siége de Florence : si bien qu'on ne put en sauver que les tableaux, qui furent transportés dans l'église *della Calza*.

Deux de ces tableaux étaient, l'un le Christ au jardin, entouré des apôtres qui dorment (tableau qui se trouve aujourd'hui à l'Académie des beaux-arts), et une Piété, que l'on peut voir aussi dans le même lieu, mais qui ne peut se comparer, pour la conservation, au premier que nous avons cité. Au reste, comme composition et comme sentiment, ces deux tableaux sont magnifiques.

A partir de ce moment, les commandes se succédèrent avec une telle rapidité, que nous ne pouvons plus guère que nommer les différents tableaux qui venaient ajouter à la réputation toujours croissante de l'artiste.

Ce furent d'abord un Crucifix ayant à ses pieds la Madeleine, saint Jérôme, saint Jean-Baptiste et saint Jean Colombin : ce crucifix est aujourd'hui encore à l'église *della Calza*.

Puis, dans le même couvent des *Gesuati*, une fresque représentant l'Adoration des mages, fresque dont la composition savante et l'exécution achevée excitaient l'admiration de Vasari.

Puis, dans le même couvent encore, une autre fresque représentant le bienheureux saint Jean Colombin recevant l'habit religieux des mains du pape Boniface.

Enfin, toujours dans le même couvent, une Adoration des bergers, qui ne cédait en rien aux deux fresques que nous venons de citer.

A propos de ces trois fresques, Vasari raconte une anecdote qui prouve que Pérugin n'était point aussi malhonnête homme qu'en un autre lieu il voudrait le faire croire. Il y avait dans ces trois tableaux de grandes portions de ciels ; et le prieur, qui était à la fois fort orgueilleux pour l'honneur de son couvent et très-avare de sa bourse, avait recommandé au Pérugin de peindre ces ciels à l'outremer; mais, comme l'outremer était une couleur fort chère, il craignit en même temps que le peintre n'eût l'idée d'en distraire une certaine quantité, pour s'épargner la peine d'en acheter lorsqu'il travaillerait pour son propre compte; il demeurait donc là, fatiguant Pérugin de ses recommandations pendant tout le temps que l'artiste exécutait les parties azurées de son tableau. Pérugin, qui avait fait honneur de la présence du prieur à son amour de l'art, s'aperçut bientôt qu'il s'était trompé et que ce qu'il avait pris pour de l'enthousiasme était tout bonnement de la défiance ; il résolut alors de donner une leçon au bon prieur, et s'avisa pour cela d'un expédient assez simple : le prieur, comme pour aider Pérugin, tenait à la main le sachet dans lequel celui-ci trempait son pinceau pour y prendre l'outremer; l'artiste donnait deux ou trois coups sur la fresque, puis, comme si la couleur était épuisée, il abandonnait le pinceau, qu'il déposait dans un godet plein d'eau, en prenait un autre, donnait trois ou quatre touches encore et posait à son tour le nouveau pinceau près du précédent. Le prieur suivait avec effroi son outremer, qui passait avec une rapidité effrayante de son sachet sur la muraille, secouant la tête de temps en temps avec douleur, et se contentant de dire : « Quelle quantité d'outremer absorbent ces abominables ciels ! »

« Vous le voyez vous-même, » répondait

Pierre. Puis, le prieur parti, il recueillait l'outremer qui restait au fond du godet, et c'était la meilleure partie. Lorsqu'il en eut une quantité suffisante : « Révérend prieur, dit l'artiste en lui remettant le paquet qu'il aurait pu soustraire, voici de l'outremer qui vous appartient, ce sont les économies que j'ai faites sur vos fresques, et que je vous rends; reprenez-les, et n'oubliez pas qu'il faut avoir deux poids et deux mesures en ce monde, et qu'il n'y a qu'à perdre lorsqu'on traite les honnêtes gens comme s'ils étaient des voleurs. »

La leçon profita au prieur, et il laissa désormais Pérugin accomplir seul et à sa guise toutes les portions de ciel qui lui restaient à faire.

Ces travaux achevés, Pérugin partit pour Sienne, où il peignit dans l'église de Saint-François un tableau que Vasari regardait comme un de ses chefs-d'œuvre, et qui malheureusement périt dans l'incendie qui dévora cette église au milieu du dix-septième siècle; dans l'église de Saint-Augustin, un Crucifix avec plusieurs saints et saintes agenouillés, lequel Crucifix lui fut payé deux cents écus d'or, et existe encore aujourd'hui dans la même église; puis il revint à Florence, afin d'exécuter pour l'église de San-Gallo un saint Jérôme faisant pénitence, que Vasari a vu de son temps dans l'église Saint-Jacques au delà des fossés, mais qui a disparu de nos jours sans qu'on ait pu savoir ce qu'il était devenu; un Christ mort entre saint Jean et la Madone, qu'on voyait sur l'escalier de la porte de Saint-Pierre-Majeur, et qui, quoique exposé à l'action de l'air, garda sa fraîcheur comme s'il venait de sortir de la main de l'artiste : lors de la démolition de l'église, cette peinture fut conservée par les soins du sénateur Albizzi, qui la fit transporter au second étage de son palais, où on la voit encore.

Les autres tableaux de cette belle époque du Pérugin sont les suivants :

Une Piété, qu'il exécuta pour l'église de Sainte-Croix.

Un saint Sébastien, que Bernardino de Rossi lui acheta cent écus d'or, et qu'il revendit quatre cents au roi de France.

Une Assomption de la Vierge, miracle de sentiment et d'idéalité, commandée par les moines de Vallombreuse, et qui se trouve à cette heure à l'Académie des beaux-arts de Florence.

Une autre Assomption de Notre-Dame, avec les apôtres agenouillés et en extase autour du tombeau : cette peinture, commandée par le cardinal Caraffa, est encore dans la cathédrale de Naples. Ce fut là que la vit le célèbre André de Salerne, lorsque, pris d'admiration à sa vue, il résolut de quitter Naples pour venir étudier sous le Pérugin; mais, en passant à Rome, il rencontra Raphaël et n'alla pas plus loin, préférant se faire l'élève de l'élève que celui du maître.

Une Ascension de Notre-Seigneur, que l'on retrouve aujourd'hui encore dans la cathédrale de *Borgo San-Sepolcro*.

Enfin, une Madone et l'Enfant Jésus dans les nuages, qui, après avoir été enlevés de la chapelle Vizzani et transportés à Paris, sont maintenant dans la Galerie de Bologne.

Cette suite de tableaux, tous plus beaux et plus estimés les uns que les autres, firent à Pierre Vannucci une telle réputation, que le pape Sixte IV le fit venir à Rome, et voulut qu'il concourût à orner la chapelle qu'il avait fait bâtir, et où plus tard Michel-Ange devait peindre le Jugement dernier.

Là, il peignit Moïse trouvé dans les eaux, le Baptême du Christ, Jésus donnant les clefs à saint Pierre, et sur la face du fond, c'est-à-dire au-dessus de l'autel, l'Assomption de la Vierge avec le Pape en prière : ce fut ce dernier tableau que l'on gratta pour faire place à la fresque de Michel-Ange.

Il exécuta, en outre, dans la tour Borgia, quelques sujets tirés de l'histoire du Christ.

A Saint-Marc, l'histoire de deux martyrs.

Enfin, les fresques du palais Colonna, travaux qui ajoutèrent encore à sa réputation et à sa fortune : si bien, dit Vasari, qu'il revint à Pérouse (d'où il était sorti pauvre et ignoré) riche de gloire et riche d'argent.

Là, de nouveaux travaux l'attendaient. Il y exécuta :

Dans la chapelle des Seigneurs, un tableau à l'huile, représentant la Madone et plusieurs saints, qui fait partie aujourd'hui de la Galerie du Vatican.

A Saint-François *del Monte*, deux fresques représentant, l'une l'Adoration des Mages, l'autre le Martyre de quelques Franciscains mis à mort par le soudan d'Egypte.

A Saint-François *del Convento*, deux tableaux à l'huile, l'un représentant saint Jean, l'autre la Résurrection de Notre-Seigneur.

Dans l'église *dei Servi*, deux autres tableaux représentant : l'un la Transfiguration de Notre-Seigneur, qui existe encore, mais qui a beaucoup souffert; l'autre l'histoire des Mages.

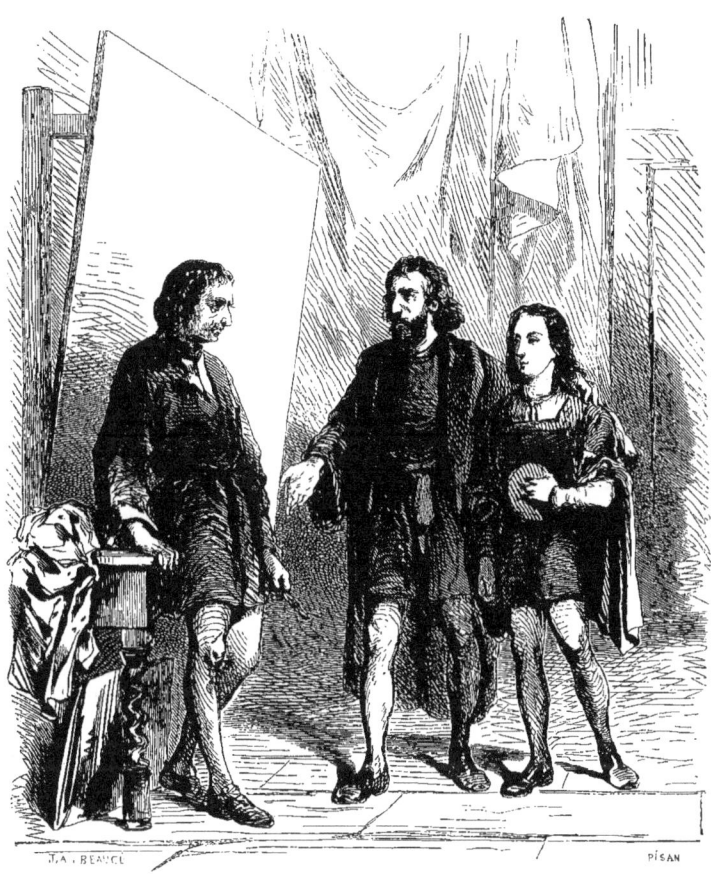

Cet enfant était Raphaël.

A Saint-Laurent, dans la chapelle du Crucifix, Notre-Dame, saint Jean, les autres Maries, saint Laurent et saint Jacques.

A l'autel du Très-Saint-Sacrement, sur lequel est conservé l'anneau qui servit aux fiançailles de la Vierge, un *Sposalizio*.

Enfin il peignit à fresque toute la salle du Change, où l'on voit encore aujourd'hui les portraits de Fabius Maximus, de Socrate, de Numa Pompilius, de Camille, de Pythagore, de Trajan, de Lucius Sicinius, de Léonidas, d'Horatius Coclès, de Fabius, de Périclès, de Cincinnatus.

Puis, sur l'autre façade, ceux des prophètes Isaïe, Moïse, Jérémie, Daniel, Salomon, David, ainsi que les images des sibylles Érythrée, Lybique, Tiburtine et Delphique.

Ce fut pendant cette station à Pérouse qu'un pauvre peintre d'Urbin amena à Pierre Vannucci un enfant qui donnait des espérances en peinture, et que Pérugin reçut au nombre de ses élèves : cet enfant était Raphaël.

Deux ans après, l'élève travaillait déjà **aux tableaux du maître**; et l'on montre encore aujourd'hui au voyageur qui passe à Pérouse les parties de ces tableaux qui avaient été exécutées par le futur auteur des *Stanze* et de la Fornarine.

Maintenant il semble que l'œuvre providentielle du Pérugin soit remplie : il a reçu des mains de son père celui qui sera le plus grand peintre de tous les temps; il lui a appris tout ce qu'il pouvait lui apprendre. Raphaël le quitte vers l'an 1502. Pérugin a atteint l'âge de cinquante-six ans, son talent ne fera plus que décroître. Il en est ainsi de la fleur qui produit le fruit : quand le fruit paraît, la fleur se fane, se dessèche et meurt.

Malheureusement Pérugin devait se survivre; malheureusement, grâce à la facile exécution que lui avaient donnée ses œuvres multipliées, et grâce à la réputation que lui avaient donnée ses chefs-d'œuvre, Pérugin devait vingt ans encore aller en décroissant ; mais Pérugin avait trop fait pour que ses dernières productions, si faibles qu'elles fussent, pussent le défaire.

Ses derniers coups de pinceau furent pour une peinture à fresque commencée par son élève Raphaël, vingt ans auparavant, dans l'église de Saint-Silvestre.

Pierre Pérugin mourut en 1524, survivant ainsi de plus de trois ans à son élève Raphaël, dont il vit la grande gloire, sans que jamais cette gloire, si éclatante qu'elle fût, parût lui inspirer le moindre sentiment d'envie : ce fut au château de Fontignano qu'il rendit le dernier soupir, sans avoir voulu recevoir les sacrements, dit une tradition du pays, ce qui fut cause qu'on l'enterra en terre profane et près d'un chemin : depuis, dit-on encore, il fut exhumé et déposé dans un lieu plus voisin de l'église, peut-être même dans le cimetière.

Ce refus des sacrements et cette inhumation en terre profane sont fort débattus de nos jours, après avoir longtemps passé pour article de foi. D'abord Vasari, qu'on n'accusera pas de partialité envers le maître de Raphaël, et l'ennemi de Michel-Ange, lequel, dans sa haine des choses calmes, douces et simples, appelle Pérugin une **mâchoire**, Vasari, qui était contemporain du Pérugin, ne raconte pas un mot de toute cette histoire, et dit tout simplement : « Enfin, arrivé à l'âge de soixante-dix-huit ans, Pérugin termina sa carrière à *Castel della Pieve*, où il fut honorablement enterré. »

Puis, ne serait-ce pas rêver une trop cruelle opposition entre l'homme et ses œuvres que de tenir pour libertin, impie et athée celui dans l'esprit duquel le Seigneur avait mis à un si haut degré le sentiment religieux? Est-ce par dérision que, en exécutant son propre portrait, dont nous avons donné à nos lecteurs une si belle gravure, il écrivit sur cette clef qu'il tient à la main, et qui doit dans sa symbolique espérance lui ouvrir le ciel, cette devise, que l'on peut supposer avoir été la sienne, *Timete Deum*? Est-ce enfin l'œuvre d'un homme sans foi que cette éternelle Madone, éternellement reproduite, et chaque fois avec un charme de plus, chaque fois avec un nouveau développement de beauté, un nouveau perfectionnement d'idéalisme; si bien que, chez lui, la **Vierge** en est arrivée à n'avoir plus rien de mondain, et à n'appartenir à la terre que par le sentiment de mélancolie qui indique que la créature céleste qu'on a sous les yeux est cependant destinée à souffrir une des plus grandes douleurs humaines, la perte de son enfant? Est-ce enfin par calcul que pendant toute cette longue existence qui dura plus de trois quarts de siècle, et qui compte soixante années successives de productions, pas un seul tableau profane ne sortit des mains de l'artiste? et à quelle époque cela! à l'époque où les Médicis payaient au poids de l'or les ruines mythologiques, qu'ils substituaient peu à peu sur les murailles de leurs palais, et jusque sur les parois des hôpitaux, aux sujets sacrés, qui avaient été jusqu'à eux le seul programme sur lequel s'était exercé le pieux pinceau des peintres? Tout au contraire, nous ne trouvons pas dans toute la vie du Pérugin trace d'un seul tableau commandé, soit par Laurent, soit par Pierre, soit par Julien, quoiqu'un tableau allégorique (le seul peut-être de ce genre que Pérugin ait exécuté, le Combat de l'Amour et de la Chasteté) prouve victorieusement une flexibilité de talent qui, si la voix de sa conscience n'eût été là pour retenir l'artiste, eût pu le plier aux gracieuses compositions de la mythologie grecque.

Mais non, Pérugin était le digne continuateur, au contraire, de ces hommes qui, puisant une partie de leur talent dans la foi, emportèrent avec eux le grand secret de la peinture idéaliste; et il devait clore, avec Francia et frère Bartholomée de Saint-Marc, la liste de ces hommes privilégiés du Seigneur et de la Vierge, dont ils étendaient la religion en reproduisant leurs images.

JEAN BELLIN

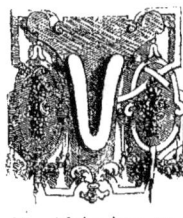

Vers la fin de l'année 1652, sous le dogat du malheureux François Foscare, qui, huit ans auparavant, avait été forcé de signer la sentence de son fils Jacques, et qui, cinq ans plus tard, devait être déposé lui-même, un peintre étranger, que précédait une grande réputation, arriva à Venise.

On le nommait Antoine de Messine, selon l'habitude du temps, qui consistait à ajouter presque toujours, au prénom qu'on avait reçu sur les fonts de baptême, le nom du pays où l'on avait vu le jour. Il passait pour avoir hérité du secret d'un peintre flamand, secret qui donnait à ses tableaux un coloris si vif, que, jusques alors, à ce qu'on assurait, jamais l'art n'était parvenu à se rapprocher à ce point de la nature.

L'école vénitienne venait de naître, en retard sur l'école florentine et l'école siennoise de près de deux siècles. Cela venait-il des traditions des peintres byzantins, qui avaient toujours tenu, depuis le dixième siècle, atelier ouvert à Venise? Les critiques le disent, et il faut toujours croire ce que disent les critiques.

Toute cette jeunesse ardente, génération qui devait voir naître Titien et mourir Gentile de Fabiano, était donc en émotion des premières œuvres qu'allait faire paraître le peintre étranger, lorsque, deux mois après son arrivée, un portrait fut exposé, qui sembla dépasser toutes les promesses faites. C'était celui d'un sénateur.

Jamais, en effet, on n'avait vu peinture si éclatante, tons si harmonieux, nuances si mollement fondues. Venise tout entière battit des mains devant ce tableau.

Le lendemain, un jeune seigneur, arrivé depuis deux jours de Padoue, à ce qu'il disait, se présenta chez le peintre pour faire faire son portrait. Le prix, débattu un instant, fut fixé à vingt ducats d'or; et, comme l'étranger paraissait pressé de retourner à Padoue, la première séance fut fixée au lendemain. Seulement Antonello recommanda fort au jeune seigneur de revenir avec le même costume qu'il portait ce jour-là, ce costume, tant il était élégant dans sa coupe et harmonieux dans ses tons, paraissant avoir été drapé par un statuaire et assorti par un peintre.

A l'heure dite, le jeune homme arriva. C'était, du moins en apparence, un de ces élégants inutiles, qui passent leur vie à suivre les femmes aux églises ou les princes à la chasse; d'art, à ce qu'il disait du moins, il ne s'en était jamais occupé, l'aimant d'instinct comme tout Italien de cette époque aimait l'art, mais raisonnant sur celui de la peinture surtout avec une ignorance qui fit plus d'une fois sourire le savant professeur auquel il s'était adressé pour conserver ses traits à la postérité.

Et cependant le jeune homme suivait le travail du maître avec une curiosité remarquable. Dans l'opération première, qui consistait à préparer ses couleurs sur la palette et à les délayer avec cette substance inconnue, qui était sans doute le secret d'Antonello, il ne l'avait pas perdu de vue une seule seconde, si bien que le peintre en avait fait l'observation à son modèle. Ce à quoi celui-ci avait répondu, avec une naïveté charmante, qu'il n'y avait rien d'étonnant à l'attention qu'il portait à tous ces détails, attendu que c'était non-seulement la première fois qu'il voyait un peintre à l'œuvre, mais encore qu'il entrait dans un atelier.

Antonello le crut, tant il y avait de bonne foi dans l'accent et dans le regard du jeune seigneur, et continua d'opérer devant lui sans aucune défiance.

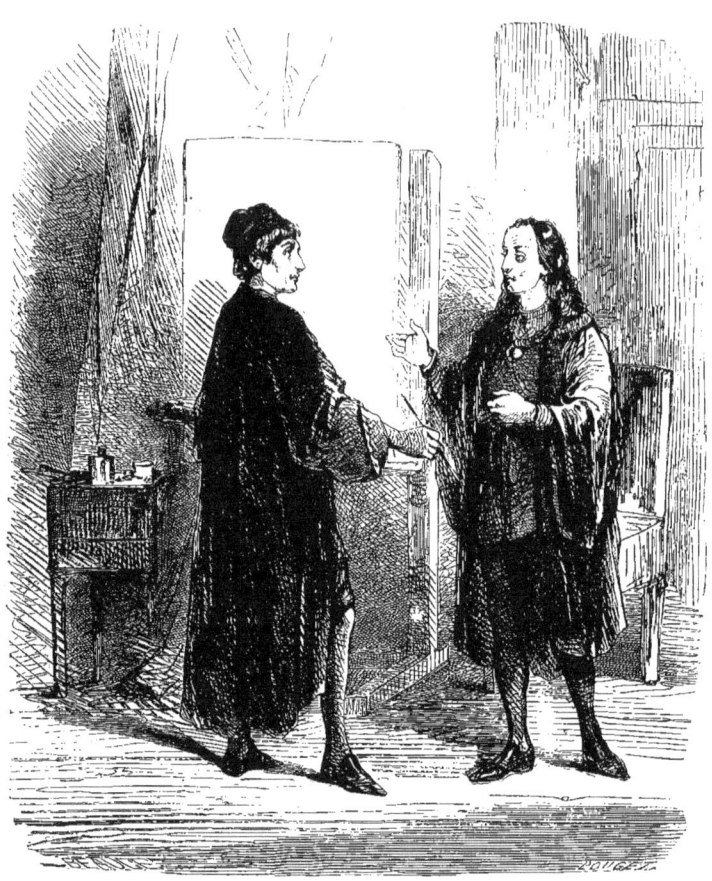

Le jeune homme pria le peintre de lui prêter sa palette. — Page 9.

La première séance s'écoula ainsi. Antonello voulait remettre la seconde au surlendemain; mais l'étranger, toujours prétextant la hâte qu'il avait de quitter Venise, insista si résolûment, que le peintre prit rendez-vous avec lui pour le lendemain.

Le lendemain, même attention curieuse de la part du modèle; mais cependant abandon encore plus grand encore de la part du peintre. L'étranger était si ignorant en art, qu'il n'y avait pas de crainte qu'il lui surprit son secret : cependant, soit hasard, soit reste de défiance, soit tout bonnement excès de politesse, Antonello ne laissa pas un instant l'étranger seul.

Le jour suivant, l'étranger se présenta à la même heure; mais cette fois, au moment où Antonello délayait ses couleurs, le jeune homme se hasarda à lui demander, de l'air le plus indifférent qu'il put prendre, quel était l'ingrédient qu'il employait pour cette liquéfaction. Ce à quoi Antonello répondit : « Que c'était un élixir qu'il avait inventé et qui lui coûtait si cher à composer, que c'était à cause de cet élixir, plutôt encore qu'à cause de leur perfection, qu'il avait été forcé d'augmenter le prix de ses tableaux. » L'indiscret se le tint pour dit et ne fit pas d'autre question à ce sujet.

Mais, au milieu de la séance, une jeune fille, qui posait comme modèle pour les premiers peintres vénitiens, vint frapper à la porte d'Antonello, qui l'avait fait demander. Antonello, prévenu qu'elle attendait dans la chambre voisine, lui fit rappeler que c'était pour le soir et non pour le matin qu'il l'avait fait demander; mais elle répondit qu'elle était venue le matin parce qu'elle n'avait pas le temps de venir le soir, qu'il eût donc à l'examiner à l'instant même ou qu'elle le prévenait qu'elle ne reviendrait plus.

Antonello passa en grommelant dans la chambre voisine, en priant le jeune seigneur de l'excuser; ce que celui-ci fit de l'air le plus gracieux du monde.

Mais à peine Antonello eut-il refermé la porte derrière lui, que l'étranger ne fit qu'un bond de son fauteuil à la bouteille qui contenait le précieux élixir, remplit de son contenu un petit flacon préparé sans doute à cet effet; et, remettant la bouteille sur sa planche et le flacon dans sa poche, s'en revint prendre sa place et sa pose accoutumées, si bien qu'Antonello, en rentrant cinq minutes après, le retrouva où il l'avait laissé.

Cependant le portrait s'avançait; une heure ou deux de travail encore, et le chef-d'œuvre était achevé; il fut donc convenu que le lendemain, à la même heure, le jeune seigneur viendrait prendre sa dernière séance.

Avant de quitter le peintre, le jeune homme, qui paraissait enchanté, le força, quoique le portrait, comme nous l'avons dit, ne fût pas achevé, à recevoir les vingt ducats d'or, qui étaient la totalité du prix convenu. Antonello fit d'abord quelques difficultés, mais la peinture tirait tellement à sa fin, qu'il finit par les accepter.

Le jeune seigneur sortit aussitôt et s'éloigna d'un pas assez mesuré; mais à peine eut-il tourné l'angle de la rue, qu'il courut au canal le plus proche, se jeta dans une gondole et ordonna au gondolier de le ramener chez lui le plus vite possible.

Dix minutes après, il s'élançait dans une chambre ou plutôt dans un atelier, dont les murailles étaient couvertes d'études de madones, de saints et de christs, saisissait une palette, versait quelques gouttes de la précieuse liqueur dans le récipient, délayait ses couleurs, et s'assurait, par quelques touches jetées sur une toile, qu'au moment où il saurait la composition de l'élixir dont il venait d'apporter un échantillon il serait aussi savant qu'Antonello.

Restait à savoir de quelles matières se composait cet élixir.

Il l'examina au jour, le goûta au bout de sa langue, en versa quelques gouttes sur du papier, puis sur des étoffes, et vit avec le plus grand étonnement que cet élixir était tout simplement un corps gras, qui ressemblait tout à fait à de l'huile.

Il courut chez un alchimiste de ses amis, lui donna le flacon, le pria d'examiner la liqueur qu'il contenait et de lui dire quelle était cette liqueur. L'alchimiste, à la première vue, se mit à rire, en lui disant que c'était de l'huile, et, à la seconde, il affirma que c'était de l'huile de lin.

Le jeune homme ne revenait pas de son étonnement. En rentrant, il acheta une bouteille d'huile tout entière, passa la journée à peindre d'après le nouveau procédé qu'il venait de surprendre, et le soir il ne lui restait plus aucun doute, il était aussi savant qu'Antonello de Messine.

Le lendemain, il se rendit chez lui à l'heure convenue; mais lorsque Antonello le pria de prendre sa pose accoutumée, le jeune homme lui répondit en riant que c'était chose inutile qu'ils se fatiguassent davantage l'un et l'autre, et qu'il finirait tout seul le portrait commencé.

Alors Antonello le regarda avec étonnement; mais le jeune homme pria le peintre de lui prêter sa palette; et, prenant un pinceau, il se mit à exécuter, avec l'habileté qui lui était habituelle, la chaîne d'or qui pendait au cou de son propre portrait.

Ce jeune peintre, qui venait de surprendre le secret qu'Antonello avait hérité de Van Eyck, était Jean Bellin (1).

Jean Bellin avait alors vingt-six à vingt-sept ans, et était né vers 1426. Comme Gentil Bellin, il était fils de Jacques 1er, élève du peintre ombrien, Gentile di Fabriano, auquel le sénat de Venise fit une pension d'un ducat d'or par jour et donna l'autorisation de porter la robe de sénateur. C'est en mémoire de ce digne maître que Jacques avait appelé son premier fils Gentile.

[1] Antonello de Messine fit deux voyages à Venise, l'un vers l'an 1431, l'autre vers l'an 1475; mais il est probable que ce fut pendant le premier qu'eut lieu l'événement que nous venons de raconter.

Nous avons parlé de l'école byzantine, qui avait trouvé à Venise une seconde patrie. En effet, dès le sixième siècle, Lanzi, dans sa *Scuola veneziana*, parle d'artistes grecs qui vinrent orner de mosaïques les églises de Grado et de Torcello. Le doge Silvo, vers la fin du onzième siècle, fit venir une autre colonie d'artistes, byzantins comme les premiers, pour travailler à la basilique de Saint-Marc. Enfin, en 1204, Constantinople ayant été prise par les croisés partis pour prendre Jérusalem, presque tous les artistes, refluant devant ceux qu'ils appelaient les Barbares, et qui, s'il faut en croire la relation de Nicétas, méritaient bien ce nom, se réfugièrent à Venise, où ils fondèrent cette école grecque qui régna sans partage jusqu'à la fin du treizième siècle, et qui, jusqu'au dix-huitième, y a conservé des représentants.

Mais, en opposition à cette école dont nous avons marqué l'influence et suivi la chute dans notre histoire de la peinture, était venue se placer une autre école aussi progressive que celle-là était stationnaire; c'était celle que le Giotto avait fondée à Padoue, et dont les premiers représentants furent Jean et Antoine de Padoue, Giusto, Quaziento, Avanzi, Aldighieri et Squarcione. Ce dernier, qui en était le chef, comptait dans son atelier, au commencement du quinzième siècle, cent trente-sept élèves.

Mais à Squarcione, le mouvement religieux et idéaliste imprimé à cette école par son fondateur s'arrête, il disparait momentanément pour faire place aux premières révélations du paganisme. Squarcione avait beaucoup voyagé; il avait visité la Grèce et retrouvé intacts grand nombre de chefs-d'œuvre mutilés aujourd'hui; il avait visité l'Italie, et, près des souvenirs du siècle de Phidias, amassé ceux du siècle d'Auguste; puis enfin il était revenu à Padoue, rapportant à sa patrie une magnifique collection de bas-reliefs, de statues et de dessins. Or Padoue, grâce à son université, était la ville classique par excellence, et la peinture dirigée par le Squarcione suivit l'exemple que déjà depuis plus d'un siècle lui donnait la littérature.

André Mantegna sortit de cette révolution artistique.

Alors aux inspirations saintes et religieuses succédèrent les compositions païennes, les bacchanales, les allégories, les triomphes des Césars, dont les gravures, s'élevant au nombre de quarante au moins, nous ont laissé la reproduction: les deux tableaux que nous possédons à la galerie du Louvre, dont le premier représente les neuf Muses dansant au son de la lyre d'Apollon, Mars et Vénus debout, Vulcain dans sa forge, Mercure et Pégase, et dont le second représente la lutte du bon et du mauvais principe; tableaux qui, à l'époque où Schlegel vint à Paris, le frappèrent tellement, qu'il raconte qu'il s'arrêtait souvent devant eux, et qu'il convient que Dante seul lui paraît porter l'allégorie à un égal degré de grandiose et de hauteur.

Mais là devaient s'arrêter les progrès de l'école naturaliste, et Mantegna lui-même devait s'arrêter à ce point de sa carrière, ébranlé dans ses plus profondes convictions.

Ces changements dans les principes de l'élève chéri de Squarcione, qui, en faveur de son amour pur de l'antique, l'avait adopté pour son fils, lui furent apportés par Jacques Bellin, conservateur pieux des traditions idéalistes, qu'il tenait, comme nous l'avons dit, de Gentile de Fabriano. Bientôt, au reste, la fille acheva l'ouvrage du père, et Mantegna, en devenant le beau-frère de Jean et de Gentil Bellin, se rallia entièrement à l'école religieuse, dont son idolâtrie d'un instant l'avait écarté. Ce fut alors que Mantegna fit son Histoire de l'apôtre saint Jacques dans l'église des Ermites de Padoue, et son saint Marc de l'église Sainte-Justine.

Jean Bellin et son frère, au contraire de Squarcione et de Mantegna, étaient restés purs de toute hérésie. L'invasion du paganisme n'avait eu aucune influence sur eux et surtout sur Jean, qui demeura toute sa vie sous l'influence du mouvement religieux, et qui fut avec Pérugin et Francia un des derniers champions de l'école idéaliste.

Au reste, à cette époque Venise avait, sous le rapport de ces dernières idées, une puissance auxiliaire en Allemagne. Van Eyck ou Jean de Bruges, comme on voudra l'appeler, le même qui avait inventé la peinture à l'huile, dont Jean Bellin avait surpris le secret; Hemmelinck son disciple, le plus suave, le plus gracieux, le plus mystique de cette école; Albert Durer, le peintre-graveur dont la réputation chez les Italiens du nord balança un instant celle de Raphaël, entretenaient des relations d'amitié et d'harmonie de sentiments avec les peintres vénitiens, que Titien et Véronèse n'avaient pas encore détournés de la voie primitive.

En effet, Venise était admirablement située pour se maintenir dans ce sentiment: touchant d'une main aux peintres allemands, qui ne s'en écartèrent jamais, et de l'autre à l'école ombrienne, qui, encore aujourd'hui, a un représentant dans Overbeck, ce peintre du quinzième siècle égaré parmi nous.

Les premiers tableaux que fit Jean Bellin, d'après sa nouvelle manière, furent : pour les pères de la Charité, un Sauveur au Jourdain, et, pour les religieuses des Miracles, un saint Jérôme au désert.

A Saint-Job, il représenta la Vierge assise sous un dais soutenu par des pilastres pareils à ceux de l'autel dans lequel le tableau était encadré. Les pilastres, dit Ridolfi, étaient en perspective et si parfaitement semblables aux autres, qu'on eût cru à la continuation du relief. Aux deux côtés étaient saint Job et saint François, regardant la croix avec amour, et saint Sébastien, magnifique étude de nu, et saint Louis, tous deux remarquables par le pieux respect qu'ils paraissent porter à la mère du Sauveur. Trois anges assis aux pieds de la Vierge, et dont l'un joue de la viole, l'autre du luth et l'autre du violon, complétaient cette délicieuse composition, l'une des plus suaves qui soient sorties du pinceau de Jean Bellin.

Vers le même temps, il fit pour le grand autel de San-Giovanni del Tempio un Sauveur au Jourdain, qui passa alors pour un chef-d'œuvre. Dans un coin était le cavalier prieur agenouillé et portant une croix sur sa poitrine. Une vue de montagnes bornait l'horizon.

Il exécuta encore à Saint-Michel, petite île voisine de Murano, deux autres tableaux : l'un qui représente la Vierge et l'Enfant Jésus, saint Pierre et saint Paul, deux saintes de l'ordre dans des niches, avec le portrait de Pierre Pruele, procurateur de Saint-Marc et patron de l'autel; l'autre, dans la chapelle de Marini Giorgio, et qui avait pour sujet le Christ ressuscité, avec ses gardiens armés autour du sépulcre et les Maries s'approchant à travers un paysage semé d'arbres et peuplé d'animaux.

Mais la grande œuvre de Jean Bellin, son œuvre vitale, l'œuvre à laquelle il consacra les plus belles années de son existence, fut la décoration de la salle du Grand-Conseil, qu'il entreprit en compagnie de son frère, qui, à ce moment, arrivait de Constantinople, où il s'était rendu sur la demande du sultan Mahmouth. Comme on le voit, la réaction de l'Occident contre l'Orient était complètement opérée, et c'était maintenant Byzance qui empruntait ses artistes à Venise.

Cette décoration de la grande salle du Conseil avait pour programme, non pas des faits historiques, car une critique raisonnée, celle de Raumer, a prouvé depuis que tout ce que l'on avait dit de l'insolence du pape qui mit le pied sur le cou de l'empereur, et qui au fameux *Petro et non tibi* répondit par le nom moins fameux *Mihi et Petro*, était une imagination des poètes légendaires des siècles précédents, mais un poëme national, fait à la manière de nos romans de Charlemagne.

Cette épopée, qui, du patois vénitien et de la forme légendaire, était passée, sous la plume de Casetto de Bassano, à l'état de poëme latin, avait, comme nous l'avons dit, fourni le programme de plusieurs compartiments qui furent distribués entre Jean Bellin et son frère, et dont le sujet était l'intervention des Vénitiens dans les démêlés du pape Alexandre III avec l'empereur Frédéric, et leur réconciliation à Venise, le 23 juin 1177.

Deux de ces tableaux furent exécutés par Jean Bellin et les autres par son frère.

Ceux qu'exécuta Jean Bellin étaient, le premier :

Le doge Ziani, descendu du *Bucentaure* pour faire la soumission de la république au pape Alexandre III, qu'on venait de reconnaître, sous son déguisement de moine, dans le couvent de la Charité; cette inscription latine, écrite au-dessous, expliquait le sujet :

« Prima nocte declinavit apud canonicos S. Salvatoris, qui duxerunt cum ad monasterium Sanctæ Mariæ Charitatis; ibique in forma serviebat. »

Le second était la prétendue Bataille entre le doge et le prince Othon, et ce tableau fut celui qui passa pour le chef-d'œuvre de Jean Bellin.

Le moment choisi par le peintre était le moment le plus acharné du combat : le doge Ziani et le jeune Othon, fils de Frédéric, poussent l'une contre l'autre les flottes de la république et de l'empire; au premier plan est un vaisseau à la poupe dorée, sur lequel le doge reçoit un auguste prisonnier, qui n'est autre que le jeune Othon lui-même; tout autour de ce bâtiment le combat continue, les navires se heurtent, les grappins s'accrochent, les flèches obscurcissent l'air comme un nuage, les épées et les haches retombent sur les boucliers comme sur des enclumes, la mer ensanglantée est couverte de débris de cordages, d'armures, d'hommes tombés à l'eau et qui tâchent de regagner leur bord.

Tout cela exécuté avec ce fini de détail et ce bonheur d'expression qui font le cachet particulier de cette première école vénitienne, qui tenait à la fois du Pérugin et d'Albert Durer.

Malheureusement ces chefs-d'œuvre de Jean et de Gentil Bellin ont disparu de nos jours. L'incendie de 1577 détruisit tout, et les restaurations faites par les artistes de la décadence changèrent tellement le caractère de ces tableaux, qu'il est impossible d'y rien retrouver de leur naïveté primitive et de leur premier sentiment.

Mais ce qui existe encore de Gentil Bellin et ce qui peut donner une idée complète de ce que pouvaient être les choses perdues, c'est un tableau que possède la galerie de Milan, ce sont des Femmes écoutant prêcher saint Marc, en costume turc, et les trois compositions qu'il exécuta pour la confrérie de Saint-Jean l'Évangéliste, et qui sont à l'Académie des beaux-arts de Venise.

Ces trois tableaux représentent chacun un Miracle opéré par un fragment de la vraie croix, que l'on y conserve précieusement.

Le premier a pour sujet un jeune homme de Brescia blessé dangereusement à la tête et guéri instantanément par suite d'un vœu que fait son père pendant qu'on porte cette relique en procession; et, comme dit Rio dans sa *Poésie chrétienne*, pour montrer que les dispositions du cœur étaient en parfaite harmonie avec les occupations du pinceau, l'artiste a mis au bas de sa peinture cette simple et touchante inscription :

Gentilis Bellinus, amore incensus crucis. 1496.

Les deux autres tableaux, signés de lui aussi, représentent le pieux André Vendsamini retirant la précieuse relique du canal où elle était tombée, et un membre de la confrérie guéri de la fièvre quarte.

Revenons à Jean Bellin, dont son frère nous a un instant écarté.

Venise possède encore de lui quatre précieux tableaux : l'une, dans la sacristie *dei Frari*, représentant la Madone sous un dais avec deux anges à ses pieds qui jouent du luth, et saint Nicolas, saint Benoît et deux autres saints qui se tiennent debout à côté d'elle.

L'autre, qui est à Saint-Zacharie, est encore une Madone tenant l'Enfant Jésus dans ses bras, et ayant près d'elle saint Pierre, sainte Madeleine, sainte Catherine et saint Jérôme. Ce dernier est, on ne sait pourquoi, vêtu en cardinal; à ses pieds, comme d'habitude, est un ange jouant de la viole, et il porte la signature du peintre et la date de 1505. Cette peinture passe pour une des plus belles de l'auteur.

Le troisième est à Saint-Jean-Chrysostome, et représente un saint Jérôme au haut d'un rocher, tenant un livre à la main. Il est accompagné d'un saint Christophe et d'un saint Louis.

Le quatrième est dans la chapelle de la Conception, à Saint-François-de-la-Vigne; il représente une Notre-Dame et un saint Sébastien.

Et maintenant tout ce que nous pourrions dire de Jean Bellin ne serait qu'une sèche nomenclature de ses œuvres, qu'un froid catalogue de ses tableaux répandus par toute l'Italie, par toute l'Allemagne, par toute l'Angleterre et par toute la France, et qui furent le produit de près de soixante-dix ans de travail.

Mais ce qu'il y a de remarquable dans cette longue carrière, c'est ce progrès éternel et sans décadence aucune que l'on remarque depuis le commencement jusqu'à la fin de la carrière tout inspirée de cet homme : chez lui comme chez Titien, son élève, l'art va toujours s'élargissant, et les tableaux du vieillard sont, contre toutes les règles habituelles, les frères aînés des tableaux du jeune homme; si bien qu'il y a un tel progrès entre eux, que, sans cet air de famille qui dénote une même paternité, on serait tenté de croire qu'il n'a fallu rien moins qu'un siècle et plusieurs générations pour que l'art arrivât à franchir une telle distance.

Après avoir surpris au commencement de sa vie le secret de Van Eyck, mort en 1450, Jean Bellin vit venir à Venise, en 1506, un autre peintre ultramontain qu'une immense réputation précédait dans le nord de l'Italie. Ce peintre était le fameux Albert Durer.

D'abord, la réception que les Vénitiens firent à l'orfèvre de Nuremberg fut mélangée de quelque froideur. Ses gravures, genre de travail que ces ardents admirateurs de la couleur estimaient médiocrement, ne pouvaient donner qu'une idée fort imparfaite de ses tableaux; mais le vieux Jean Bellin alla à son jeune confrère, le patronisa près des familles patriciennes, lui ouvrit la porte de tous les palais qui lui était ouverte à lui-même, et, à quelque prix que ce fût, voulut avoir un tableau d'Albert Durer.

A l'âge de quatre-vingt-huit ans, Jean Bellin fut appelé à Ferrare par le duc, qui voulait lui faire peindre une Bacchanale. Ce fut dans ce voyage qu'il se lia avec l'Arioste, qui, en souvenir non-seulement d'amitié, mais d'admira-

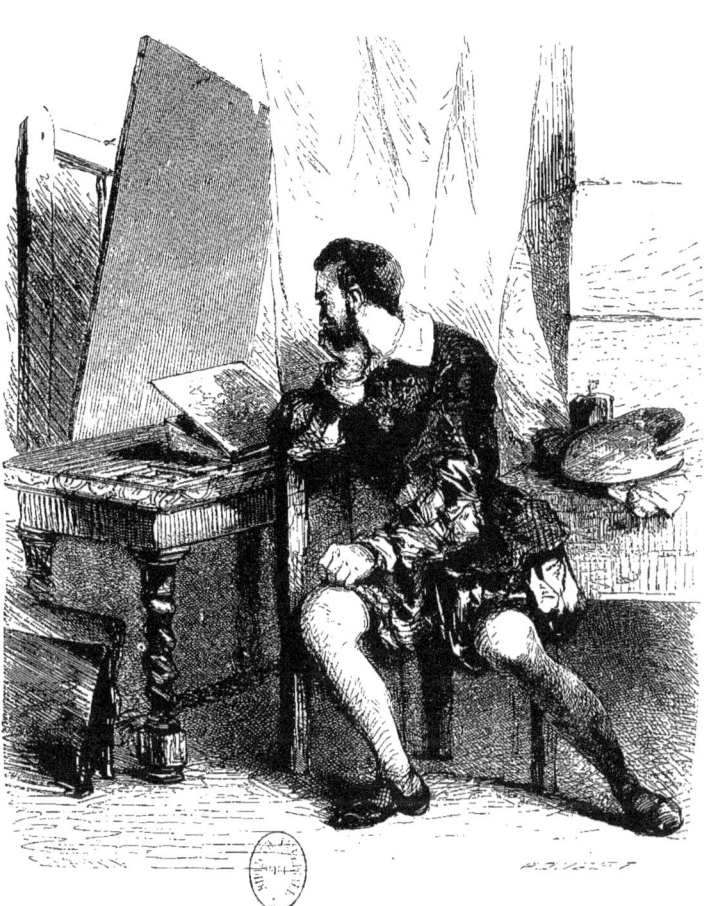

Luca Cranach.

tion, consigna le nom du vieillard à côté de ceux de Léonard de Vinci et de Mantegna.

*E quei che furo a' nostri di e son ora
Leonardo, Mantegna e Giovanni Bellino.*

Dante, cent ans auparavant, avait fait la même chose pour Cimabue et Giotto.

Enfin, parvenu à l'âge de quatre-vingt-dix ans, plein de jours et d'honneurs, ayant vu passer devant lui tout ce qu'il y avait eu de grand en Italie, en Allemagne et en France, Jean Bellin mourut le 29 novembre 1516, et fut enterré près de son frère dans l'église des apôtres saint Jean et saint Paul.

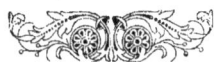

LUCA CRANACH

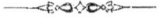

ous sommes encore dans le seizième siècle, seulement ce n'est plus au milieu de la cour de François Ier, en France, ou de la cour de Mantoue, en Italie, que vit l'homme dont nous allons dire la vie, mais à la cour de l'électeur Frédéric le Sage, à qui Charles-Quint dut d'être empereur, et c'est à côté de Luther, cette grande figure qui symbolisa l'époque, que nous allons chercher l'artiste.

En 1496 il y avait à Eisenach un enfant de douze ans, fils d'un mineur et du nom de Martin Luther, qui allait, en chantant des cantiques, demander du pain de porte en porte. Cinq ans plus tard, ce même enfant, devenu presqu'un homme, recevait à l'université d'Erfurth le degré de maître en philosophie. En 1510, pour les affaires de son ordre, il allait à Rome, où il voyait ce que les papes ont fait du trône de saint Pierre, et en 1512 l'électeur Frédéric en faisait son favori ; en 1516 il commençait à exposer ses dogmes ; en 1517, il défendait les Augustins contre l'ordre des Dominicains dans la guerre des indulgences. Léon X, de son trône pontifical, regardait toute cette lutte comme une lutte de moines, et ne voyait pas dans Luther l'homme qui devait porter le premier coup au saint-siége. Cependant il le cita à Rome, et, comme le moine des Augustins n'y répondait pas, il chargea le cardinal Cajetan de lui faire rétracter sa doctrine ou de s'assurer de sa personne, dont on ferait ce qu'on avait fait de Jean Huss, des cendres. Luther s'évada, ayant déjà comme disciple celui qu'il avait eu comme protecteur. Il écrivit au pape, aux princes, aux nonces, à François Ier, à Charles-Quint, avec un mélange d'humilité et d'orgueil, de souplesse et d'audace. Chaque jour sa doctrine envahissait le peuple. D'abord il ne promettait que d'être un grand homme et il devenait un homme dangereux ; c'est qu'il marchait coupant dans les vieux principes de la foi sans cependant toucher à cette foi, retranchant les dogmes des hommes sans attaquer la volonté de Dieu, et disant tout haut : « Dieu est grand et le pape est impie. »

Alors le pape s'empressa de lancer contre lui une bulle d'excommunication, et, le 15 juin 1520, Cellius fit brûler tout ce qu'il put rassembler des œuvres de Luther, et, le 15 décembre de la même année, Luther brûla publiquement la bulle du saint-père et les décisions émanées du saint-siége. A partir de ce moment, la guerre était déclarée entre un moine et le pape, entre le plus humble des serviteurs de Dieu et le plus haut représentant du Christ.

Le 3 décembre 1521 arriva une nouvelle bulle de Léon X, à laquelle Luther répondit de la même façon. Le peuple commença dès lors à perdre cette frayeur religieuse que lui inspirait l'homme à qui Jésus avait donné tout pouvoir, en lui disant : « Liez et déliez. » Alors la grande révolution commença, et la secousse que le moine donna au pape fut si violente, que l'Europe entière en trembla. Puis, une fois l'impulsion donnée, il se rendit à Worms, non pas comme un homme qui lutte, mais comme un homme qui triomphe, non pas à pied comme un apôtre, mais dans un char comme un vainqueur.

Charles-Quint voulut, comme Léon X, faire rétracter Luther, mais l'empereur échoua comme le pape. Il ne fit donc que ce qu'il pouvait faire, il lui donna vingt et un jours pour se retirer où il voudrait. Il se cacha alors au château de Wartburg, chez Frédéric, près d'Eisenach. Il y resta neuf mois, vivant comme un prisonnier royal et continuant d'écrire; puis, quand Charles-Quint retourna en Espagne, il redevint libre.

C'est à Wartburg qu'il eut sa conférence avec le diable, qui se termina par l'abolition des messes privées; c'est en sortant de Wartburg que Luca Cranach fit son portrait avec la barbe longue, l'épée, la cuirasse et les éperons. A partir de cette époque, le peintre devint un zélé partisan et un fidèle ami du réformateur et le suivit à Wittemberg, où il fut nommé bourgmestre. Il était de douze ans plus âgé que Luther, son véritable nom était Sunder; mais on lui avait donné celui de Cranach, la ville où il naquit en 1472.

Luca Cranach était donc devenu avec Mélanchthon le compagnon de Luther, et souvent, quand le repos venait après la lutte, les trois hommes passaient des heures entières à parler de leur avenir. Alors l'apôtre redevenait tout à fait homme, et, jetant les yeux sur sa vie et sur son œuvre, il interrogeait l'artiste.

« Vous êtes bien heureux, vous autres artistes, disait-il à Luca; quand vous avez une idée grande et belle, forte et neuve, vous prenez une toile et un pinceau, vous faites vivre votre idée, vous la montrez à la foule, et la foule qui peut toucher votre œuvre, qui voit par les yeux du corps ce que vous avez voulu lui faire voir, dit : C'est beau. Nous, outre l'œuvre à accomplir, il y a la lutte continuelle avec les grands, avec le peuple; nous avons des idées fières et nobles, et, pour être compris de la foule, il faut que nous exprimions ces idées avec des expressions triviales, car c'est le peuple qui nous élève, nous. Ce n'est pas à ceux qui nous lisent que nous devons notre nom, mais à ceux qui nous écoutent ; et puis, quand tout ce bruit contemporain est éteint, quand toutes les bouches ont cessé de parler, quand toutes les haines ont cessé de vivre, quand, transformateur et disciples, tout a disparu sous six pieds de terre, vient la postérité implacable qui nous juge, la postérité qui ne voit rien, qui ne sent rien, qui ne comprend pas notre pensée telle que l'inspiration l'a fait surgir, mais telle que la tradition la lui répète, telle que l'a faite la haine ou l'amour des écrivains, et souvent l'œuvre où nous avons versé toute notre âme et toute notre conviction, tout ce que Dieu nous a donné de forces, tout ce que la terre nous offre de bonheur, on la couvre de boue et l'on nous en fait une honte. Que ne suis-je resté, comme mon père, un mineur obscur! Car il vaut encore mieux fouiller les entrailles de la terre que le cœur de l'homme. C'est une rude tâche que celle que j'ai entreprise, c'est peut être une mission, c'est peut-être une folie; j'ai porté le premier coup à une chose sacrée jusqu'ici ; j'ai voulu défaire ce que Dieu a fait, et quand les plus grands fronts du monde s'abaissaient devant le pape, je l'ai souffleté, moi, pauvre moine. Comment cette postérité jugera-t-elle ce que j'ai fait? comme on me juge déjà sans doute; on nommera mon action une impiété, et bienheureux encore si l'on ne m'appelle que fou!

— Vous vous trompez, Luther, lui disait Mélanchthon; moi, je vous ai suivi partout, je vous ai vu poursuivre la parole du Seigneur; j'ai vu vos saintes prières et vos saintes extases. Tout ce que vous avez fait est noble et grand, nous marchons tous les deux dans la même voie, nous sentons tous deux une réforme, vous, avec tout l'emportement de la conviction, moi, avec tout le calme de l'espoir. Nous employons différents moyens pour arriver au même but. Mais moi je subis en entier votre influence, il faut votre emportement à mon calme, il faut votre parole à ma pensée, il faut votre lumière dans mon chemin, et si je marchais sans vous, je n'arriverais pas. Ce ne sont pas les hommes au front baissé, mais ceux à la tête haute; ce ne sont pas les apôtres timides, mais les missionnaires hardis que la foule veut suivre, et ce n'est pas en parlant bas qu'on peut se faire entendre. Continuez donc, vous avez trop largement commencé pour vous arrêter là. La moitié de votre œuvre est déjà accomplie. Vous avez renversé d'un côté, reste à construire de l'autre ; vous avez montré les abus, corrigez-les ; agissez avec votre conviction et votre pensée, ne suivez qu'elles, et laissez le monde vous regarder et juger.

Quant à Cranach, il avait, comme nous l'avons dit, suivi le courant, mais c'était dans l'intimité qu'il vivait avec Luther. Les âmes comme celle du réformateur entraînent toujours après elles quelques hommes qui, tout en suivant une autre carrière, passent par leur chemin. Il y a de ces organisations puissantes qui semblent faites d'aimant, et qui attirent vers elles tout ce qu'il y a de grand et de fort dans leur époque, et Luther était une de ces organisations-là. Tout ce qui était grand par la pensée ou par le rang l'écoutait et le suivait, Frédéric autant que Luca Cranach.

C'était à la cour que le peintre avait connu le réformateur. En 1508, Frédéric lui avait accordé des lettres de noblesse, et depuis ce temps il n'avait pas quitté la cour ; il vit se succéder trois électeurs : Frédéric le Sage, Jean le Constant et Frédéric le Magnanime. Ce fut surtout ce dernier qui l'entoura d'une protection particulière. Quand, après la bataille de Mulberg, il fut fait prisonnier, sa seule distraction était de faire venir Cranach dans sa prison et de le voir peindre devant lui. C'est sans doute ainsi qu'il exécuta la Prédication de saint Jean-Baptiste dans le désert, où Jean-Frédéric se trouve avec Luther au nombre des spectateurs, ainsi que le tableau représentant la fontaine de Jouvence. Dans cette composition, le peintre s'est abandonné à son imagination licencieuse. On y voit un grand nombre de femmes à qui l'eau merveilleuse rend ce qu'elles avaient perdu ; près de là d'autres femmes sont à table avec des hommes et, parmi les hommes, il a encore placé l'électeur Frédéric. Luca Cranach vivait donc partageant son temps entre Wittemberg et Weimar, quand il perdit son protecteur, l'électeur Frédéric le Magnanime.

Or, voici ce qui s'était passé l'année 1523. Neuf jeunes filles, parmi lesquelles il s'en trouvait une issue de parents nobles et nommée Catherine de Bohre, se sauvèrent du couvent de Nimplsch près de Grimma, et le bruit courut que c'étaient les écrits de Luther qui avaient causé cette fuite. Un matin donc, la jeune Catherine vint trouver le réformateur, lui demandant sa protection auprès de l'électeur, pour qu'il lui fût permis de rester à Wittemberg. Il y avait chez la jeune fille une telle foi dans ce qu'elle avait lu, qu'on comprenait tout de suite que l'exaltation qu'elle avait puisée dans les œuvres pourrait bien plus tard devenir de l'amour pour l'auteur, et pendant les deux ans qu'elle resta à Wittemberg elle vint bien souvent écouter la parole qu'elle n'avait pu que lire. Catherine de Bohre était donc la plus fervente luthérienne qu'il y eût dans toute l'Allemagne quand, le 13 juin 1525, elle changea son nom pour celui de Luther.

Ce mariage renouvela les attaques contre Martin, qui répondit que l'homme ne pouvait pas plus se passer de femme que de manger ; et, quelques années après, il accorda à Philippe, landgrave de Hesse, d'épouser sa maîtresse, quoique sa femme vécût, disant comme disait sa Bible : « Si vous ne voulez pas, une autre voudra ; et si la maîtresse refuse de venir, *que sa servante approche*. »

Du reste, à cette époque, Luther n'était plus le prédicateur véhément, l'apôtre inspiré. C'était un chef de confédération, qui disposait des forces d'une partie de l'Allemagne. La première diète de Spire, en 1527, avait établi la liberté de conscience ; celle de 1529 avait voulu se restreindre, il en résulta une protestation de la part de ses partisans, d'où leur est venu le nom de protestants.

Le moment approchait où le réformateur n'aurait plus assez de sa parole pour soutenir sa doctrine et où il serait forcé d'emprunter le pouvoir des armes ; il autorisa alors la ligue de Smalkalde. « Si j'étais le maître de l'empire, écrivait-il, je ferais un même paquet du pape et des cardinaux pour les jeter tous dans la mer Toscane. Ce bain les guérirait. J'y engage ma parole et je donne Jésus-Christ pour caution. »

On commençait à le juger. La violence de son caractère l'emportait trop loin, comme il le disait lui-même. Les Zuingliens l'appelaient nouveau pape, nouvel antechrist. Muncer disait : « Il y a deux papes ; Luther est le plus dur. » Mélanchthon lui-même, qui n'avait pas assez de force pour arrêter cette violence, disait qu'il avait la colère d'un Achille et les emportements d'un Hercule. Toutes les modifications que Mélanchthon avait insérées dans la Confession d'Augsbourg, il les détruisit par les articles qu'il fit recevoir à Smalkalde. Enfin, à partir de ce moment il commença à marcher dans le mauvais côté de sa vie.

Luca Cranach vivait toujours auprès de lui,

voyant avec sang-froid cette lutte qui remuait tout, qui mettait l'Eglise en feu et l'Europe en sang. « Vous vous perdez, lui disait-il parfois, vous avez tout un édifice à construire, et votre édifice pèche par sa base. Là, vous prêchez la communauté des biens et des femmes, tôt ou tard cette loi tombera. Vous voulez prouver une chose que vous dites sainte, et vos partisans répandent le carnage et l'incendie. Croyez-moi, Luther, on ne bâtit pas avec des cendres; toute loi qui tue ne peut être une loi chrétienne. Dieu avait mis sur votre route Mélanchthon comme une digue à votre emportement, et voilà que vous vous éloignez de lui. Vous ressemblez plutôt à un chef de parti qu'à un envoyé de Dieu, et ce n'est pas avec l'épée qu'on prouve. »

A quoi Luther répondait : « Je suis trop violent, c'est vrai; mais, puisqu'ils me savent ainsi, ils n'ont qu'à ne pas lâcher le chien. »

Que répondait le Christ à ceux qui l'insultaient? Rien; et il est mort par eux et en priant pour eux.

Ainsi l'un devait laisser une religion qui emplirait le monde, l'autre tenter une réforme qui soulèverait un peuple.

Luther mourut au milieu de sa sanglante mission le 18 février 1546.

Outre les tableaux que nous avons nommés, on connaît encore de Luca Cranach deux portraits de Frédéric et de Jean, électeur de Saxe; de Christian II, roi de Danemark; de Martin Luther; une grande composition représentant Adam et Ève nus, et la Tentation de Jésus dans le désert.

Voilà tout ce que nous connaissons du peintre contemporain de Luther, plus son portrait à lui qu'il envoya à Auguste II, roi de Pologne, et dont celui-ci a fait don à la galerie de Florence.

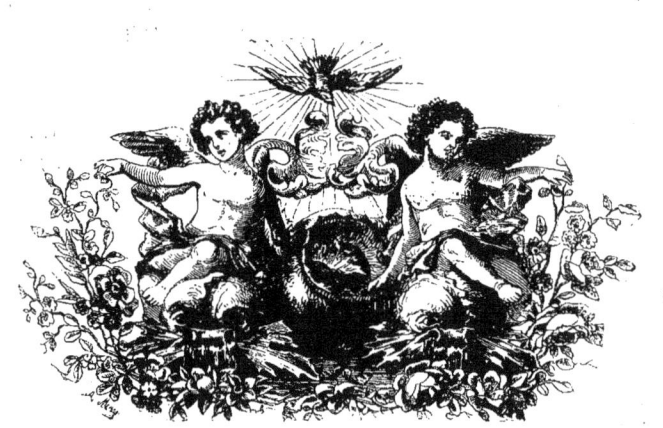

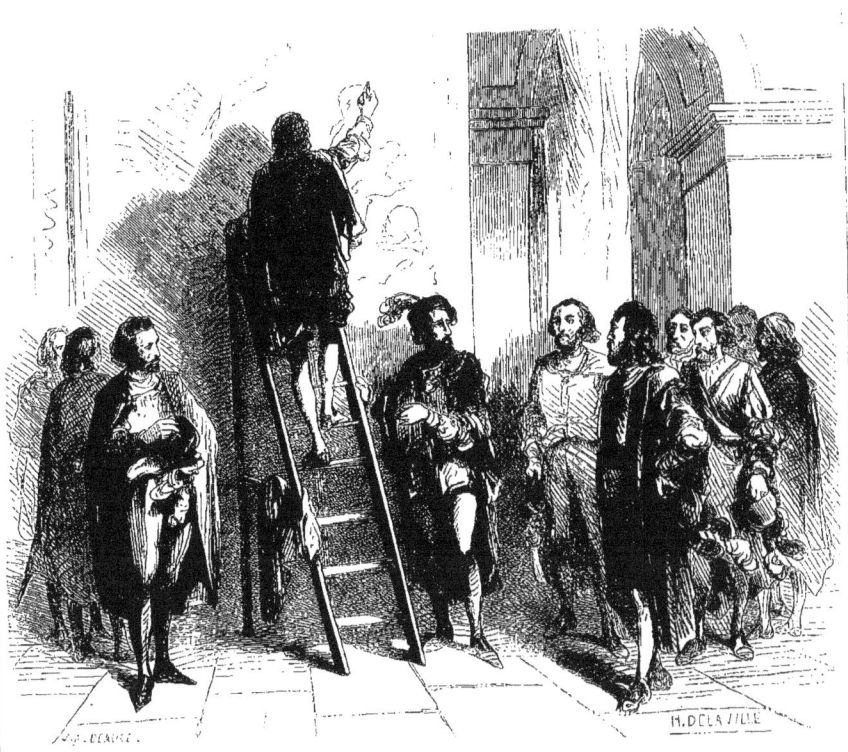

ALBERT DURER

ET

FRA BARTOLOMEO

PAR

ALEXANDRE DUMAS

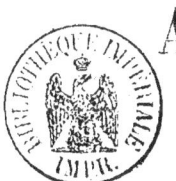

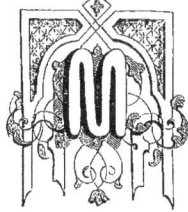oi, écrivait Albert Durer, j'ai réuni les écrits de mon père et ce qu'il a dit de sa patrie, de sa naissance et de sa vie. Que Dieu lui soit propice, à lui et à nous! *Cui Deus propitius sit ut et nobis, amen! anno 1524,* » comme écrit lui-même ce peintre; puis il continue :

« Albert Durer l'ancien, senior, est né en Hongrie, dans une bourgade appelée Eytus, où ses parents étaient laboureurs. Mon grand-père, Antoine Durer, vint dans sa jeunesse à la ville chez un orfèvre, apprit de lui cet état, et se maria à une jeune fille du nom d'Elisabeth, il eut d'elle une fille et trois fils, dont l'aîné fut mon père très-chéri. De Hongrie, mon père vint en Allemagne, et il eut des rapports intimes avec les artistes belges. Il vint ensuite à Nuremberg en

1455, le jour où l'on célébrait dans la citadelle les noces de Philippe de Berthaimer, et il travailla avec Jérôme Herture l'Ancien jusqu'en 1467, époque à laquelle il épousa sa fille. »

Albert énumère alors tous les enfants de son père, au nombre de dix-huit; puis il ajoute avec une tristesse profonde :

« Ces enfants de mon père, mes frères et mes sœurs, sont tous morts, les uns dans la jeunesse, les autres dans l'âge mûr, et nous ne restons que trois tant qu'il plaira à Dieu, mes deux frères André et Jean, et moi.

« Mon père, malgré son travail, fut toujours pauvre, étant obligé de nourrir de son labeur une si nombreuse famille. Il fut en butte aux chagrins, et aux malheurs et aux dettes. Il fut bon chrétien, vivant dans l'obscurité et le silence. Mon père nous éleva dans le respect et l'amour de Dieu, nous avertissant chaque jour d'aimer le Seigneur et le prochain : il m'affectionnait plus que les autres, parce qu'il me voyait appliqué aux travaux d'art. Il fut lui-même mon premier maître, et, comme j'étais entraîné vers la peinture plus que vers l'orfèvrerie, je le dis à mon père, qui, bien qu'il vît ce goût décidé avec chagrin, parce qu'il croyait perdu le temps que j'avais donné à l'orfèvrerie, me mit en 1486 sous les ordres de Michel Wolgemuth, pour trois ans. Dieu m'accorda en un aussi court espace une telle assiduité à cet art, que, malgré tout ce que j'avais à supporter de la part de mes camarades, je l'appris assez bien.

« Après mon apprentissage, je voyageai jusqu'en 1490. A mon retour, mon père contracta avec Jean Frey, dont j'épousai la fille nommée Agnès. J'eus en dot deux cents florins, et Jean Frey célébra la noce à ses frais. Bientôt mon père tomba malade, et nul ne put le sauver. Sentant sa fin approcher, il resta calme et résigné, me recommanda à ma mère, et mourut. Que Dieu lui soit propice! Depuis, je nourrissais mon frère Jean; quant à André, il voyageait.

« Deux ans après la mort de mon père, je recueillis chez moi ma mère indigente jusqu'en 1513; que Dieu ait son âme! En 1521, ma belle-mère mourut et mon beau-père deux ans après. »

Rien n'est aussi profondément triste que ce journal quand on pense aux heures de mélancolie amère pendant lesquelles il fut écrit, quand on songe que chaque fois que le peintre reprenait la plume pour redescendre dans son passé triste déjà, mais bien moins triste que son présent, c'était après quelque nouvelle scène intérieure, car une douleur quotidienne et affreuse veillait au foyer de sa maison; et cependant, quand il parle de sa femme, la cause de cette tristesse, le démon de sa vie, pas un reproche à elle, pas un reproche à Dieu; puis on sent que cette pensée qui le brûle, et qu'il n'épanche pas au dehors, l'amène à se rappeler ceux qu'il aimait, et dont, enfant encore, il emplissait son cœur. Alors il se souvient de son père mort, de ses frères morts aussi. Il voit que de tout cet amour dont Dieu semblait l'avoir environné pour qu'il pût plus tard lutter contre les choses de la vie, il ne lui reste plus rien à l'heure où il souffre. Il voit qu'il faut s'isoler avec sa douleur, et le soir, après quelque journée longue de travail et de tristesse, il s'enferme dans son atelier, et là, le peintre, au milieu de ses productions, l'homme, avec ses souvenirs, se fait peine; il rejette librement sur le papier les scrupules de cette douleur qu'il ne peut garder, et qui, à force de lui serrer le cœur, finirait par lui tuer l'imagination, et, si cela arrivait, malheur à lui! car il faut que chaque jour il entre assez d'or dans la maison pour que le mauvais génie de son âme se taise.

Ce qui domine surtout dans ce journal, c'est ce respect filial, éternel et immuable qu'il voue à la mémoire de son père. On devine, à ce récit vrai, simple, patriarcal des émotions de la famille, ce qu'il y avait de religieusement grand dans l'âme retournée à Dieu, et qu'il invoque sans cesse comme son plus heureux souvenir sur la terre, comme son plus puissant patron dans le ciel.

Chaque fois que, dans cette famille nombreuse et unie comme celle des premiers pères, il arrivait un nouvel enfant, c'était sous une double invocation doublement sainte qu'il entrait dans ce monde.

Le soir de sa naissance, son père l'inscrivait à côté des noms de ses frères et de ses sœurs; puis il donnait au nouveau venu, à son tour, deux noms, celui du saint qui présidait au jour de sa naissance et celui d'un grand artiste vivant, ce dernier fût-il au fond de l'Allemagne, au bout de la terre, et, après avoir reçu ces deux patrons, qui, suivant l'esprit religieux de son père, devaient le faire grand dans ce monde et heureux dans l'autre, l'enfant n'avait plus qu'à se laisser vivre, car un amour inaltérable veillait sur lui.

N'y a-t-il pas quelque chose de vraiment chrétien et de vraiment grand dans cette communion intérieure que le maître de la famille fait du saint et de l'artiste pour que tous deux veillent à la gloire et au salut de son fils ? N'est-ce pas une belle chose que ce vieillard si profondément croyant, qui prend pour intermédiaire entre sa prière et Dieu le saint du jour où naît son enfant, sachant qu'auprès du Seigneur tous les saints, ayant eu les mêmes mérites, ont la même puissance, à l'exception du Christ et de la Vierge, qui, ayant plus souffert, ont plus obtenu !

Et le saint homme considère ce double patronage comme une chose toute simple et toute naturelle ; à côté du nom de l'enfant, il écrit son invocation aux deux parrains, puis tout est dit. Il continue dans son âme et chaque jour la prière écrite dans le livre de la famille.

Comme le dit le peintre lui-même, c'est lui que son père distingue entre les autres. Il semble avoir eu pour Albert la révélation d'un avenir plus grand ou peut-être un pressentiment d'une existence plus triste, les deux raisons qui peuvent augmenter l'affection d'un père, parce qu'elles parlent l'une à son orgueil, l'autre à son amour. Alors il veut le suivre dans sa route, il lui enseigne lui-même son art, et l'influence de la religion du maître se manifeste plus tard dans le génie de l'élève.

En effet, au moment où Albert Durer paraît, tout tend à une transformation générale. Le christianisme va recevoir une double atteinte, en art avec Raphaël et Michel-Ange, en croyance avec Luther.

L'école si chaste et si chrétienne du Pérugin, dont le pinceau semble béni par la mère de Dieu, va faire place à une autre école. Au sentiment idéal va succéder le sentiment de la forme. Les vierges poétiques et célestes, les anges divins et bienheureux, voilent leurs formes sous la chasteté de leurs tuniques, et, n'ayant de la femme que le sentiment qui fait rêver, vont être remplacés par les madones plus humaines, par des anges plus terrestres, laissant déjà voir et deviner de la femme ce qui fait désirer : portraits de modèles ou de maîtresses aimées, dont le génie du peintre a pu retracer la beauté, mais n'a pu idéaliser le regard, créatures belles après tout, riches de couleurs, de formes et d'attitudes chez Raphaël, puissantes de conception, de stature et de poésie large chez Michel-Ange, mais moins simples, moins chastes, moins saintes que ces blanches créations dont Giotto, frère Jean de Fiesole, et le Pérugin ont étoilé le ciel de l'art.

Eh bien, chez Albert Durer se révèle encore cet amour de l'art chrétien qui va s'effaçant et ne tardera pas à disparaître tout à fait. Et cependant le peintre allemand n'étudia jamais les grands maîtres italiens. Toute son inspiration et toute sa poésie lui viennent donc de lui seul, enfant d'un pays qui, n'ayant pas l'air pur et le ciel bleu de l'Italie, ces deux sourires de la nature dans lesquels Dieu se montre, rêve plutôt qu'il ne sent, et devine plutôt qu'il ne voit.

L'art arrivait donc à l'Allemagne à cette époque un peu comme son soleil lui arrive, taché d'ombre et de brouillard, si bien qu'au moment où, à Florence et à Rome, deux nouveaux apôtres, Raphaël et Michel-Ange, allaient prêcher une nouvelle doctrine, Albert Durer en était encore à débrouiller le chaos et à chercher son moule, qui, tout incomplet qu'il est peut-être, n'en est pas moins beau.

En effet, c'est à peine si Albert Durer pouvait se servir de l'héritage que lui avaient légué ses prédécesseurs, et cependant il a fait faire un pas immense à la peinture quand on pense à ce qu'elle était en Allemagne quand il l'a prise, et à ce qu'il en avait fait quand il est mort, sans ajouter qu'il découvrit encore la gravure, cette Amérique de l'art.

Ce qu'il y a de remarquable aussi chez Albert Durer, c'est le charme, le goût et le fini des ornements. En Italie, le pays bleu, la maison n'est que le moyen de faire entrer le plus d'air possible entre quatre murs, de là les immenses palais, les immenses salles laissant toujours entrevoir comme le plus bel ornement quelque coin du ciel par quelque ouverture. En Allemagne, le pays gris, la maison n'est au contraire qu'un moyen d'exclure le plus possible l'air froid et malsain : de là les longues draperies, les vastes meubles, les fenêtres closes, dérobant toujours un ciel rayé de pluie ; de là les demi-teintes et le besoin d'ornements pour suppléer à la nature qu'on perd. On comprend donc l'étude que les Allemands, soit peintres, soit graveurs, devaient faire de ces sortes de choses qu'on méprise si fort lorsqu'on peut, comme à Florence et à Rome, découper ses têtes sur un fond bleu.

Mais aussi, avouons-le, ce ciel gris et sombre ajoute souvent à la création du peintre ou du poète une poésie qui ne peut naître du soleil. Celui qui veut créer soit avec la plume, soit avec le pinceau, et qui s'isole dans une de ces salles aux tentures tristes, au jour douteux, finit par donner au type qu'il rêve cette teinte mélancolique qu'il reçoit des objets extérieurs : c'est alors qu'il trouve, Rembrandt, ses fonds sombres; Gœthe, son Werther; Hoffmann, ses Fantômes; Shakspeare, son Hamlet. Mais qu'un poëte grec ou latin s'enferme ou se fasse à l'aide de draperies et de fenêtres closes un jour inconnu, et parvienne à force d'imagination à faire passer devant ses yeux un de ces types du Nord, à peine la fenêtre sera-t-elle ouverte que le nouveau-né, ne reconnaissant pas sa patrie, disparaîtra dans un rayon de soleil ou se fondra dans un parfum de fleur, sans que jamais peintre ou poëte puisse le ressaisir. C'est qu'il faut laisser à chaque pays son caractère, à chaque climat sa poésie, à chaque homme sa pensée; chercher dans la peinture et la poésie septentrionales la rêverie de l'ombre et du brouillard, et dans les peintures et les poëtes méridionaux l'amour et la vie du soleil; lire Hoffmann, Gœthe et Shakspeare le soir; lire Virgile, Horace et Tibulle en plein jour, car on est toujours sûr, en ouvrant un poëte grec ou latin, que le vers va chanter au soleil, à moins que le poëte, comme Ovide, n'ait écrit loin de sa patrie dans un pays que l'exil faisait triste et sous un ciel que le regret faisait sombre.

Quant à Albert Durer, il avait donc, comme nous l'avons dit, outre l'influence mélancolique des objets extérieurs, l'influence de sa propre tristesse. C'est par la douleur souvent qu'on arrive à la foi. Il n'y a donc rien d'étonnant, le peintre étant malheureux, que ses types soient chrétiens : ces types vivants du reflet de sa pensée.

Si la vanité pouvait remplacer l'âme, si le peintre avait pu, comme l'aigle du Nord, effacer son cœur sous un blason, nul n'eût été plus heureux que lui; car, comme Rubens et Titien, il avait auprès de lui un prince qui le comprenait.

Frédéric III avait donné à l'Autriche cette devise :

AEIOU

ce qui veut dire : *Austriæ est imperare orbi universo*, il appartient à l'Autriche de commander au monde entier. Après quoi il s'était empressé de mourir et avait laissé à d'autres le soin de réaliser cette prophétie, sachant fort bien que, lui régnant, elle ne se réaliserait jamais. Maximilien était donc devenu empereur d'Allemagne.

Or c'était à la fois un homme de guerre et un homme d'art que le nouvel empereur, qui, en 1495, avait soutenu, comme un simple chevalier, dans un tournoi, l'honneur de l'Allemagne, qui, plus tard, avait, comme saint Louis, rêvé une croisade, et s'était dit illuminé de Dieu, et dont le règne enfin touche à Louis XI, à Léon X, à Luther, ces trois grands réformateurs.

Il avait épousé, jeune encore, la fille de Charles le Téméraire, alliance qui avait été arrêtée entre Frédéric III et le duc de Bourgogne dans une entrevue qu'ils avaient eue à Trèves. A peine entré dans la famille, l'époux eut à continuer la lutte du père contre Louis XI, qui avait envahi l'héritage de la jeune fille, et, quoiqu'il n'eût encore que dix-huit ans, il força le roi de France à rendre le Quesnoi, Bouchain et Cambrai, et à accepter une trêve, le 17 septembre 1477, que, comme toutes les trêves qu'on faisait avec lui, Louis XI rompit aussitôt. Maximilien recommença donc les hostilités, gagna la bataille de Guinegate; puis, ne voulant pas prodiguer ses forces, il attendit que le roi mourût, car déjà depuis quelque temps le faucheur royal, tout en se faisant renouveler son sang affaibli, inclinait de plus en plus vers la tombe, dont il avait si grand'peur. Cependant Dieu en décida autrement, et, à la place du vieillard mourant, ce fut la belle et heureuse jeune femme qu'il rappela à lui, et Marie, la fille de Charles, mourut, laissant deux enfants, Marguerite et Philippe.

Les États de Flandre firent proposer la main de Marguerite pour le Dauphin. Elle fut acceptée; ce qui n'empêcha pas qu'à la mort du roi l'archiduc, après avoir apaisé les troubles de Flandre, se prépara encore à tourner ses armes contre la France. Ce fut à ce moment qu'il fut élu roi des Romains, et que, pour en remercier Frédéric III, à qui il devait cette élection, il lui donna à Bruges des fêtes si brillantes, que les murmures des Flamands recommencèrent, mais si forts et si violents cette fois, que, si le nouveau roi ne fût promptement entré chez un apothicaire, il eût été massacré par la populace. Enfin, après une renonciation au gouvernement de Flandre, renonciation qui eut lieu même à haute voix à la foule, avec serment d'y être fidèle, il ne fut plus inquiété, et, en 1489, le 22 juillet, fut signé, entre Charles VIII et la Flandre, un traité par lequel la Flandre se soumettait.

Maximilien s'était remarié avec Anne, la fille du duc de Bretagne, mais Charles VIII lui enleva cette princesse. Le mariage n'ayant pas été confirmé, il lui renvoya Marguerite d'Autriche, à laquelle, dauphin encore, on se le rappelle, il avait été fiancé. L'empereur se ligua, pour venger cette insulte, avec les rois d'Angleterre et

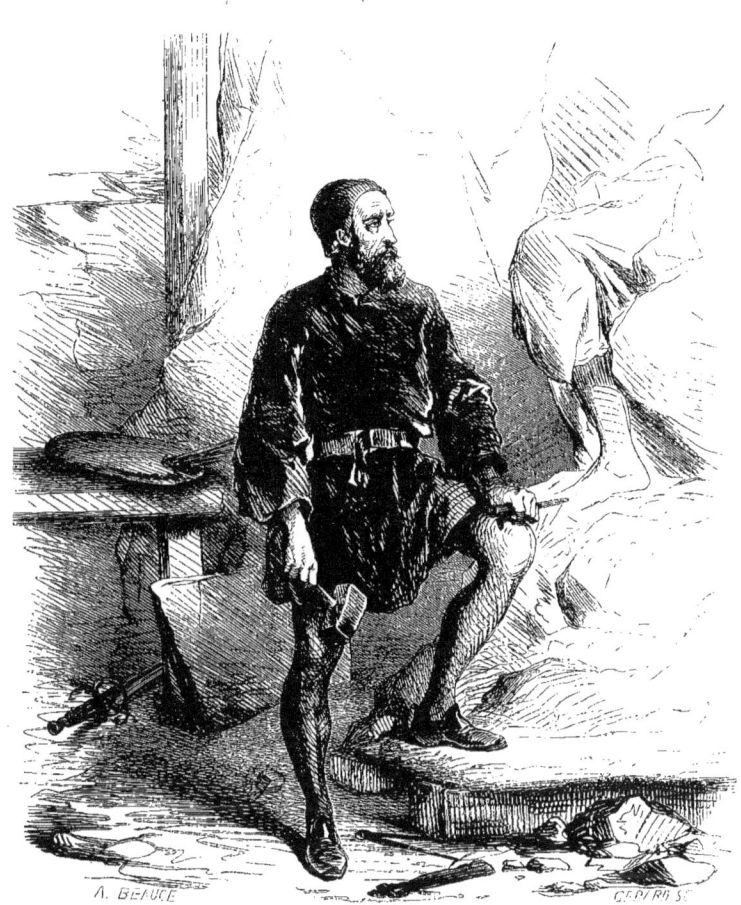

Michel Ange.

d'Aragon. Mais l'un, Henri VII, après avoir mis le siége devant Boulogne, fit alliance avec Charles VIII, et l'autre abandonna Maximilien pour le Roussillon et la Cerdagne, que le roi lui céda. Quant aux Suisses, à qui l'empereur avait demandé des hommes, quant à la diète, à qui il avait demandé de l'argent, il ne reçut rien des premiers et presque rien de la seconde, si bien que, abandonné de tous, il fut forcé de capituler; mais, sachant que Charles VIII, qui voulait aller en Italie, se débarrassait de ses ennemis voisins à tout prix, il ne consentit à cesser les hostilités qu'en rentrant dans la possession des provinces qui avaient été l'apanage de sa fille, c'est-à-dire les comtés de Bourgogne, d'Artois, de Charolais et de la seigneurie de Noyers.

C'est alors que son père mourut, le 19 août 1493. Comme on le voit, le passé ne réalisait guère la devise; restait l'avenir.

La première action de Maximilien, après la mort de Frédéric III, fut l'expulsion des Turcs, qui avaient porté le ravage jusqu'à Laybach et dans la Styrie. Après quoi il se rendit à Inspruck, et épousa, mais cette fois sérieusement, le 16 mars 1494, Blanche-Marie, qui lui apporta en dot quatre cent quarante mille écus d'or.

Cette Blanche-Marie était la fille de Galéas-Marie Sforza, fils lui-même de Blanche Visconti et de François Sforza, lequel était le fils naturel de l'aventurier Sforza Attendolo, le premier de cette race qui joua un si grand rôle en Italie pendant le quinzième et le seizième siècle. Comme on le voit, la nouvelle impératrice était d'une famille récente, et dont l'élévation était due à un bâtard. Et, si d'un côté cette alliance donnait à Maximilien une influence dans les affaires d'Italie, elle lui faisait perdre un soutien dans les seigneurs allemands, qui, dans le cas où Blanche eût eu des enfants, ne les eussent jamais regardés comme héritiers légitimes de la couronne de leur père.

Roderic Borgia, qui n'avait que cinq enfants, ce qui était un progrès sur son prédécesseur, qui en avait huit, avait été pape en 1492, et, à l'époque où nous en sommes, c'est-à-dire en 1494, Charles VIII s'avançait vers l'Italie, où l'avait poussé Louis Sforza, l'oncle de Blanche-Marie et de Jean Galéas, dont il était en outre le tuteur, et qui se mourait à Pavie, par abus de voluptés, disent les uns, par un poison lent et mortel, disaient les autres.

Or, ce poison lent et mortel, c'était son oncle qui le lui avait fait prendre. Maximilien, inquiété par cette invasion du roi de France, s'allia secrètement avec le pape, le duc de Milan, le roi d'Aragon, les républiques de Venise et de Florence, descendit en Italie sous prétexte de se faire sacrer à Rome, fit donner en 1496 l'investiture du duché de Milan à Louis Sforza, promit neuf mille hommes à ses alliés, et ne put en donner que trois mille, grâce auxquels cependant Charles VIII perdit le royaume de Naples, et, sachant que le roi marchait de nouveau contre l'Italie, il traversa les Alpes; mais, à la nouvelle que l'expédition était retardée, il mit le siège, ne voulant pas être venu pour rien, devant Livourne, où, mal secondé par ses alliés, il n'eut aucun succès, et revint enfin dans ses États, où l'attendaient de nouvelles contestations avec la France.

C'est à cette époque qu'Albert Durer commençait à se faire, et arriva jusqu'à Maximilien. Nous avons dit que c'était un homme de guerre que l'empereur, et nous l'avons prouvé. Nous avons dit aussi que c'était un homme d'arts, et c'est chose facile à reconnaître.

Il fit demander Albert Durer pour lui confier l'exécution de grands ouvrages, se prit d'une grande estime et d'une grande amitié pour le peintre, et fit pour lui tout ce qu'un prince peut faire pour un grand homme; il le fit noble et lui donna pour armes trois écussons d'argent, deux en chef, un en pointe sur un champ d'azur.

La première œuvre d'Albert Durer, orfèvre, avait été cette fameuse croix maximilienne, chef-d'œuvre de délicatesse et de goût, destinée à orner l'église Saint-Pierre. Dans une hauteur de dix-huit pouces, elle représentait la vie de Jésus-Christ en cinquante-deux sujets en relief, qui offraient plus de douze cents figures.

Il y a, sur un tombeau à Nuremberg, six statuettes d'Albert Durer; l'une d'elles représente un moine la tête inclinée et se voilant entièrement le visage avec ses deux mains cachées sous sa robe.

On ne voit donc qu'un capuchon s'abaissant sur des plis. Eh bien, derrière ces plis réguliers et secs on devine la plus profonde douleur qui puisse s'amasser au cœur de l'homme, et la plus ardente prière qui puisse sortir de l'âme d'un saint. Il n'y a pas dans les créations des Vierges douloureuses, des martyrs sublimes, des Christ mourant, dans tous ces types de souffrance terrible et d'agonie chrétienne que la plume et le pinceau ont pris au cœur de l'homme, d'expression de douleur et de recueillement plus simple, plus vraie, plus puissante que celle-là. C'est une de ces émotions de la vie, sculptées en pierre, devant lesquelles on s'agenouille, tant elles sont vivantes et palpables.

Albert Durer était donc devenu l'ami de l'empereur, qui, comme plus tard Charles-Quint chez Titien, François Ier chez Benvenuto, venait dans l'atelier du peintre le voir travailler, le traitant d'égal à égal comme un souverain traite un autre souverain. Or il arriva qu'un jour qu'Albert avait à dessiner sur une muraille trop élevée, et que l'empereur se trouvait là, il fut forcé de monter sur une échelle dont l'équilibre n'était pas sûr, et que Maximilien lui tint l'échelle en disant aux courtisans:

— Vous le voyez, messieurs, le talent d'Albert Durer le place même au-dessus de l'empereur.

C'est que, comme nous l'avons dit à propos de Rubens, les rois et les princes de cette époque ne cherchaient pas à se faire grands par eux seuls; c'est qu'ils comprenaient que, la protection tombe des souverains aux artistes, la gloire monte souvent des artistes aux souverains; que l'échange même n'est pas toujours égal; que les rois donnent quelquefois moins qu'ils ne reçoivent; que dans leurs rapports familiers avec les grands hommes de leur royaume il y avait peut-être autant d'égoïsme que d'admiration, et qu'enfin il n'en est que plus beau pour un pays, tout en agrandissant son territoire avec ses conquêtes, d'élargir sa pensée avec ses œuvres.

La réputation d'Albert Durer se répandait donc en Europe, et arrivait même jusque dans l'Italie, qui, à la rigueur, eût pu n'avoir d'écho que pour ses propres grands hommes. Raphaël avait admiré chez le peintre allemand la pureté chrétienne qui présidait à toutes ses compositions, et un échange d'amitié avait été fait entre ces deux hommes. Raphaël, comme on le sait, était aussi l'ami de Marc-Antoine, et montrait à celui-ci les gravures que lui envoyait Albert, et dont il était si grand admirateur. Ce fut une révélation pour Marc-Antoine, qui, depuis longtemps, travaillait à la gravure, et, à l'aide de cet admirable talent d'imitation qu'il avait, il se mit à contrefaire les gravures d'Albert Durer, et à les vendre comme des originaux. Mais il y avait une chose que le peintre ne pardonnait pas, c'était toute atteinte portée à son talent et à son individualité. Il partit donc de Nuremberg et vint demander à Venise justice des contrefaçons de Marc-Antoine, et s'adressa au Sénat pour qu'à l'avenir cela ne se renouvelât pas.

C'est du reste une belle chose que cet homme, fier de sa réputation, qui ne veut accepter devant ses contemporains, qui le voient, et devant la postérité, qui le jugera, que la responsabilité de ses propres œuvres; qui veut être lui toujours et rien que lui, avec tous ses défauts, avec toutes ses qualités, et qui, conquérant ou novateur, entend garder ce qu'il a conquis ou découvert.

Albert Durer montra donc au Sénat de Venise le privilége que l'empereur lui avait accordé pour qu'il ne fût permis à personne d'imiter ses ouvrages, et demander que le Sénat le lui confirmât. Puis il alla à Bologne afin d'avoir un prétexte pour ne pas revenir de suite à Nuremberg, où il allait retrouver sa femme, et où, une fois de retour, il resta jusqu'en 1520, époque à laquelle il commença dans les Pays-Bas le voyage qu'il a écrit lui-même.

Sandrart prétend qu'il entreprit ce voyage pour se soustraire à ses chagrins domestiques, qui devenaient tous les jours de plus en plus affreux à cause de l'avarice de sa femme, qui le faisait travailler jour et nuit pour avoir de l'argent : *Noctu diuque ad studium lucri*, comme dit l'historien. Mais dans la relation écrite par ce peintre lui-même, et qui semble confirmer du reste cette avarice par le compte exact qu'il tient des dépenses, il dit avoir emmené sa femme avec lui. C'est même la première chose dont il parle, car voici comme il s'exprime :

« Moi, Albert Durer, au jour de la Pentecôte, je suis parti avec ma femme de Nuremberg pour les Pays-Bas. Nous nous sommes arrêtés le jour de notre départ à Bacendorf, où j'ai dépensé trois florins. Ensuite, nous sommes arrivés le vendredi suivant à Porcheim, et là j'ai donné pour le voyage vingt-deux florins. De là, nous allâmes à Bamberg, où je fis cadeau à l'archevêque d'un tableau de Marie; et, pour un florin, monnaie de cuivre, il m'invita comme convive, me donna un passe-port, trois lettres de recommandation, et me délivra de l'auberge, où j'avais dépensé un florin. »

Comme on le voit, la dépense semble la grande préoccupation du voyageur, au point qu'il entre dans les détails les plus minutieux, comme ceux-ci, par exemple :

« Nous arrivâmes à Schweinfurth, où je donnai dix sous pour un poulet et treize sous pour des gâteaux et le garçon. »

Cependant un peu plus loin ce journal devient plus intéressant quand il parle de la réception qu'on lui fit à Antorff :

« Nous nous acheminâmes vers Antorff. J'arrivai dans l'auberge de Jobst Planestjelh, et le même soir l'ambassadeur, nommé Bernard Stecher, nous donna un dîner splendide, mais ma femme dîna à l'auberge, et je *donnai au conducteur trois florins d'or* pour nous avoir conduits trois personnes.

« Le dimanche suivant, qui était le jour de Saint-Ossval, les peintres m'invitèrent dans leur chambre avec ma femme et ma servante, et firent servir dans des coupes d'argent et autre vaisselle précieuse un manger délicieux. Toutes leurs femmes étaient aussi là, et, quand je fus conduit à table, des deux côtés le peuple était rangé comme si l'on eût conduit un grand seigneur. Il y avait aussi parmi les peintres des personnes de haut rang qui s'inclinaient devant moi de la façon la plus humble, en me disant qu'ils faisaient tout leur possible pour m'être agréables. Quand je fus assis, le conseiller d'Antorff, Ralhspoth, arriva avec deux domestiques, qui me firent cadeau de quatre pots de vin de la part du conseiller, en me disant qu'on voulait me rendre honneur et en m'assurant de la bonne volonté de leur maître pour moi. Alors je leur

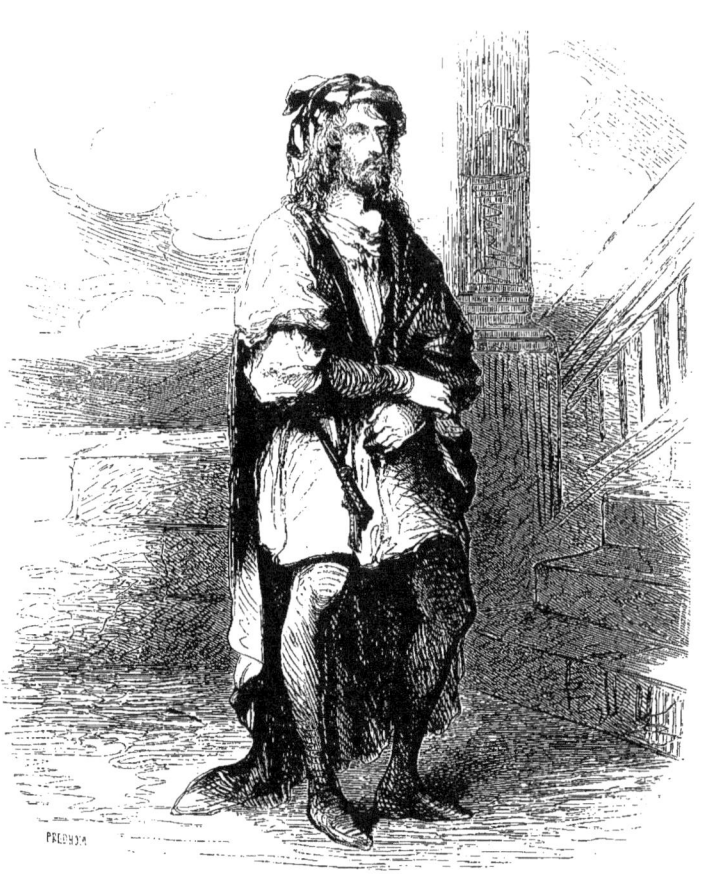

Albert Durer.

dis grands mercis, et j'offris à mon tour mes services. Maître Peter, le menuisier de la ville, arriva, et me fit cadeau de deux cruches de vin, en m'offrant ses très-humbles offices. Nous restâmes réunis très-tard dans la nuit, et l'on me reconduisit avec des torches chez moi, chacun m'assurant de son désir de m'être agréable, et me priant de faire de lui ce que je voudrais. Je les remerciai et me couchai. Je suis allé à Anvers, dans la maison de Quentin Metrip, où j'ai mangé un dîner splendide. Une autre fois, j'ai dîné avec l'ambassadeur du Portugal, que j'ai contrefait avec du charbon, etc., etc.

« Ma femme m'a conduit dans l'atelier des peintres, dans la maison de correction; ils y ont bâti un arc de triomphe pour y amener le roi Charles. Cet ouvrage est long de quatre cents arcades, et chaque arcade a quarante semelles; sur les deux côtés de la rue on avait élevé deux estrades. Le tout, fort beau, coûta, y compris les peintres et les menuisiers, quatre mille florins; j'ai dîné avec le Portugais... etc., etc.

« Sebalot Fischer m'a acheté à Antorff seize petites Passion pour quatre florins, ensuite trente aux grands livres pour huit florins, et puis six gravures de Passion pour trois florins, et vingt demi-feuilles de toutes sortes pour un florin. J'ai vendu ensuite, pour cinq florins, une autre petite gravure et un quart de feuille de dessin; ensuite j'ai changé à mon hôte un tableau de sainte Marie *pour deux bouteilles de vin du Rhin*. J'ai fait le portrait de Felz, le ministre, etc.; j'ai fait pour les peintres une composition avec moitié couleur; ensuite j'ai pris un florin pour ma nourriture. J'ai fait cadeau de quatre morceaux à maître Wolfgang; j'ai donné un florin à maître Joachim, parce qu'il *m'a prêté son domestique et sa couleur*, et j'ai fait cadeau de trois monnaies à son domestique. »

On voit par ce que nous avons cité de ce journal que l'homme économe domine l'artiste; peut-être derrière ces comptes que nous lisons avec indifférence, et dont on pourrait blâmer celui qui les tenait, y avait-il la crainte, s'ils étaient inexacts ou si les dépenses étaient trop fortes, de provoquer encore quelques-unes de ces querelles intérieures auxquelles le peintre était en butte à chaque instant, et qu'il a supportées avec tant de résignation jusqu'au jour où cette pauvre âme si belle et si poétique a succombé, et est retournée à Dieu rendre ses derniers comptes de travail, de gloire et de douleurs.

Du reste, ce voyage dans les Pays-Bas est un triomphe continuel; partout les artistes l'accueillent comme un maître visitant ses élèves, partout les seigneurs le traitent comme un prince parcourant ses États. C'est qu'à cette époque il était vraiment grand, et qu'on pouvait le juger de toute sa hauteur et sous toutes ses faces. Il avait déjà produit plus que qui que ce fût, et cependant, comme on sait, il n'avait commencé qu'à trente ans par une œuvre pieuse, par le portrait de sa mère, qu'il plaça en tête de tout ce qu'il devait faire un jour, à la fois comme une dette et comme une invocation.

A ce tableau avait rapidement succédé son propre portrait, puis le tableau des Mages, de la Vierge couronnée par des anges, d'Adam et d'Ève, qui sont à la galerie Pitti, le magnifique Crucifiement de Notre-Seigneur, où Albert s'est peint lui-même au milieu des papes, des cardinaux et des empereurs avec cette inscription : *Albertus Durerus, Norimb., faciebat anno de Virginis partu* 1511; Jésus-Christ portant sa croix; la fameuse Assomption qui enrichissait les religieux de Francfort, grâce au pèlerinage qu'elle y faisait faire; les portraits d'empereurs, d'apôtres, qui ornaient la salle du conseil à Nuremberg; saint Philippe, saint Jacques, dans la galerie de Florence; la sainte Famille et les dix mille Martyrs, une Nativité, une Adoration, une Fuite en Égypte.

Voilà à peu près pour les tableaux. Puis les Grâces datées de 1497, le Sauvage de 1503, Adam et Ève de 1504, les deux Chevaux de 1505, la Passion de Notre-Seigneur de 1507, 1508 et 1512, le duc de Saxe de 1524, Mélanchton de 1526, etc.; voilà pour les gravures. Outre cela, il avait encore fait un traité fort savant sur la géométrie, la perspective et l'architecture.

C'est dans ce voyage des Pays-Bas qu'il fit la connaissance de Lucas de Leyde, qui était son rival, et qui devint son ami; de Lucas, l'artiste merveilleux, qui s'était révélé peintre à neuf ans, et qui s'obstinait à poursuivre son art, sachant qu'un jour il en mourrait. Lucas et Albert se firent cadeau de leur portrait et se quittèrent, l'un pour faire un voyage, l'autre pour revenir mourir de chagrin à Nuremberg.

En effet, à partir de ce moment l'artiste semble disparaître dans les souffrances de l'homme, sa vie se termine, son martyre s'achève.

Il a accompli sa double mission de travail et de douleur, et, quand il a épuisé ce que le Seigneur lui a donné de forces pour supporter les choses de la terre, il tombe comme le Christ sur la croix, en offrant au monde toute sa vie laborieuse comme un bienfait, et à Dieu toute sa vie d'artiste comme une prière.

Donc, le 9 avril 1528, on enterra à Nuremberg, dans le cimetière de Saint-Jean, tout ce qui restait d'Albert Durer, mort la veille; et, pour que le visiteur ne foulât pas sans le savoir la tombe de l'artiste, on grava sur le marbre cette inscription :

ME : AL : DU :
QUICQUID ALBERTI DURERI MORTALE FUIT
SUB HOC CONDITUR TUMULO
EMIGRAVIT VIII IDUS APRILIS MDXXVIII.

Il y avait cinquante-sept ans que, sur le journal de la famille, son père avait écrit ceci :

« *Anno salutis* 1471, *hora sexta diei S. Prudentiæ, quæ parasceve erat hebdomadis sanctæ, uxor mea secundum mihi progignebat filium, cujus susceptor erat Antonius Koburger, qui meum Alberti nomen eidem indebat.* »

FRA BARTOLOMEO

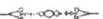

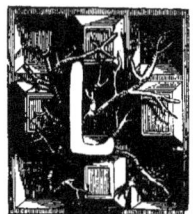e mardi gras de l'année 1490, il y avait une foule immense qui se pressait le soir autour d'un vaste bûcher sur la grande place de Florence : c'est qu'il allait se passer une chose toute nouvelle; c'est que ce n'était plus, comme les années précédentes, un feu de joie autour duquel on allait danser avec des chants d'amour, mais bien un véritable sacrifice où l'on allait prier; c'est que ce n'était pas depuis le matin des hommes ivres et joyeux qui apportaient de la paille et du bois pour le feu annuel, mais des artistes pieux qui jetaient là leurs œuvres profanes pour les brûler le soir; c'est qu'enfin livres, statues, tableaux, tous ces trésors de la pensée, du ciseau, de la toile, se mêlaient, se confondaient pour ne plus faire, après quelques heures, qu'un amas de cendres et de poussière.

En effet, un nouveau jour venait de se lever pour la foi, une nouvelle révélation venait de surgir pour l'art. Une voix dominant l'Italie et le monde venait de se faire entendre. Au nom du Christ, un nouvel apôtre venait de prendre le paganisme corps à corps, et l'avait renversé sous lui, et ce soir-là devait avoir lieu le premier triomphe de l'apôtre, triomphe complet, éclatant, magnifique, donné par ce que l'Italie avait de grand parmi les artistes, et manifesté par l'abjuration et la perte de ce que l'art avait eu jusqu'alors d'irréligieux et de profane. Et l'abjuration était universelle, et le bûcher était immense, fait des chefs-d'œuvre de tous; poésie, arts, vers érotiques, statues aux contours voluptueux, tableaux aux formes lascives, images d'un ciel oublié, d'un olympe perdu, de divinités anéanties, miracles de pensée et de travail, d'imagination et de poésie, dont le lendemain il ne resterait plus rien qu'un peu de fumée.

Et c'était la voix d'un seul homme qui avait fait cela ; c'était la parole d'un humble apôtre qui venait de renouveler la foi; c'était la pensée d'un pauvre moine qui venait de transformer l'art; c'était enfin la voix de Savonarole, qu'on avait d'abord délaissé comme un fou et qu'on écoutait comme un saint. La mission qu'il s'était imposée était grande et difficile, et le saint homme avait sans doute compris d'avance qu'un jour viendrait où il payerait la vérité de la vie, et où il compléterait l'apôtre par le martyr. Aussi avait-il lutté de toutes ses forces et avec toute la conviction que donne une mission inspirée par Dieu. Il avait réussi, comme nous l'avons vu, et le sacrifice qui allait se faire n'était que l'expression matérielle de la transformation morale.

Or, parmi ceux qui avaient apporté leurs œuvres au feu comme à la purification, et leur âme à cette nouvelle doctrine comme à la vérité, se trouvait un jeune homme aux mœurs austères et simples, au génie grand et pur, qu'on connaissait sous le nom de Baccio della Porta. Il avait à peu près vingt ou vingt-deux ans : c'était un des auditeurs les plus fervents de Savonarole, et l'un des hommes les plus croyants en Dieu. Il avait écouté avec amour cette parole douce et vraie; il avait compris aussitôt cette âme puissante et inspirée, et le premier il avait rejeté comme profanes et sacriléges tous ces tableaux passés qui ne se rapportaient point à Dieu. Alors que le saint prédicateur avait peine à rassembler vingt-cinq auditeurs, Baccio l'avait écouté, et depuis, chaque jour, il avait quitté son atelier pour l'église; son âme avait compris la lutte du moine contre les mœurs de l'époque, mœurs débauchées que le paganisme avait envahies depuis la cour des Médicis jusqu'aux écoles des jeunes gens, où rien n'était beau que les œuvres profanes de l'antiquité, où rien n'était tant oublié que les livres pieux.

La réforme que tentait Savonarole ne s'arrêtait donc pas à la foi dans la pensée, mais ordonnait la chasteté dans l'art; et c'était là surtout que l'accomplissement de sa mission était rude et laborieux : partout des artistes payés par une cour débauchée pour faire des œuvres licencieuses, partout l'irrévérence pour les choses divines; partout le paganisme, même sous les traits célestes de la Vierge et du Christ, se montrait palpable et visible, et souvent l'image de la Madone, même au foyer domestique, même sous les yeux des jeunes filles, n'était que le portrait plus ou moins nu de quelque courtisane en renom.

Savonarole avait prévu que ce n'était pas sur des vieillards endurcis dans leurs pensées que sa voix aurait de l'influence; que ce n'était pas le passé qu'il fallait changer, mais l'avenir qu'il fallait préparer : aussi n'était-ce que des jeunes gens qui venaient recueillir comme une manne céleste les leçons du grand prédicateur, et, comme nous l'avons dit, parmi ces jeunes gens se trouvait Baccio della Porta.

Le lendemain du mardi gras, quand le sacrifice fut accompli, quand le bûcher fut éteint, le peintre vint trouver le moine au couvent de Saint-Marc, où celui-ci était lecteur.

« Mon père, lui dit-il, vous êtes juste et noble entre tous les hommes; votre mission est sainte et grande entre toutes les missions : vous m'avez fait comprendre et croire; désormais je veux consacrer ma vie et mon art à Dieu, et, tout obscur que je suis, j'accours à vous, mon père, comme à la source de toute sagesse et toute vérité. Permettez-moi de venir quelquefois dans ce couvent recueillir seul dans votre amitié la foi que vous répandez sur tous. »

A partir de ce moment Baccio devint non-seulement le disciple de Savonarole, mais son ami; à partir de ce jour grandit, avec la réputation du prédicateur, la renommée du peintre, tous deux pleins du même zèle, enflammés du même courage, pénétrés de la même ferveur; à partir de cette époque commença la lutte commune de ces deux hommes, lutte de la parole et du pinceau, du principe et de l'exécution, et tous deux semblèrent marcher de front, Baccio éclairé par le moine, Savonarole traduit par le peintre.

Avant l'apparition de Savonarole, Baccio vivait déjà enfoncé dans son art, et de temps en temps apparaissaient les fruits de cette solitude et de cette méditation : d'abord, deux Vierges pleines de la sainteté du croyant et du génie du peintre, admirables toutes deux de piété et de coloris, ce double prestige de la foi et de l'art qu'il savait si bien répandre sur ses toiles; puis, sur les deux volets d'un tabernacle en bois qui renfermait une Madone en marbre de Donatello, il peignit la Nativité et la Circoncision en miniature, et sur la partie extérieure de ces volets il exécuta en grisaille et à l'huile l'Annonciation de la Vierge. Ensuite Gerorno, fils de Monna Dini, lui donna à peindre la chapelle du cimetière de l'hôpital de Santa Maria Nuova : c'est là que se trouvait la fresque du *Jugement dernier;* bien qu'inachevée, elle n'en augmenta pas moins sa réputation. Rien n'était grand et vraiment divin, en effet, comme le Christ entouré de ses douze apôtres et jugeant les douze tribus. Le dessin, que n'acheva pas Baccio, montrait de pauvres damnés pleins de honte et de désespoir, et la sainte béatitude des élus. C'est une œuvre que Gerorno Dini pria Mariotto Albertinelli d'achever.

Mariotto Albertinelli était le frère pour ainsi dire de Baccio della Porta : même atelier, même travail, mêmes joies, mêmes douleurs, fraternité complète de cœur et de talent. Mariotto, fils d'un batteur d'or, avait connu Baccio chez Cosimo Rosselli, où ce dernier étudiait, et quand Baccio avait quitté ce premier maître, Mariotto l'avait suivi. C'est à partir de cette époque qu'ils vécurent toujours ensemble, comme un seul corps, comme une seule âme. Mariotto était loin d'avoir le génie de Baccio, aussi était-il presque son élève. Cependant il l'étudia tant et suivit si bien sa manière, que souvent on confondait les tableaux des deux amis.

Voilà où en était Baccio quand Savonarole arriva de Ferrare à Florence. Pendant sept années le grand prédicateur fit sa grande réforme, malgré la faction des tièdes qui le dénonçaient à la cour de Rome, et aux menaces desquels il opposait le calme de sa conviction; malgré le paganisme invétéré qui se releva plus tard, mais qui, pour le moment, tomba sous sa parole.

Cependant on ne force pas impunément les hommes à entendre la vérité et surtout la vérité de Dieu, celle qui proscrit tous les abus, qui veut étouffer les débauches, qui tend à détruire tous les vices. Pendant sept ans, nous l'avons dit, la voix de Savonarole parla plus haut que celle de ses ennemis; pendant sept ans il jeta cette semence qui devait germer dans l'avenir; mais de pareils fondateurs n'assistent pas à leur gloire;

mais les grands semeurs ne voient point la récolte; et quand il eut propagé sa parole, quand il eut répandu sa foi, quand il eut assez grandi son époque, il eut à son tour, comme son divin Maître, son Calvaire et sa Passion, et il trouva des juges et des bourreaux pour lui comme pour le Christ.

L'influence de Savonarole sur les artistes contemporains est trop grande pour que, dans la vie d'un peintre comme Baccio, on ne montre pas à chaque instant cette influence.

Ce n'est pas une digression, c'est une preuve, surtout quand on pense dans quel état il avait trouvé les arts et comme il les laissa. Ce sont les œuvres d'une époque qui la symbolisent et qui la classent dans l'avenir; et c'est sous le souffle de quelques hommes puissants par la fortune ou la pensée que naissent ces œuvres. Savonarole l'avait bien compris lorsqu'il avait voulu changer la route funeste qu'avaient prise les arts... Les Médicis et lui se trouvaient en face; les uns, avec le goût des ouvrages profanes de l'antiquité, avec des mœurs débauchées, n'aimant que les peintures païennes, ressuscitant dans les arts l'Olympe oublié; l'autre arrivait avec sa seule parole pour détruire, avec sa seule pensée pour créer, ne mettant le beau et le vrai que dans Dieu, et rassemblant bientôt autour de lui tout ce qui croit et tout ce qui pense.

Ce n'était donc pas, comme Jésus, une loi à donner, c'était cette même loi à faire suivre.

Deux ans après qu'il eut paru, la grande réforme avait commencé d'une manière ostensible : on brûlait tout ce qu'il y avait de profane à Florence, on immolait les chefs-d'œuvre des hommes à la gloire de Dieu. Mais ce n'était là que le sacrifice matériel des œuvres, et c'était surtout la destruction du principe que rêvait Savonarole; car ce n'était qu'après avoir détruit qu'il pouvait reconstruire. Il y a toujours quelque chose à abattre quand on veut fonder : il a fallu que Dieu débrouillât le chaos avant de faire le monde. Et c'est pourtant cette vérité incontestable, ce mot révélateur, Dieu, que les hommes ont éternellement cherché à détruire. Depuis le Christ, qui créait et à qui on n'a donné qu'une croix, jusqu'à Savonarole, qui répétait Jésus comme un écho, et à qui on a donné un bûcher, de tout temps il a fallu des apôtres pour annoncer et des martyrs pour prouver.

Donc l'apôtre devint martyr; et, comme si avec lui s'en étaient allés toute sa pensée et tout son génie, Baccio della Porta, devenu fra Bartolomeo, jeta ses pinceaux, quitta tout à fait l'atelier pour le cloître, la peinture pour les prières, la gloire du monde pour le culte de Dieu; il se retira à Prato, et prit l'habit de Saint-Dominique, le 26 juillet de 1500. Alors Mariotto Albertinelli, chez qui l'amitié pour Baccio ne balançait pas la haine pour les moines, ne pouvant vivre avec son ami, voulut continuer l'œuvre qu'il avait commencée, et, ramassant les pinceaux du peintre devenu moine, il finit la fresque du *Jugement dernier*.

Pendant quatre ans que dura cette oisiveté pieuse que s'était imposée fra Bartolomeo, le moine dut avoir à lutter bien souvent contre l'artiste, et il est évident que, le jour où l'art reprendrait le dessus, l'œuvre qui surgirait de ce repos serait à la fois sublime et divine. Souvent, lorsque le pieux frate se retirait dans sa cellule, pour prier Dieu d'éteindre ce feu qui finirait par lui faire oublier son vœu, quelques-uns de ses frères venaient le trouver, et, comprenant ce combat intérieur du génie comprimé et d'une promesse sainte, ils lui disaient, non pas qu'il pouvait sacrifier l'un à l'autre, mais faire marcher les deux de front; ils lui disaient que la manière d'être agréable à Dieu était d'appliquer à sa gloire ce génie qu'on avait reçu de lui, et qu'il était de son devoir d'user du talent qu'il avait, pour révéler aux hommes toute la grandeur et toute la majesté de leur divin Maître : puis ils lui montraient comme preuve les fresques de Beato Angelico qui couvraient les murs du couvent.

Bernardo del Bianca avait fait construire, sur les dessins de Benedetto de Roverjemo, une chapelle, dans l'abbaye de Florence, admirable de sculpture; Benedetto Buglione avait placé dans les niches des figures de saints en terre cuite : mais, si belle et si riche que fût la chapelle, elle semblait incomplète, et c'était quelque chose comme l'âme qui manquait à l'œuvre, pour qu'elle atteignît son but divin. Fra Bartolomeo était le seul qui pût animer tout cela avec son pinceau. Les sollicitations redoublèrent, auxquelles répondirent les mêmes refus; et, chaque fois qu'on reparlait au frate de peinture, il se mettait en prière comme pour chasser une mauvaise pensée, qui n'était autre que le besoin de produire, s'augmentant chaque jour de la résistance de la veille, et devenant chaque jour plus difficile à combattre.

Enfin, après bien des sollicitations, après bien des refus, l'artiste l'emporta sur le pénitent; et

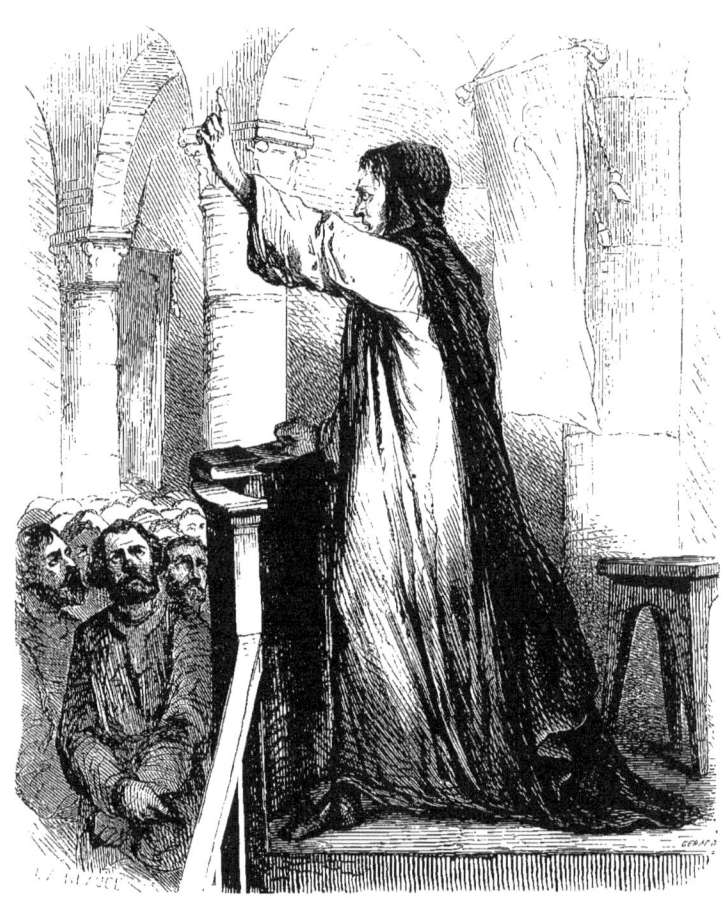

Savonarola.

la pensée de gloire triompha de la pensée d'obscurité, et le moine redevint peintre.

Comme nous l'avons dit, la première œuvre qui sortirait de ce repos serait sublime et divine, et rayonnerait de toute la force du génie, de toute la poésie de la foi. En effet, le frate sembla résumer en une seule œuvre tout ce qu'il eût pu répandre de beautés depuis son premier jour de solitude, et le saint Bernard qui naquit enfin était bien toute l'expression de la pensée céleste qu'il portait dans son sein depuis quatre années. Le pieux écrivain tombe en extase en apercevant la Vierge soutenue par les anges et portant l'enfant Jésus. C'est plus que de la peinture : c'est de la révélation. Une fois le premier pas fait, rien ne devait plus arrêter fra Bartolomeo : la lutte avait été trop longue pour que la victoire ne fût pas complète, et au saint Bernard succédèrent plusieurs tableaux pour le cardinal Jean de Médicis et pour Agnolo, dont une Madone qui a aussi toute l'expression divine que le frate savait si bien répandre sur les choses saintes.

Fra Bartolomeo était un heureux prédestiné... Au début de sa carrière, il avait trouvé Savonarole pour agrandir sa pensée ; au milieu, il devait rencontrer Raphaël pour perfectionner son art. Après avoir étudié Léonard de Vinci, c'étaient les deux seuls guides que Dieu pouvait lui envoyer pour faire de lui un saint et un grand homme, toute une religion et tout un art réunis dans deux hommes, compris dans deux noms : Savonarole et Raphaël. Aussi Bartolomeo devina-t-il que le second allait compléter dans l'exécution ce que le premier avait complété dans la pensée ; mais cette fois cependant ce serait plutôt échange : et si le frate recevait quelque chose de Raphaël, celui-ci allait emporter quelque chose du frate.

De même qu'il avait été trouver Savonarole, Baccio alla trouver Raphaël, et l'amitié qui l'unit au peintre fut aussi forte que celle qui l'avait uni à l'apôtre.

On ne peut s'empêcher d'admirer l'influence de ces deux grands génies sur le talent de Bartolomeo, influence visible et palpable, qui n'ôte rien à l'originalité personnelle du peintre, mais qui cependant la complique ; il s'est trouvé placé entre ces deux grands soleils, et, quoique resplendissant lui-même, il s'est augmenté de leurs rayons.

Cependant, il faut l'avouer, les deux compositions de Bartolomeo qui suivirent immédiatement l'arrivée de Raphaël à Florence n'ont encore qu'imperceptiblement subi l'influence du peintre d'Urbin. Elles gardent encore toute cette originalité puissante et ce coloris admirable qui distinguent le frate. L'un des deux tableaux fut envoyé au roi de France, et l'autre, dans la composition duquel il entre une grande quantité de personnages et quelques anges qui s'élèvent en l'air en soutenant un pavillon, impressionna vivement Raphaël lui-même. Ici, Bartolomeo est tout à fait grand : les anges sont d'un dessin si vigoureux, qu'ils semblent sortir de la toile, et à cette force de coloris se mêlent une suavité céleste, un sentiment religieux, une fierté divine sur les figures des personnes qui entourent la Vierge. Dans le même tableau se trouve le mariage du Christ enfant avec sainte Catherine religieuse : malgré le ton obscur, rien n'est plus vrai. Ici, comme nous le disions, ce n'est pas encore l'influence de Raphaël, mais c'est toujours celle de Léonard de Vinci. Tout cela vit, pour ainsi dire, depuis les deux figures de saint Georges et de saint Barthélemi jusqu'aux deux enfants dont l'un joue du luth et l'autre de la lyre.

C'est probablement à la même époque qu'il exécuta la grande peinture à fresque représentant le Crucifiement avec les saintes femmes pleurant au pied de la croix, qu'on voit dans un corridor du couvent de Saint-Augustin de Sienne.

Vis-à-vis le *Mariage du Christ* il peignit une *Vierge entourée de saintes*. A l'aide des tons affermis et habilement fondus de ce tableau, il obtint une telle harmonie dans les figures, qu'elles semblent vivantes, dit Vasari.

En 1504, Raphaël le quitta, et ce n'est vraiment que de ce moment que la peinture de Bartolomeo se ressentit du séjour du divin Sanzio à Florence. Dans les tableaux du frate qui suivront ce départ il y aura plus de suavité dans les contours, un peu plus d'expression céleste dans le visage de ses Vierges ; son style perdra ce côté de rudesse que lui donnait la fougue de son imagination, et prendra ces lignes mollement onduleuses qui caractérisent les peintres ombriens ; mais il gardera toujours cette sévérité de sujets, ce relief des formes au moyen des clairs-obscurs, qui constituaient sa manière et dont Raphaël prendra quelque chose.

L'élève devait une visite au maître, le fidèle un pèlerinage au dieu. Aussi fra Bartolomeo voulut-il voir les merveilles du puissant Michel-Ange et du doux Raphaël. Il partit donc pour duisent, Léonard son tableau des *Vétérans se faisant couper les poings pour rapporter à Florence les drapeaux des Visconti*, et Buonarotti la *Jeunesse florentine allant à la guerre pisane*.

Ces deux compositions sont bien les œuvres des deux pinceaux géants, mais elles n'ont rien de plus vaste et de plus grandiose que cette imposante et calme figure de l'*Évangéliste saint Marc*. C'est qu'il faut le dire, la véritable poésie ne se trouve pas dans l'expression de nos passions humaines, mais bien dans le reflet de la grandeur et de la majesté divine; et, peintre ou poëte, plus la pensée se rapproche du Créateur, plus elle entrevoit la véritable poésie.

Dans la vie des hommes que la gloire expose nus et tels qu'ils sont aux yeux de la postérité, il y a toujours un côté sur lequel la critique peut mordre, une fêlure, pour ainsi dire, par où l'on peut anatomiser l'homme et le génie; chez le frate, c'est impossible, l'uniformité est trop grande, le talent est trop vrai, la naïveté est trop naturelle, et, si l'on avait quelque chose à lui reprocher, ce serait sa mort un peu vulgaire; mais la postérité serait bien exigeante si elle voulait forcer les artistes à mourir avec art.

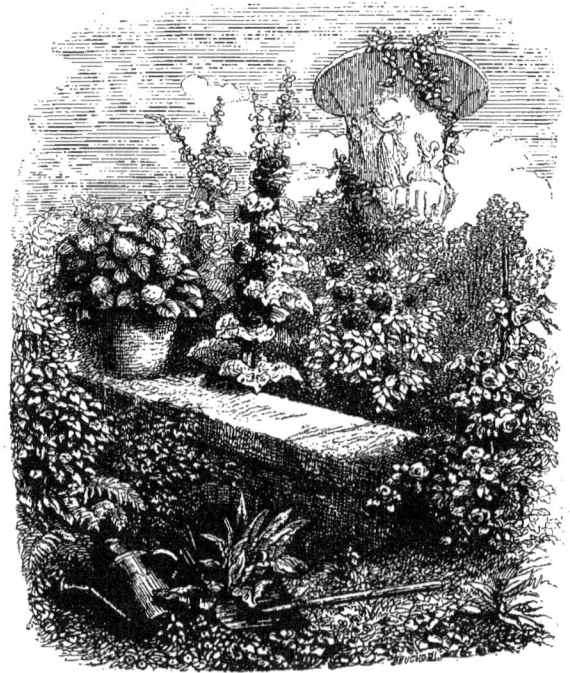

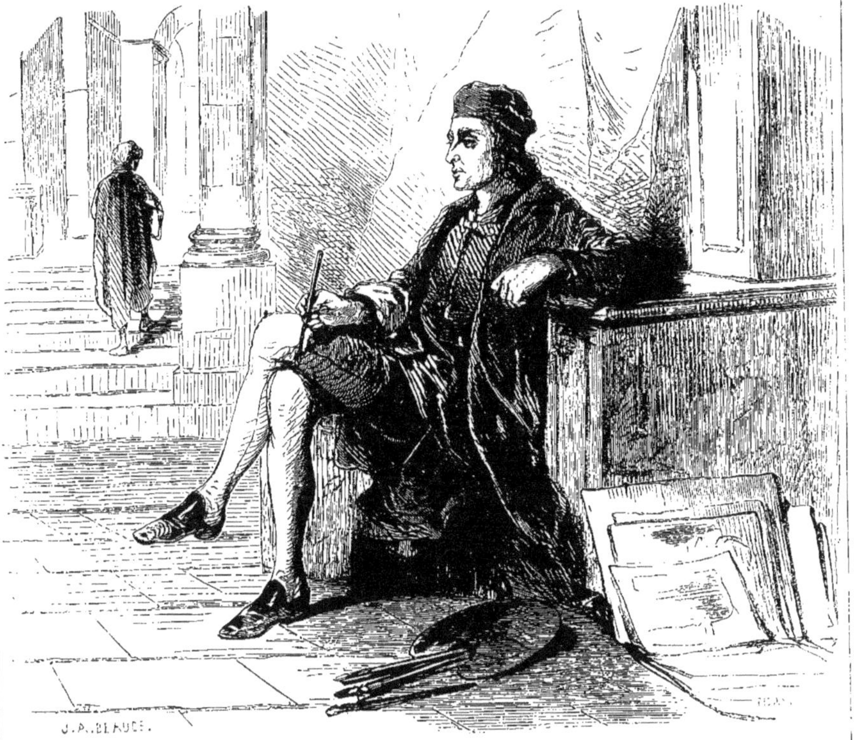

ANDRÉ DE MANTEGNA
PINTURICCIO ET BALDASSARE PERUZZI

PAR

ALEXANDRE DUMAS

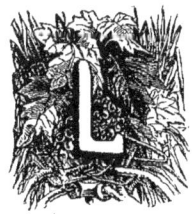

L'école de Padoue, fondée par Giotto, avait encore gardé pure et intacte cette couleur chrétienne et divine que lui avait donnée son fondateur, lorsque Squarcione parut au quinzième siècle et lui fit changer la route qu'elle avait suivie jusqu'alors.

La transition fut aussi rapide qu'inattendue, et à l'étude du goût chrétien succéda immédiatement l'enthousiasme du paganisme. Squarcione avait rapporté de ses voyages en Grèce une foule de statues et de bas-reliefs d'une forme si nouvelle, qu'on crut à une révélation. Le peintre voyageur étala ces merveilles de l'art païen, un monde de statues antiques, de héros, de dieux, de déesses, de quoi repeupler tout un Olympe à côté du nouveau ciel. On fut ébloui, et ses élèves se mirent à l'œuvre pour faire revivre cette peinture oubliée et presque perdue.

Parmi les plus grands admirateurs de cette école nouvelle se trouvait André de Mantegna, né à Padoue en 1430 et élève de Squarcione. Quand à dix-sept ans il fit son premier tableau, qu'il plaça dans l'église de Sainte-Sophie avec cette inscription : *Andreas Mantinea, Patavinus, annos vu et x natus, suâ manu pinxit* 1448, le maître en fut tellement émerveillé, qu'il voua à son élève cette affection qui plus tard lui fit adopter André comme son fils. Le jeune homme continua donc à étudier l'antique, mais ne s'arrôta pas, comme les élèves médiocres et les enthousiastes superficiels, à la forme des modèles, il en creusa la pensée intérieure et s'identifia tellement avec elle, qu'il se fit, pour ainsi dire, le contemporain de ceux qu'il copiait, tant la ressemblance était exacte, tant l'imitation était frappante.

Mais cette étude assidue et continuelle de l'antique l'amena tout naturellement à prendre les défauts de ceux qu'il étudiait, et ses figures, dessinées sur des statues et des reliefs, prirent un caractère roide et froid qu'excuse le marbre mais que ne supporte pas la toile. Tout dans ses compositions était pur et régulier, depuis les lignes du visage jusqu'aux plis des draperies, mais tout cela semblait ne cacher que des cadavres, et il n'y avait ni passions vivantes sous les figures, ni corps animés sous les tuniques.

Cependant il y avait à Venise un peintre, Jacopo Bellini, qui se mit à critiquer les lignes froides et régulières de Squarcione et dont la conviction ébranla quelque peu l'enthousiasme d'André pour son maître. Ce qui acheva la conversion de l'élève, ce fut la fille de Bellini, à qui son père ne devait sans doute donner pour époux qu'un homme qui partagerait ses principes et serait le soutien de son école. Or il se trouva qu'André devint amoureux de la jeune fille, et, soit qu'en effet il trouvât l'art de Bellini plus vrai, soit que la cause du peintre vénitien fût mieux plaidée par la bouche de sa fiancée que l'étude de l'antique ne l'était par son premier maître, toujours est-il qu'André épousa la jeune fille et déserta, en l'épousant, l'atelier et les convictions de Squarcione.

Cette défection, qui a deux excuses après tout, une conviction et un amour, fit du jeune homme le beau-frère et le condisciple de Jean Bellin, qui agrandissait déjà la voie que lui avait tracée son père et qui la préparait pour Giorgione, Véronèse et Titien.

André changea donc sa manière, assouplit ses lignes, vivifia son expression, sans se défaire tout à fait cependant de ses premières habitudes et de son goût pour l'imitation de l'antique. Ce fut sous ces nouvelles impressions qu'il fit le Martyre de saint Jacques, si amèrement critiqué par Squarcione, qui blâmait justement dans ce tableau ce qu'il admirait tant autrefois chez son élève, la froideur des visages et la roideur des lignes. Si partial que fût ce jugement, André en profita et se mit à dessiner d'après nature, pour arriver à corriger tout à fait ce qui lui restait de son ancien maître devenu le critique de sa propre école; et il fit l'histoire de saint Christophe, où le progrès est visible et réel. A ce tableau succéda celui de l'apôtre saint Marc écrivant l'Évangile, qu'il fit pour l'église de Sainte-Justine, et où cette fois la tête de l'apôtre rayonnait du double caractère du philosophe et de l'inspiré. Du reste, ce que Squarcione avait fait par les critiques, les Bellini le complétaient par leurs conseils. André demeurait à Venise avec eux, et, dans quelques-uns de ses tableaux, les paysages, par leur coloris et leur composition, rappellent évidemment l'influence de l'école vénitienne.

En ce temps-là, Jean-François II, marquis de Gonzague, était seigneur de Milan. C'était un prince ami des lettres et des arts que Gonzague, ainsi que sa femme Isabelle d'Este, fille d'Hercule, duc de Ferrare et sœur de Béatrix, qui épousa Louis Sforza, dit le Maure. En même temps qu'il se livrait à la carrière des armes et soutenait son petit royaume avec une armée qu'il conduisait à la solde de princes plus puissants et plus riches que lui, le marquis, prince par succession, poète par passe-temps, faisait venir à sa cour tous les hommes distingués du quinzième siècle, et Isabelle élevait le plus beau cabinet de statues, d'antiques et de médailles de toute l'Italie. Gonzague n'eut garde d'oublier André de Mantegna, qu'il fit venir et à qui il donna une maison dans la ville, une ferme près de Milan, et qu'il créa chevalier en échange des embellissements que le peintre avait faits à son palais de Saint-Sébastien et de la suite de tableaux qu'il lui laissait, représentant le Triomphe de César, que Vasari regarde comme le chef-d'œuvre d'André.

Ces tableaux ont été gravés par le peintre lui-même, avec quelques changements du reste, et gravés depuis encore sur cuivre, par Van-Oudenaerd, d'après une gravure sur bois exécutée en manière de clair-obscur, par André de Mantegna.

Cette faveur de Gonzague n'avait pas peu contribué à augmenter la réputation d'André de Mantegna en Italie, et le pape Innocent VIII le fit demander au marquis.

En effet, en 1484 était mort Sixte IV, le pape débauché, un an après Louis XI, le roi-bourreau, et, si la France gagna à la mort de son roi, Rome ne gagna guère à la mort de son pape. Innocent VIII arriva au trône pontifical escorté de ses bâtards, qu'il logeait dans le palais de Saint-Pierre; l'un épousa la fille de Laurent de Médicis, et les autres s'enrichirent avec les fonds des croisades turques. Le bruit courait qu'Innocent VIII avait été marié, ce qui ne changeait en rien la position des enfants; car s'ils étaient légitimes par le mariage, ils redevenaient bâtards par l'élection de leur père à la papauté.

Du reste, tout avare et tout débauché qu'il fût, il se trouva effacé, pour ces deux vices et pour bien d'autres, par Paul II, qui le précède, et par Alexandre Borgia, qui va le suivre.

Cependant, s'il n'eut pas pour Dieu le respect du pape, il eut pour ses églises le goût de l'artiste, il en fit restaurer quelques-unes, et, comme nous l'avons dit, fit venir André de Mantegna à Rome pour lui confier les travaux du Belvédère.

Le peintre se mit à l'œuvre et peignit au Vatican une chapelle, en partie détruite aujourd'hui, dans laquelle domine encore l'imitation de l'antique, mais où l'on voit cependant les progrès qu'il dut aux chefs-d'œuvre qu'il étudia dans la ville sainte. A compter de ce moment, sa manière va s'améliorant toujours. Ses fresques sont faites avec le fini de la miniature, avec une grande science du dessin et surtout avec une finesse de pinceau incroyable.

Le pape, comme nous l'avons dit, péchait fort par l'avarice, et il eût été assez aise d'enrichir le Vatican d'une chapelle qui ne lui eût rien coûté et dont Dieu seul, au jour des récompenses éternelles, eût tenu compte au peintre. Malheureusement, en attendant cette seconde vie que lui promettait le descendant de saint Pierre, André Mantegna n'était pas fâché de rendre celle dont il jouissait la plus longue et la plus agréable possible. Il travaillait donc toujours, semant les plafonds et les murailles de miniatures à faire envie à une fée, espérant qu'il viendrait un jour où Sa Sainteté Innocent VIII penserait que l'artiste, pour continuer de pareils travaux, devait avoir besoin d'argent, et se souviendrait qu'elle ne lui en avait pas encore donné. Aussi, chaque fois qu'il voyait entrer le visiteur pontifical, l'espérance lui revenait au cœur; mais le saint-père quittait la chapelle sans laisser autre chose que des éloges qui, comme vanité, devaient satisfaire André, mais qui, quoiqu'ils vinssent du représentant de Dieu, ne pouvaient, dans aucune circonstance, remplacer la monnaie frappée à l'effigie d'un roi temporel.

André était discret et ne savait quel moyen imaginer pour demander au pape l'argent dont il avait besoin, lorsqu'un jour qu'il peignait des figures représentant les Vertus, il lui vint à l'idée de mettre, parmi les plus éminentes, la Discrétion, persuadé qu'Innocent VIII, avec sa double vue d'apôtre, devinerait le sens de cette allégorie pécuniaire.

En effet, quand Sa Sainteté entra pour voir si le peintre avançait, cette nouvelle figure fut la première qui le frappa.

« Quelle est cette nouvelle Vertu? dit-il à André.

— La Discrétion, reprit l'artiste avec un son de voix qui semblait exclure toute intention.

— Eh bien, remarqua Innocent VIII, il faut la mettre à côté de la Prudence. »

Et il continua d'admirer les nouvelles productions d'André, qui ne put rien ajouter, et se remit à attendre que la main du pape s'étendît vers lui pour autre chose que pour des bénédictions.

Il faut avouer, à la louange du successeur de Sixte IV, que ce moment ne se fit pas trop attendre, et que, lorsque le peintre revint à la cour de Gonzague, il rapportait de la générosité d'Innocent VIII assez de présents et d'honneurs pour oublier qu'il les avait attendus un peu longtemps.

Parmi les plus belles choses qu'il laissa, on peut encore citer, outre le Triomphe de César dont nous avons déjà parlé, et qu'il fit pour le marquis de Mantoue, l'Enfant Jésus dormant sur le sein de sa mère, qu'il exécuta à Rome. Le fond du tableau est occupé par une montagne percée de grottes où l'on aperçoit des ouvriers qui extrayaient des pierres. Les moindres parties de ce précieux morceau, dit Vasari, sont exécutées avec une telle finesse, que l'on a peine à croire que ce résultat ait été obtenu avec un pinceau. Puis deux allégories: l'une représente les Neuf Muses dansant au son de la lyre d'Apollon, ayant d'un côté Vulcain dans sa forge, de l'autre Mercure avec Pégase, et au-dessus Mars et Vénus. Ces figures, malgré leur nudité, sont simples et chastes comme des divinités chrétiennes. C'est que le peintre comprenait le beau autrement que dans la forme et qu'il voulait qu'en dessous de l'enveloppe du corps, même dans les sujets antiques et païens, on devinât quelque chose de cette âme qu'entrevoyaient les philosophes comme Socrate, et que plus tard dévoila le Christ.

La seconde allégorie n'a plus rien de l'olympe de Jupiter et rayonne au contraire du ciel de Dieu. Elle représente une Lutte entre le bon et le mauvais principe. Tout ce qu'on peut prêter d'horreur aux vices, le peintre l'a figuré sur les Génies infernaux; tout ce qu'on peut donner de calme, de résignation et d'amour céleste aux vertus, il l'a reproduit par la Foi, l'Espérance et la Charité.

Ainsi, avec cette assidue sévérité de lignes, avec cette éternelle chasteté de conception, avec cette simple régularité de pinceau, André de Mantegna, même en traitant des sujets profanes, revient sans cesse à l'art chrétien si grand chez Giotto, le fondateur si méprisé par Squarcione son maître.

Pendant ce temps-là, Charles VIII était entré en Italie, et les princes italiens, frappés de la rapide conquête du royaume de Naples, s'étaient ligués contre le roi de France. Ce fut le marquis de Mantoue, Jean-François II de Gonzague, qu'ils choisirent pour chef de leur armée; et le 6 juillet 1495 eut lieu la bataille de Val-di-Taro, dans laquelle les soldats de Gonzague repoussèrent ceux de Charles VIII et eussent gardé la victoire de leur côté s'ils ne s'étaient dispersés pour piller et n'avaient ainsi laissé le temps aux Français de continuer leur marche.

Ce fut cette prétendue victoire du marquis qu'André de Mantegna fut chargé de reproduire, et ce fut alors qu'il fit la Madone de la Victoire, tableau qui représente la Vierge sur un trône avec l'Enfant Jésus debout sur ses genoux, accompagnée de sainte Elisabeth, du petit saint Jean, des quatre patrons de Mantoue, et de Gonzague, qui rend grâce du succès qu'il croit avoir remporté à la bataille de Fornoue. C'est dans ce tableau surtout qu'on remarque le changement de manière du peintre. Les chairs y sont délicates, les armures brillantes, les costumes variés et charmants; enfin cette composition pleine de grâce, de coloris et de finesse, est le point de halte d'où quelque temps après partit Léonard de Vinci, qui devait continuer et agrandir l'art.

L'impulsion donnée à son école par André Mantegna est énorme : c'est à lui qu'on doit les premières notions du raccourci, dont on ne se doutait pas, et une étude sévère de la gravure, dont on ne se doutait guère; car, lorsqu'il mourut, c'est à peine si les premières gravures d'Albert Durer étaient arrivées en Italie.

Ce fut à Pollajuolo, son contemporain et son maître, disent quelques historiens, qu'il dut sa science de graveur; la plupart des planches qu'il grava sont de son invention ou reproduisent quelque tableau de lui, comme la collection du Triomphe de César.

Enfin, en 1505 suivant les uns, en 1517 suivant les autres, mourut à Mantoue, dans une maison qu'il s'était bâtie et avait occupée toute sa vie, André Mantegna, qui, comme Giotto, avait été berger, et qui laissa deux fils ses élèves, dont un, François, fut le premier maître du Corrége.

Les deux frères peignirent les tableaux latéraux de la chapelle de Saint-André, y élevèrent un mausolée à leur père, et sur sa tombe, ornée de son portrait en bronze, on grava ces deux vers :

Esse parem hunc noris, si non præponis, Apelli,
Æneæ Mantineæ qui simulacra vides.

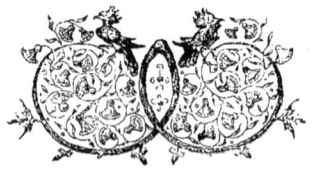

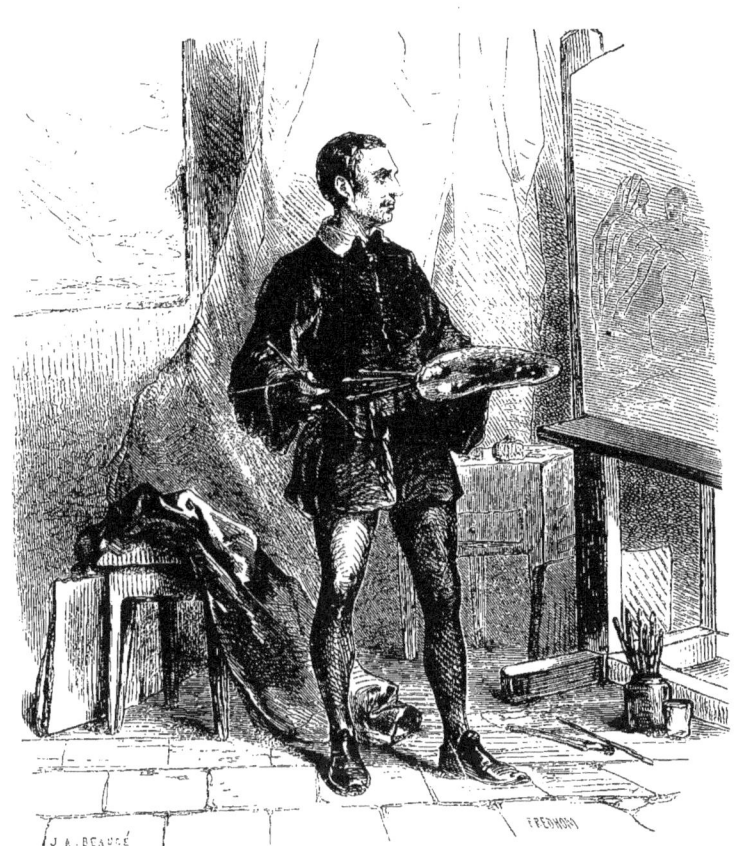

Pinturiccio.

PINTURICCIO

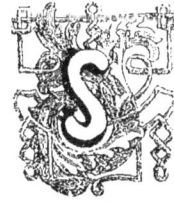

ienne, la présomptueuse, qui ne voulait de peintres que ceux qui naissent chez elle, avait pendant trois siècles, grâce à ses Guido, ses Duccio et ses Memmi, réalisé cette présomption. Mais enfin était arrivée une époque où le génie national s'était tari, où cet enfantement de grands hommes avait cessé, et ceux qui lui restaient ne rappelaient pas mieux ceux qu'elle avait perdus que le squelette ne rappelle le corps.

Il avait donc fallu un jour que cette fierté séculaire tombât, et, ne pouvant plus se nourrir elle-même, qu'elle appelât dans son sein une école étrangère; c'est à Pérouse qu'elle s'adressa, et Pérouse lui envoya Benedetto Buonfiglio d'abord, puis Pietro Vanucci, et enfin Bernardino Pinturiccio, l'élève de Pérugin et l'ami de Raphaël. C'était donc une bonne fortune pour la ville appauvrie, car, pour peu que le peintre envoyé eût gardé quelque chose de son maître, emprunté quelque chose à son ami, et reçu lui-même quelque chose de Dieu, il pouvait à lui seul féconder cette stérilité universelle. C'est ce qui arriva, et, pour commencer, il écrivit son nom sur dix fresques magnifiques dans la cathédrale, et révéla à la ville étonnée un progrès dont elle ne se doutait pas.

Cependant, à l'époque où Bernardino vint à Sienne, Raphaël était encore presque un enfant, qui, comme s'il eût deviné qu'il devait mourir jeune, ne perdait pas de temps et se faisait homme tout de suite. Pinturiccio avait donc prévu en lui un avenir exceptionnel, et, afin de le faire entrer le plus tôt possible dans cet avenir, il se l'était associé et avait pris ses croquis pour exécuter les fresques de Sienne. C'était toute une nouvelle école à créer, car la peinture profane avait jusqu'alors été fort négligée au profit de la peinture évangélique, surtout dans l'atelier du Pérugin.

Ces fresques devaient représenter la vie de Pie II, le pape poëte, qui, après avoir été le plus violent adversaire des héritiers de saint Pierre, avait, pour arriver au trône légué par l'apôtre, démenti ses anciennes doctrines et renié ses premiers écrits, et avait tenté d'assembler toute la chrétienté pour une croisade contre les Turcs, expédition qui ne plut sans doute pas à Dieu, car il en rappela le chef à lui avant qu'il eût pu la commencer.

Bernardino fit ses dix compositions ainsi divisées :

La première représentait la naissance du pape Pie II, en 1405, à Carsignano, appelé plus tard Pienza, du nom du pontife, qui, de cette bourgade, fit une ville. A côté de Pie II, dont le nom, avant d'être pape, était Enea, le peintre avait placé les portraits de son père Silvio Piccolomini et de sa mère Vittoria. Dans ce même cadre on voyait Enea avec Domenico, cardinal de Caprasina, traversant les Alpes couvertes de neige et de glace pour se rendre au concile de Bâle.

La seconde montrait le concile envoyant Enea en ambassade à Strasbourg, à Trente, à Constance, à Francfort et en Savoie.

La troisième figurait Enea envoyé par l'antipape Félix auprès de Frédéric III, empereur d'Allemagne, qui lui trouva tant d'éloquence et d'esprit, qu'il lui décerna la couronne poétique, le nomma protonotaire, le mit au nombre de ses amis et le choisit pour son premier secrétaire.

La quatrième, c'est Enea envoyé par l'empereur Frédéric à Eugène IV, qui le nomme évêque de Trente, et ensuite archevêque de Sienne, sa patrie.

Après celle-ci venait celle représentant Frédéric, qui, voulant aller prendre la couronne impériale en Italie, charge Enea de se rendre à Télamone, port siennois, pour recevoir sa femme Leonora, qui arrivait de Portugal.

Puis venait le sixième tableau, rappelant la mission confiée par Frédéric à Enea, pour décider Calixte IV à combattre les Turcs. Le pape se sert d'Enea pour éteindre la guerre allumée à Sienne par le comte di Pitigliano et d'autres seigneurs sous l'instigation d'Alphonse, roi de Naples. La paix conclue, on déclare la guerre aux Orientaux; Enea retourne à Rome et reçoit le chapeau de cardinal des mains de Calixte IV.

Puis c'est l'exaltation d'Enea à la papauté sous le nom de Pie II, après la mort de Calixte.

Puis c'était le marquis Lodovico Gonzaga accueillant avec magnificence le pape, qui entre à Mantoue pour assister au concile qu'il avait convoqué dans le but d'armer les princes chrétiens contre les infidèles.

Venait ensuite la canonisation de sainte Catherine de Sienne, religieuse de l'ordre de Saint-Dominique.

Enfin le dixième et dernier tableau de cette série, c'était la mort de Pie II à Ancône. Un saint ermite camaldule aperçoit, suivant une légende, l'âme du pape portée au ciel par des anges au moment où elle dépouille son enveloppe terrestre. Pinturiccio a peint dans le même cadre la translation du corps de Pie II, d'Ancône à Rome, au milieu d'une foule de seigneurs et de prélats qui pleuraient la mort du saint-père.

Tout cela était d'une couleur, d'une finesse et d'un éclat merveilleux.

Au milieu de la bibliothèque, le cardinal Francisco Piccolomini plaça le groupe en marbre des trois Grâces; le premier morceau de l'antiquité qui éveilla cette admiration qui allait devenir si funeste à l'art chrétien, et qui allait, comme nous l'avons déjà dit, faire changer par Michel-Ange la route tracée par Giotto et continuée par Pérugin.

Ce qu'il y a de curieux et de beau dans la biographie des peintres de cette époque, c'est que, partout où ils passent, ils trouvent une grande chose et coudoient un grand homme. Ainsi, quand Pinturiccio a fini ses fresques, il va à Rome, où, après avoir vu le trône pontifical occupé d'abord par Sixte IV, le fils de pêcheur, le pape licencieux, l'enthousiaste de Sodome, et par Innocent VIII, le père de famille, il y voit monter Lenzoli Borgia, Alexandre VI.

Eh bien, laissons Pinturiccio peindre dans une des salles du Vatican le pape, sous la figure d'Alexandre II, en adoration devant la Vierge, sous les traits de Julie Farnèse, et voyons ce qu'était cet homme dont le nom, avec ceux de Sforza et de Médicis, a empli l'Italie et étonné le monde.

Le 10 août 1492, il y avait foule dans les rues de Rome et surtout aux abords du Vatican, car Innocent VIII était mort, et c'était ce jour-là que l'un des trois concurrents sérieux à la papauté, Roderic Borgia, Julien de La Rovere et Ascanio Sforza, devait être élu. Tout le jour le peuple avait attendu, et le soir il avait appris que l'élection était remise au lendemain; si bien que, le lendemain, il était revenu aussi attentif et aussi nombreux que la veille.

Mais depuis la veille il s'était passé bien des choses : Julien de La Rovere et Ascanio Sforza s'étaient retirés, soit qu'ils ne se crussent pas dignes du trône de saint Pierre, soit qu'ils en reconnussent Roderic plus digne qu'eux; si bien que les voix données aux deux cardinaux étaient passées au troisième, qui les en avait même remerciés d'avance en donnant à l'un cinq mille ducats et en envoyant à l'autre quatre mulets chargés d'argent et de vaisselle.

Ce fut donc le nom de Roderic Borgia que, le 11 août 1492, on avait jeté au peuple et au monde.

Or, si Roderic se trouvait pape, c'était évidemment la main de Dieu qui l'avait poussé; car jamais le jeune homme n'avait rêvé pour sa vieillesse la mission d'apôtre. En effet, né à Valence en Espagne, en 1430, issu, disent certains historiens, d'une famille royale; s'il eût eu quelque ambition, c'est plutôt sur la couronne des rois que sur la tiare des papes qu'il eût jeté les yeux; mais toute son ambition s'était bornée à devenir un grand avocat, et cette ambition s'était réalisée. Cependant Roderic était d'une nature trop puissante et d'un génie trop aventureux pour se contenter d'une lutte de paroles, et il se fit soldat comme son père; mais, après avoir montré son courage aussi vite qu'il avait montré son éloquence, il se dégoûta aussi de cette carrière; et, son père étant mort, il résolut de vivre à son caprice et à sa fantaisie. Alors, riche et oisif, il était devenu l'amant de Rosa Vanozza, et avait eu d'elle cinq enfants : François, César, Lucrèce et Giuffry; quant au cinquième, on ignore son nom.

Pendant ce temps, son oncle devenait pape, sous le nom de Calixte III; et Roderic, perdu dans son amour et dans sa paternité, se contentait d'écrire au saint-père sans aller lui-même lui rendre hommage à Rome.

Cette retenue d'un de ses parents, au milieu des ambitions que le nouveau pontife trouvait à chaque pas sur son chemin, frappa singulièrement Calixte III; il savait la valeur du jeune Roderic, et, au moment où les médiocrités l'assiégeaient de tous côtés, cette capacité, qui se tenait modestement à l'écart, grandit encore à ses yeux; aussi répondit-il à l'instant même à Roderic qu'au reçu de sa lettre il eût à quitter l'Espagne pour l'Italie et Valence pour Rome.

Ce fut donc la volonté de Dieu, cachée sous l'ordre du saint-père, qui vint tirer le jeune homme de l'oubli où il s'oubliait lui-même; mais, comme s'il eût douté de cette volonté, il ne répondit pas à son oncle et continua sa vie accoutumée jusqu'à ce que deux mois après un prélat romain vint lui-même, et cette fois avec l'ordre positif et formel de Calixte III, le tirer de sa léthargie et le réveiller de son indifférence.

Roderic partit donc pour Rome et Vanozza pour Venise, afin que la maîtresse et l'amant fussent moins éloignés l'un de l'autre.

La fortune tint vis-à-vis de Roderic les promesses qu'elle lui avait faites. Le pape le reçut comme un fils et le fit tour à tour archevêque de Valence, cardinal-diacre et vice-chancelier. A toutes ces faveurs Calixte avait ajouté un revenu de quarante mille ducats, de sorte qu'à l'âge de trente-cinq ans Roderic était riche et puissant comme un prince.

Il avait eu quelque peine à accepter le cardinalat, qui l'enchaînait à Rome, et eût préféré être général de l'Église, position qui lui eût donné la plus grande liberté d'aller à Venise; mais son oncle Calixte lui fit entrevoir la possibilité de lui succéder un jour, et dès ce moment l'idée d'être le chef suprême des rois et des peuples s'empara tellement de Roderic, qu'il passa de la vie riche à la vie humble, de l'oisiveté au repentir, et devint un Salomon pour la sagesse,

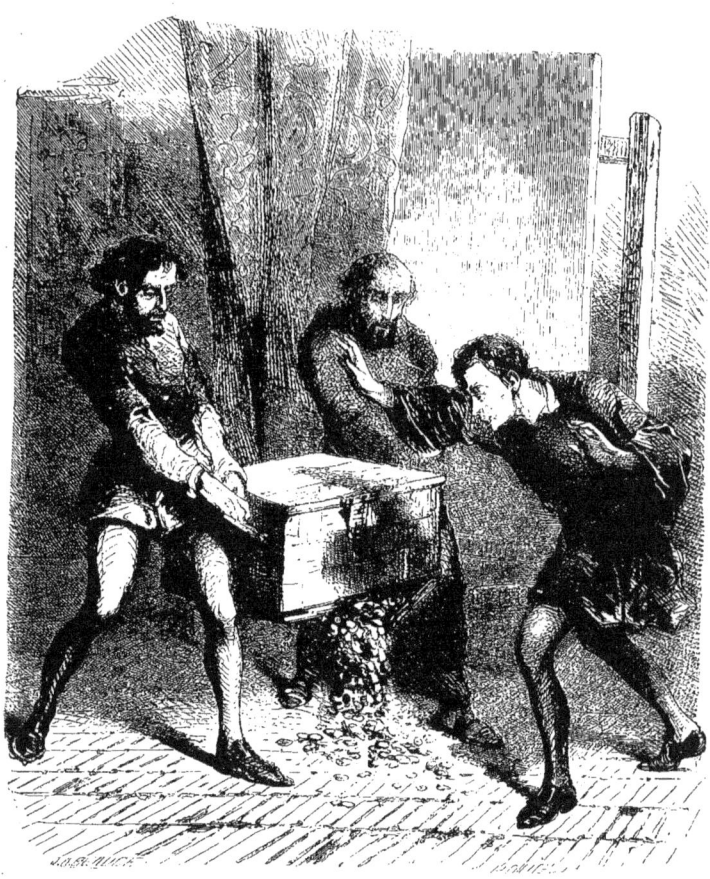

Et la salle fut inondée d'une pluie d'or. — Page 9.

un Job pour la patience, un Moïse pour la publication de la parole de Dieu.

Cela dura ainsi sous les pontificats de Pie II, de Sixte IV et d'Innocent VIII, jusqu'à ce que, le dernier pontife étant mort, Roderic reçut, en montant sur son trône, la récompense de son étrange et rapide conversion. Du reste les effets semblaient avoir prouvé la réalité de la conversion, les greniers s'étaient emplis, les accès de la famine avaient cessé, les assassins nocturnes avaient disparu, Rome était heureuse.

Voilà ce qu'on voyait; mais ce qu'on ne voyait pas ou ce qu'on n'osait pas redire si on le voyait, c'étaient les incestueux amours des enfants du pape : de César et de François avec Lucrèce, amours infâmes, jalousies terribles qui devaient faire naître entre les deux frères une haine profonde à l'issue sanglante.

En effet, un soir qu'il y avait souper chez Vanozza, venue à Rome, François avait reçu une lettre dont César avait cru reconnaître l'écriture. Après ce souper, les deux frères étaient montés à cheval, étaient sortis ensemble, et, arrivés au palais Borgia, s'étaient séparés, l'un,

François, pour aller au monastère de Saint-Sixte, où s'était retirée sa sœur; l'autre pour entrer au Vatican, où veillait son père. Puis, le soir, si bien faite que fût la police, il y avait un nouvel assassinat dans une rue de Rome, et le lendemain un nouveau cadavre dans le Tibre.

C'est quelque temps après cet événement que Pinturiccio vint à Rome, et, quand il arriva, c'était Julie Farnèse qui remplaçait Vanozza, et qui essayait de consoler le pape de la profonde douleur où l'avait jeté la mort de son fils.

De là le tableau de l'Adoration.

Enfin, pendant que Pinturiccio était encore à Rome, on dressait, le 23 mai 1498, un échafaud à Florence, et celui pour qui était dressé cet échafaud était le prophète Savonarole.

On sait l'influence qu'exerça le moine sur l'art chrétien : nous dirons dans la vie de fra Bartholomeo l'enthousiasme qu'on puisait à ses paroles, la foi qui naissait de ses révélations et qui avait été toujours en grandissant depuis ses premiers discours sous le rosier de Damas, au couvent de Saint-Marc, jusqu'à l'époque où peintres et poëtes, illuminés par sa voix, brûlèrent toutes leurs œuvres impies sur la grande place de Florence.

Eh bien, le moment était arrivé où l'apôtre devenait martyr, si bien que, comme nous l'avons dit, le 23 mai 1498 le bûcher promis au peuple s'éleva sur la place du Palais. A onze heures du matin, Jérôme Savonarole, Dominique Bouvicini et Sylvestre Maruffi furent amenés sur le lieu de l'exécution, et, après avoir été dégradés de leurs ordres par les juges ecclésiastiques, furent, au centre d'une immense pile de bois, attachés tous trois au même pilier. Alors l'évêque Pagnanoli déclara aux condamnés qu'il les séparait de l'Eglise.

— De la militante! répondit Savonarole, qui, dès cette heure, entrait en effet, grâce à son martyre, dans l'Eglise triomphante. Ce fut tout ce que dirent les condamnés, car, en ce moment, un Arrabiato, ennemi personnel de Savonarole, ayant franchi la haie que formaient les soldats autour de l'échafaud, arracha la torche des mains du bourreau et mit lui-même le feu aux quatre coins du bûcher. Quant à Savonarole et à ses disciples, dès qu'ils virent la fumée s'élever, ils se mirent à chanter un psaume; et la flamme les enveloppait déjà de tous côtés de son voile ardent que l'on entendait encore le chant religieux qui allait frapper pour eux à la porte du ciel.

Maintenant laissons s'éteindre avec le bûcher du prophète la haine du pape, et revenons à Pinturiccio.

Dans le château Saint-Ange, il couvrit les murs de grotesques, peignit plusieurs sujets de la vie d'Alexandre VI, fit les portraits de la reine Isabelle, de Niccolo Orsino, comte de Pitigliano; de Gianiacomo Trivulzi et d'autres parents et amis du saint pontife, au nombre desquels on remarque César Borgia, qui profita sans doute de l'hiver pour se faire peindre; car, lorsqu'arrivait le printemps, son visage, pâle et beau dans l'état ordinaire, se couvrait de pustules qui en faisaient un objet d'horreur.

Puis, comme le peintre travaillait avec une rapidité merveilleuse, les tableaux se succédaient à ne pouvoir les compter; cependant on connaît encore de lui une Assomption dans la chapelle de Paolo Tolosa à Monte Oliveto de Naples, la chapelle San Bernardino à Araucie, et les quatre docteurs de l'Eglise sur la voûte de la grande chapelle Santa Maria del Popolo; et enfin il avait cinquante-neuf ans quand il eut à faire une Nativité de la Vierge pour les religieux de San Francisco de Sienne.

Pinturiccio se fit donner dans le couvent, pour travailler, une chambre qu'il pria les moines de débarrasser de tous les meubles qui s'y trouvaient, et il s'y installa.

Mais, soit qu'il eût été oublié, soit qu'il eût été laissé à dessein, Bernardino trouva un coffre dans un coin de cette chambre, et voulut l'enlever lui-même; mais, quelque effort qu'il fît, il ne put y parvenir, tant ce que ce coffre renfermait était lourd!

Le soir, il demanda qu'on l'ôtât, ne voulant plus le retrouver le lendemain; ce qui n'empêcha pas que, quand il se remit au travail, il le revit à la même place. Pinturiccio était à lui seul plus entêté que tous les moines, de sorte qu'il ne consentit à continuer sa Nativité que du moment où il serait débarrassé de ce vieux coffre.

On lui obéit. Mais voilà qu'en emportant la malheureuse boîte une planche trop faible ou trop vieille se détache, et la salle fut inondée d'une pluie d'or pareille à celle que Jupiter fit tomber pour Danaé; seulement celle-là n'avait rien de mythologique, et chaque goutte était un bon et magnifique ducat d'or.

Pinturiccio éprouva une telle douleur d'avoir fait enlever ce trésor et d'être ainsi passé à côté de sa fortune sans s'en apercevoir, tandis qu'il n'avait qu'à se baisser pour la prendre, qu'il en mourut.

Voilà la cause de sa mort que donna sa femme; mais on peut n'en croire que ce qu'on veut quand on sait que depuis longtemps elle faisait le malheur de son mari par sa vie désordonnée, et, qu'à l'heure où, soit pour une cause, soit pour une autre, Pinturiccio mourait, elle déserta le lit du pauvre moribond pour se sauver avec un portefaix son amant.

Ceci se passait en 1513. Il y avait donc dix ans que le pape Alexandre VI était allé rendre compte à Dieu de sa mission sur la terre; nous retrouverons sa mort dans la biographie de Pérugin.

César, après avoir échappé d'abord au poison, après s'être sauvé de sa prison ensuite, avait été tué le 10 mars 1507 dans une bataille près d'un village ignoré, que l'on nomme Viane, ayant toutes les blessures par devant comme un Spartiate.

Quant à Lucrèce, maîtresse incestueuse, épouse adultère, mariée quatre fois : d'abord à un gentilhomme aragonais, ensuite à Jean Sforza, déclaré impuissant par le pape, puis à Alphonse, duc de Briseglia, assassiné par César, enfin à Alphonse d'Este, fils d'Hercule; elle était morte la dernière duchesse de Ferrare, adorée par ses sujets comme une reine, et chantée par l'Arioste et Bembo comme une déesse.

BALDASSARE PERUZZI

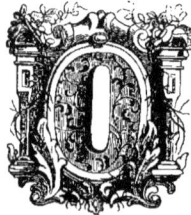

Il faut parler à ceste heure, dit Brantôme, un peu et beaucoup de M. de Bourbon, lequel je mets parmy les grands capitaines impériaux, encor qu'il fust du noble sang de France et le premier prince; mais les Espaignols se vantent d'avoir faict de belles guerres soubs luy. De sorte qu'eux mêmes luy bastirent ainsy sa sépulture : *La Francia me dio la leche, la Espana la gloria y la aventura, la Italia la sepultura*, c'est-à-dire : La France me donna le laict et la première nourriture; l'Espaigne la gloire et l'adventure, et l'Italie la sépulture. Si a il pourtant acquis de grande gloire avant que sortir de France; car ayant esté faict connestable par le feu roy François à son advènement à la couronne, il mena l'advant-garde (comme à luy appartenoit de raison), à la bataille des Suysses, où il fit divinement bien et y perdit François, M. son frère, près de luy; et après toute la conqueste de l'estat de Milan, le roy s'en retournant en France, l'y laissa son lieutenant-général qu'il gouverna fort sagement et sans perte. Puis, estant tourné quelque tems après en France, le roy eut quelque mescontentement de luy, par la persuasion de madame la régente qui lui demandoit son douaire sur la maison, voire, et qui plus est, désiroit fort de l'espouser; mais luy la desdaignant et en parlant très-mal, l'anima contre luy, tellement qu'elle luy rendit bien; que c'est que de l'amour et d'un desdain ! car la bonne dame n'estoit sy vieille ni cassée, qu'elle n'en voulust taster en bon mariage. Le voyage de Valenciennes se présenta, où M. de Bourbon cuydoit mener l'advant-garde, qui lui fust ostée et donnée à M. d'Alençon; dont accroissant despit sur despit, partit de la France. Aucuns disoient qu'il eust tort pour ce subject, car il devoit au beau-frère de son roy, bien qu'il fust connestable, un peu céder.

Il s'en alla au service de l'empereur, non sans grande peine et hazard de sa vie par les chemins, car il estoit guetté de toutes parts et les passages tous gardés; mais la fortune luy fut si bonne qu'il se sauva tout seul avec M. de Pomperant; ce que c'est que d'avoir un bon second pour compaignon! Et voylà pourquoy les poètes de jadys nous ont figuré ces braves héros ayant toujours avecques eux en leurs braves entreprises un bon, fidel et vaillant compaignon et confidant. Les exemples en sont communs : comme bien en prit à M. de Bourbon d'avoir avec lui cet assuré et sage second, lequel, ayant tué, en homme de bien à Amboise, le seigneur de Chissay, qui estoit fort aymé du roy, et estoit des gallants de la cour, ce fut luy que M. de Lautrec envoya au pape Léon avec quelques gens pour conquérir le duché d'Urbin. (Marot en a faict une complainte en ses œuvres). Fallut qu'il s'enfuist par l'escorte et adresse que luy donna M. de Bourbon, non sans un mescontentement du roy, et par ainsy sauva sa vie qu'il employa despuis au service de son bienfaicteur.

Enfin, voylà M. de Bourbon sauvé et veu par l'empereur de fort bon œil, qui le recompensa et repeut de belles parolles. Cependant le sert bien et fidellement, par son moyen ayant emmené à propos le secours d'Allemaigne et de M. le marquis de Pescayre, qui furent cause tous deux que la bataille de Pavye fut gaignée. Il fust après lieutenant-général de l'empereur; là, où il acquist telle gloire, honneur et renom que les soldats firent de luy une chanson qui l'exaltoit grandement par-dessus César, Annibal et Scipion, et commençoit ainsi :

<small>Calla, calla, Julio Cæsar, Anibal y Scipion,
Viva la fama de Bourbon!</small>

c'est-à-dire :

<small>Que maintenant se taisent César, Annibal et Scipion,
Vive la renommée de Bourbon!</small>

Voylà les gentils mots que ces braves soldats donnoient à leur général, bien différents à ceux que les soldats de César luy donnoient à son retour des Gaules en triomphant à Rome : *Gallias subegit Cæsar, Nicomedes Cæsarem; ecce Cæsar triumphat qui subegit Gallias, ecce triumphat Nicomedes qui subegit Cæsarem* : César a subjugué les Gaules et Nicomède a subjugué César; voylà César qui triomphe qui a subjugué les Gaules, et voylà Nicomède qui triomphe qui a subjugué César. Ce brocard est vilain : et voylà les sobriquets que les soldats romains donnoient à leur empereur qui ne s'en soucioit point; encore en rioit-il, car tout estoit de guerre et tout bon à dire ce jour-là.

Les braves soldats espaignols honoroient bien autrement leur général; car, à ce que j'ay ouy dire à aucuns de ce tems-là, par tout leur camp ils ne chantoient autres chansons, et mesmes en cheminant pour se désennuyer, et surtout quand ils le voyoient passer; auxquels il applaudissoit et les saluoit fort courtoisement, leur disant à tous les coups (ainsy qu'il tiroit à Rome) : « Laissez faire, compaignons, patientez un peu; je vous mène en un lieu que vous ne sçavez pas, où je vous feray tous riches; » ne leur nommant pourtant ce lieu, qui estoit Rome; ce qu'il fit. Mais en la prenant et montant le premier sur la muraille, il y mourust avec un tel regret de ses gens, que de rage, pour venger sa mort, ils ne laissèrent jamais de crier : *Carne! carne! Sangre! sangre!* Bourbon! Bourbon! au carnage! au sang! Bourbon! et de tuer jusques à ce qu'ils en furent las et non pas saouls (dit le mot espaignol).

J'ai ouy dire à Rome qu'on tenoit que celui qui tira cette malheureuse arquebusade estoit prestre, tout aussi que celui qui, dans Sainct-Dizier, tua ce brave prince d'Orange. La vieille chanson de ces adventuriers d'alors disoit pourtant ainsy :

<small>Quand le bon prince d'Orange
Vit Bourbon qui estoit mort,
Criant : Sainct Nicolas!
Il est mort, saincte Barbe!
Jamais plus ne dict mot,
A Dieu rendit son âme.

Sonnez, sonnez, trompettes,
Sonnez tous à l'assault,
Approchez vos engins,
Abattez ces murailles ;
Tous les biens des Romains
Je vous donne au pillage.</small>

Voylà ce qu'on chantoit alors, car ces bons adventuriers ne visoient en ce tems-là tant à la rythme comme au sens.

Or, tout ainsy que M. de Bourbon avoit recommandé de descouvrir et cacher son corps, ses gens le firent; si bien que l'escallade et l'assaut se poursuivit si furieusement que la ville, amprès avoir un peu résisté, fut emportée; et les soldats ayant desjà ouy le vent de sa mort, en combattirent plus endiablement pour vanger sa mort, laquelle, certes, le fut très-bien, car on se mit à crier : Carne! carne! Sangre! sangre! Sierra! Bourbon! Bourbon!

La muraille et les remparts gaignés, les Romains commencèrent à fuyr et sauve qui peut. Les impériaux poursuivent leur victoire de telle furie, qu'on disoit que tous les diables estoient là tous assemblés, comme disent les Espaignols en leur langue. Car les arquebusades, les crys des combattants, les plaintes des blessés et mourants, e battement des armes, le son des trompettes, la rumeur des tambours, qui animoient d'autant plus les soldats au combat, et les coups de piques faisoient un tel bruit, qu'on eust ouy tonner le ciel quand il eust tonné. Et poursuivirent si prestement les vainqueurs leur victoire, qu'à grand'peine ceux de dedans eurent loisir d'abatre les chaisnes du chasteau : si bien que le cardinal Armelin y cuyda laisser le chappeau, sans un de ses amys qui le haussa avec une corde de bas en haut. Le cardinal Santi Quatro en se sauvant dans le chasteau à course de cheval, son cheval vint à tomber ou bien lui qui ne se tenoit pas bien possible, fust traisné, un pied dans l'estrier jusques à la porte du chasteau par son cheval qui le traisna et mena jusques-là à la bonne et mal'heure. Ce cheval fut encore bon et sage d'avoir sauvé son maistre si disgracieusement.

Les lansquenets, voyant qu'on ne parloit plus de revenir au combat, se mirent à desrober, tuer et violer femmes, sans tenir aucun respect ny à l'ange, ny à la dignité, ny à hommes, ny à femmes, ny sans espargner les sainctes reliques des temples, ny les vierges, ny les moinales, jusques-là que leur cruauté ne s'estendit pas seulement sur les personnes, mais sur les marbres et antiques statues. Les lansquenets qui nouvellement estoient imbus de la nouvelle religion, et les Espaignols encore aussi bien que les autres, s'habilloient en cardinaux et evesques en leurs habits pontificaux et se pourmenoient ainsy parmy la ville. Au lieu d'estaffiers faisoient marcher ainsy ces pauvres ecclésiastiques à costé ou au-devant en habits de lacquais. Les uns les assommoient de coups, les autres se contentoient de leur donner *Oro vos*; les autres se mocquoient d'eux et en tiroient des risées en les habillant en bouffons et mattassins : les uns leur levoient les queues de leurs chappes, en faisant leurs processions par la ville et disant les Litanies. Bref, ce fut un vilain scandale. »

Nous nous sommes contenté de transcrire mot à mot Brantôme, sûr qu'avec son style naïf et charmant il ferait mieux que nous n'aurions pu faire; mais ici nous sommes forcé de l'abandonner, car il ne peut rien nous dire de celui dont nous écrivons l'histoire.

Au milieu de ce pillage auquel ils se livraient, les soldats espagnols trouvèrent, dans une maison de simple apparence, un homme de trente-cinq à quarante ans, à la figure si noble, aux apparences si modestes, qu'ils le prirent pour un évêque, ou tout au moins pour un homme bon à mettre à contribution. Ils s'en emparèrent donc, et la victime passant des mains des lansquenets à celles des Espagnols et des Français, allait comme les autres prélats subir, outre une rançon énorme, un martyre affreux, quand heureusement on reconnut qu'au lieu d'être un prêtre, c'était un peintre et qu'il se nommait Baldassare Peruzzi. Alors ils lui firent prendre ses pinceaux, sa palette, ses couleurs et l'emmenèrent là où se trouvait le cadavre du connétable, que, tout vêtu de son armure, ils tinrent debout, et dont ils contraignirent Peruzzi à faire le portrait; puis ils le renvoyèrent sans lui donner autre chose que la vie, ce qui était, après tout, le plus beau cadeau qu'ils pussent lui faire, et après avoir été préalablement dépouillé de tout ce qu'il possédait, depuis son argent jusqu'à ses habits, il parvint à se sauver et arriva à Sienne en chemise. Quant au connétable, il fut enterré après qu'on lui eut, comme à un dieu, immolé des hécatombes d'hommes, et « luy firent, dit Brantôme, ceux d'alors, ce petit épitaphe qui commence :

D'assai, assai,

et qui fut traduit en françois ainsy :

D'assez assez a faict Charlemagne le Preux,
Alexandre le Grand de peu fit plus grand' chose;
Mais de néant a faict plus que n'ont faict les deux
Charles, duc de Bourbon, qui cy dessoubs repose.

Il n'avait pas de bonheur, ce pauvre Peruzzi! qu'il travaillât pour des grands seigneurs italiens ou pour des soldats espagnols, il n'y gagnait pas grand'chose; les uns ne le payaient pas ou peu et les autres le volaient, et cependant c'était un homme d'étude et de persévérance, qui avait assez de génie pour le changer contre une mine d'or. Mais, comme il avait le malheur d'être discret et que les grands seigneurs avaient le bonheur d'être avares, il se trouva presque toujours que ce vice des riches spécula sur cette vertu du peintre, et que, si ses chefs-d'œuvre entraient dans leurs palais, leur argent n'entrait guère dans son atelier.

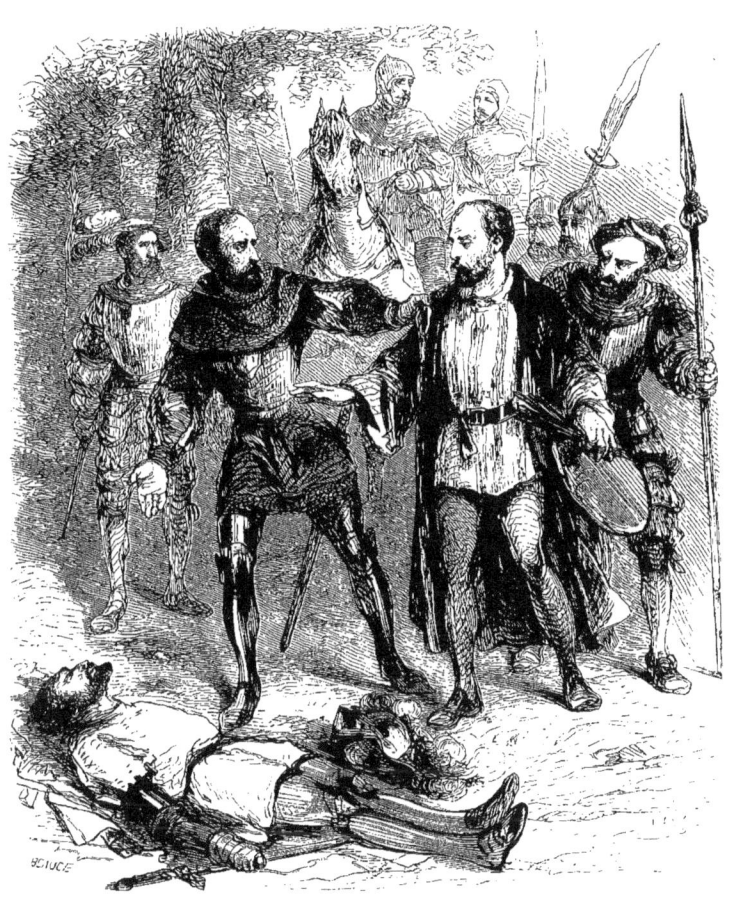

...Et l'emmenèrent là où se trouvait le cadavre du connétable. — Page 12.

Du reste, cette pauvreté de toute sa vie semblait réaliser le pressentiment de sa naissance. Son père, Jean-Sylvestre Peruzzi, noble citoyen de Florence, avait été forcé de quitter cette ville au milieu de ses troubles, et, en 1480, Baldassare était venu au monde avec cette double malédiction de l'exil et de la pauvreté. L'enfant avait grandi et s'était fait homme, au sein d'une société d'artistes où il avait pris le goût et les principes du dessin, si bien qu'à la mort de son père, voyant qu'il allait avoir une nouvelle lutte à soutenir, il travailla avec une telle ardeur, qu'il fit des progrès rapides et merveilleux, et qu'au bout de quelque temps il subvenait aux besoins de sa mère et de sa sœur, qui ne s'apercevaient de l'absence, l'une de son époux, l'autre de son père, que par le regret que toute tombe fermée laisse au cœur.

C'était donc déjà un homme de goût et de talent, lorsqu'il peignait à Volterra la petite chapelle près de la porte Fiorentina, et qu'il la dotait de figures d'une grâce inouïe. Il se lia là d'amitié avec un peintre de cette ville nommé Piero, que le pape Alexandre employait à peindre dans le Vatican. Piero conseilla à Baldassare de venir à Rome, et tous deux partirent pour la ville sainte, où ils prirent chacun leur travail, jusqu'à ce que vint le 2 août 1503.

Or ce jour-là, voici ce qui s'était passé à Rome.

Il devait y avoir souper le soir au Vatican, et les convives invités étaient les derniers cardinaux élus : Giovanni Castellar Valentino, archevêque de Trani ; Francesco Remolino, ambassadeur du roi d'Aragon ; Francesco Foderini, évêque de Volterra ; Melchior Capis, évêque de Brissina ; Nicolas Fiesque, évêque de Fréjus ; Francesco de Sprate, évêque de Leome ; Adriano Castellense, clerc de la chambre, trésorier général et secrétaire des brefs ; Francesco Loris, évêque d'Elva, patriarche de Constantinople, et secrétaire du pape, et Giacomi Casanova, protonotaire et camérier secret de Sa Sainteté.

Le cardinalat, quand on veut le faire servir au bien de l'Église et au salut des fidèles, est une si belle chose, qu'on ne saurait l'acheter trop cher, si bien que chacune de ces élections avait été payée par l'élu suivant sa fortune, de dix à quarante mille ducats.

Si, par un hasard étrange, il arrivait que quelques-uns de ces cardinaux mourussent subitement, comme Casanova, Melchior Capis et Adriano Castellense, l'immense fortune qu'ils avaient amassée reviendrait au pape.

Alexandre VI leur donnait donc à souper dans une vigne située près du Vatican, et qui appartenait au cardinal de Corneto. Dès le matin du jour, Alexandre et César Borgia avaient envoyé leurs serviteurs et leurs maîtres-d'hôtel faire tous les préparatifs ; et César avait remis lui-même au sommelier de Sa Sainteté deux bouteilles d'un vin si précieux, à ce qu'il paraît, qu'il recommanda qu'on n'en servît que lorsqu'il le dirait et qu'aux personnes qu'il indiquerait. Du nombre de ces personnes se trouveraient sans doute les trois cardinaux que nous venons de nommer, car, comme nous l'avons dit, ils étaient fort riches et avaient dû, grâce à cette fortune, rendre quelques services au pape et à la chrétienté ; c'était donc bien le moins que cette faveur fût pour eux.

Le sommelier avait mis le vin sur un buffet à part, recommandant sur toute chose aux valets de ne pas y toucher, ce vin étant réservé pour le pape.

Vers le soir, Alexandre VI sortit à pied du Vatican appuyé sur César et accompagné du cardinal Caraffa. La chaleur était grande, la montée était rude, si bien qu'en arrivant sur la plateforme, Sa Sainteté s'arrêta pour reprendre haleine, et s'aperçut, en portant sa main à sa poitrine, qu'elle avait oublié, dans sa chambre à coucher, une chaîne qu'elle portait habituellement au cou et à laquelle était attaché un petit médaillon renfermant une hostie consacrée. Un astrologue avait prédit au saint-père que, tant qu'il porterait cette hostie, il ne pourrait mourir ni par le fer ni par le poison. Se voyant donc séparé de son talisman, Alexandre VI ordonna au cardinal de courir au Vatican, et de lui rapporter ce médaillon, lui indiquant l'endroit où il l'avait laissé.

Puis le pape ayant grand'soif, il demanda à boire ; et comme il n'y avait là que le sous-sommelier à qui l'on avait dit que les deux bouteilles de vin étaient réservées pour le pape, ce fut de ce vin qu'il versa à Alexandre et à César.

Pendant ce temps, le cardinal arrivait au Vatican, et, comme il était familier au palais, montait à la chambre du pape, une lumière à la main et sans être accompagné d'aucun domestique. Au tournant d'un corridor, le vent souffla la lumière. Néanmoins, renseigné comme il l'était, il continua sa route, pensant qu'il n'avait pas besoin de voir pour trouver l'objet qu'il venait chercher. Mais, en ouvrant la porte de la chambre, le messager recula d'un pas et jeta un dans le style gothique, pour les marguilliers de San Pibionio; de dessiner en clair-obscur une Adoration des Mages pour le comte Gio Battista Bentivogli, et il était revenu, comme nous l'avons dit, à Rome, laissant Girolamo Trevigi peindre le dessin qu'il avait donné au comte.

Enfin la *Calandra*, la première comédie écrite en prose, du cardinal Bibbiena, avait été représentée devant le pape, et Peruzzi avait encore été chargé des décorations, ce dont il s'était acquitté avec un si merveilleux talent, que ses deux compositions sont restées les modèles du genre. Il faut dire qu'il y apporta un soin étonnant, et que, pour arriver à l'effet qu'il voulait produire, il avait disposé lui-même jusqu'à l'éclairage des châssis.

Puis Léon X était mort de joie en apprenant la défaite des Français, et avait laissé la tiare à Adrien VI, le précepteur de Charles-Quint, et le pape pacifique, qu'on empoisonna bientôt, le trouvant trop vertueux. Clément VII, le bâtard de Julien de Médicis, lui avait succédé. Peruzzi avait été chargé de tout ce qui concernait l'appareil du couronnement, avait terminé à Saint-Pierre la façade de la grande chapelle commencée par Bramante, et enfin était revenue l'année 1527, époque où le connétable de Bourbon avait assiégé Rome, et où nous avons commencé cette biographie.

Le pape, retenu au château Saint-Ange pendant le siége, avait corrompu ses gardes et s'était évadé. Comme si ce n'était pas assez du fléau de la guerre, Dieu envoyait la peste à Rome; Venise, l'alliée de l'empire, mettait tout à feu et à sang; Florence, à la nouvelle de la réclusion du pape, avait chassé les Médicis et brisé leurs statues, si bien qu'une fois libre, Clément VII, redevenu l'ami de Charles-Quint, après avoir été son prisonnier, n'avait rien eu de plus pressé que de mettre le siége devant Florence, et avait envoyé Baldassare à Baccio Valori pour qu'il l'employât comme ingénieur aux travaux de ce siége; mais Peruzzi avait refusé, non parce qu'il était Florentin, comme le dit Vasari, mais parce que Sienne, sa patrie, était gibeline. Clément VII avait gardé un vif ressentiment de ce refus; mais enfin, après onze mois de tranchée, Florence avait été prise, érigée en duché, redonnée à un Médicis; la paix s'était faite au dehors comme au dedans, et, grâce aux cardinaux Salviati, Trivulzi et Cesarino, Peruzzi avait pu revenir à Rome, où il avait vu sacrer, en 1534, un dernier pontife, Paul III, reflet d'Alexandre Borgia, et était mort lui-même en 1536, empoisonné comme un pape, par un misérable qui lui enviait sa place d'architecte de Saint-Pierre, c'est-à-dire deux cent cinquante écus par an, sa fortune; car, comme nous l'avons dit, malgré ses immenses travaux de toutes sortes, c'était lui qui enrichissait les riches.

Si vous allez à Rome, à côté du tombeau de Raphaël d'Urbin vous en verrez un autre, et vous lirez dessus cette simple inscription :

Balthasari Perutio Senensi, viro pictura et architectura aliisque ingeniorum artibus adeo excellenti, ut, si priscorum occubuisset temporibus, nostra illum felicius legerent. Vix. ann. LV, *mens.* XI, *dies* XX.

Lucretia et Jo. Salustius optimo conjugi et parenti, non sine lacrymis Simonis, Honorii, Claudii, Æmiliæ ac Sulpitiæ minorum filiorum, dolentes posuerunt. Die III *januarii* MDXXXVI.

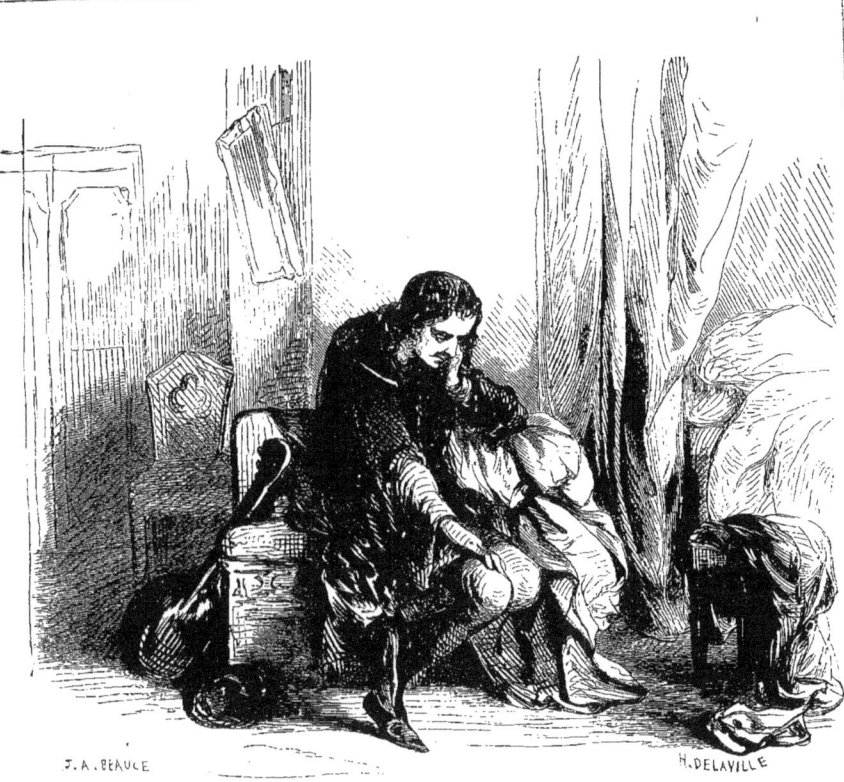

GIORGIONE

ET

QUENTIN METZIS

PAR

ALEXANDRE DUMAS

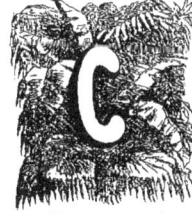'était, en 1504, un jeune et beau cavalier que Georges Barbarelli, et c'était en même temps un peintre puissant et hardi. Certes, s'il faut juger un homme sur sa mine et sur sa tournure, sur ses manières et son langage, aucun gentilhomme de la noble Venise n'eût valu Giorgione; aussi les hommes l'avaient-ils en haine, car les femmes l'avaient en amour. Pas une fête ne se donnait à Venise que Giorgione n'en fût, et comme, outre sa peinture, il aimait fort la musique, et que sa voix était aussi pure que son pinceau, bien des nobles dames rêvaient en l'écoutant chanter, et rêvaient au chanteur quand il avait fini; ce qui fait que souvent on pouvait, en regardant une

des nouvelles productions de Giorgione, reconnaitre, sous la figure d'une bacchante ou d'une Vierge, une de celles qui étaient passionnées pour le chant. Donc c'était un caractère aventureux que ce Barbarelli, qui ne refusait jamais un rendez-vous, qu'il dût y trouver le regard d'une femme ou l'épée d'un homme, et c'était par-dessus tout un joyeux compagnon, qui avait de l'esprit et du courage autant que qui que ce fût, et du talent plus que personne.

Et cependant il n'était ni noble ni riche, comme nous l'avons dit dans la vie de Titien, et son père était un des moindres hommes de Castel Franco.

Nous avons déjà vu son arrivée chez le peintre Bellini, son amitié pour Titien, son pari avec les sculpteurs. Nous ne nous occuperons donc pas de ses commencements; nous dirons seulement qu'en 1504, à l'époque où nous le prenons, il avait vingt-six ans. Il avait déjà, étant chez Bellini, fait bon nombre de Vierges et de portraits, et sa réputation était grande quand le Fondaco de Tedeschi brûla. Aussi ce fut à lui qu'on s'adressa quand il fallut le reconstruire pour peindre les fresques; l'architecte lui laissa le libre choix des sujets. Giorgione s'abandonna alors à toute son imagination bizarre et pittoresque; mais, comme nous l'avons dit, Titien peut revendiquer une bonne part de la gloire que ces compositions acquirent à Giorgione.

Il avait déjà fait des portraits, parmi lesquels nous pouvons citer un David, où le peintre s'est représenté lui-même; un Général d'armée, et un Enfant, dont la tête bouclée, dit Vasari, ressemble à une toison d'agneau. Après les fresques, il avait exécuté un Portement de croix fort beau, un portrait de Catherine, reine de Chypre, et l'Homme aux quatre faces, qui lui fit gagner son pari.

Puis il était retourné à Castel Franco pour accomplir une œuvre de reconnaissance et de piété. Il était parti pauvre de chez ses parents, et il venait leur payer le tribut de sa gloire et de sa fortune; et, après être entré dans la maison de son père, il s'occupa de la maison de Dieu. Car c'était un noble cœur que Giorgione, qui devait voir plus tard, comme tous les gens qui aiment et qui pensent, ce qu'on perd d'illusions en marchant dans la vie, et ce qu'on laisse de bonheur dès les commencements de sa route. Il quittait donc le matin son père et s'en allait travailler à l'église paroissiale de Castel Franco. Du côté droit, il peignit un saint George; et du côté gauche, un saint François : l'un était son propre portrait; l'autre, le portrait de son frère. Puis, quand il eut terminé ces deux tableaux, il peignit encore quelques-uns de ses concitoyens, un Christ mort, et repartit pour Venise, car c'était véritablement là sa sphère. C'était le peintre auquel il fallait le chant des fêtes et le bruit de la ville. Ses rêves ne lui apportaient pas des madones voilées et douloureuses, comme à Raphaël et au Pérugin, mais de riches et belles courtisanes, comme à l'Albane et à Rubens. Aussi, quand son pinceau retraçait sur la toile la pensée de son imagination, sa toile s'animait de couleurs brillantes et accentuées. Ce n'était pas toute la poésie de l'âme, mais c'était toute la beauté du corps, toutes les impressions de l'amour, toute la volupté des sens. Il lui fallait, à lui, les nuits étoilées et chaudes de Venise, comme il fallait à Bartolomée l'ombre calme et silencieuse du cloître; enfin Giorgione n'était pas la pensée divine et sainte du cœur, mais l'expression puissante et vigoureuse des passions.

De retour à Venise, il prit une maison sur la place Saint-Sylvestre, et sa vie de plaisir et de travail recommença. Il était évident que ce qu'il peignait le jour était la reproduction de ses impressions de la nuit, et que toute son inspiration lui venait du dehors; il se mit, comme c'était l'habitude alors pour les gens riches, à peindre la façade de sa maison et celle de la maison Lorenza, se laissant aller à toute sa fantaisie. Poëtes, musiciens, peintres, mythologie, tout y était, depuis la Madone nourrissant le Christ jusqu'à Vulcain fouettant l'Amour; puis le temps est venu qui a détruit tout ce ciel comme l'Olympe.

Il fit encore le symbole de la vie humaine : une femme tenait entre ses bras un enfant qui venait de naître, et dont le premier vagissement était un cri, dont la première impression une douleur, et dont les yeux pleuraient avant d'être ouverts. Au milieu se trouvait un homme armé de toutes pièces, jeune et bouillant, toujours prêt à venger une injure, toujours prêt à verser le sang; plus loin, un autre jeune homme discutait avec les philosophes, les hommes d'affaires; d'un côté, la fougue; de l'autre, l'étude; puis enfin un vieillard tout nu, les cheveux blancs, les membres froids, le corps incliné, méditant sur une tête de mort, tâchant d'approfondir la question de l'âme sur les restes du corps.

Cette composition est une des plus belles de

Giorgione; on comprend que l'idée a dû lui en venir dans un moment de solitude et de calme, à la première désillusion de son cœur, au premier doute de son esprit, à ces heures de réflexion silencieuse, où notre âme se reporte à l'enfance et retrouve une douleur, et puis à la vieillesse, où elle entrevoit la souffrance. Car, comme nous l'avons déjà dit, Giorgione n'était pas un de ces hommes qui se font une habitude de pensées douces; au contraire, sa peinture était vivace et passionnée; et nous qui sommes appelé à juger l'homme sur ses œuvres, quand, à travers ses productions vigoureuses nous en voyons une simple et poétique, nous sommes forcé de la rejeter sur une impression intime du cœur.

C'est que, si pendant longtemps Giorgione a vécu de plaisirs, jeune encore il est mort de douleur; c'est que c'est justement dans ces organisations fortes et joyeuses que le chagrin creuse le plus profondément quand une fois il s'en empare.

A ce tableau que nous venons de nommer succéda l'allégorie de Psyché, la terrestre rivale de Vénus.

Psyché était belle parmi toutes ses compagnes, et sa beauté était devenue un culte; si bien qu'on lui brûlait de l'encens et qu'on l'appelait Vénus. Mais la belle déesse était jalouse comme une femme, et elle fit jurer à son fils que Psyché soupirerait pour le plus horrible monstre de la terre. En effet, les deux sœurs de la belle jeune fille se marient, elle reste seule près de son père, comme un jeune lis près d'un vieux chêne, donnant tout son parfum à l'arbre qui lui donne toute son ombre; mais un oracle inexorable a parlé, il faut que la rivale de la déesse jalouse soit déposée seule et nue sur une haute cime pour y attendre le monstre qui sera son époux. Toute la cour conduit en pleurant la belle enfant au pied de la montagne, et Psyché gravit avec ses petits pieds la pente escarpée; puis, arrivée au sommet, elle croise, chaste et pure, ses deux bras sur sa poitrine, et, fatiguée de la route, elle s'endort.

A son réveil, la montagne aride a disparu, elle ne reconnait plus le pays qu'elle a parcouru la veille; un lit somptueux a remplacé sa couche de pierre, un palais magnifique l'entoure, et le paysage qu'elle aperçoit de sa fenêtre, tout diapré de fleurs, tout ruisselant de soleil, lui est inconnu. Alors elle cherche à rappeler sa pensée, et, en fouillant dans ses souvenirs, elle retrouve l'oracle et la fatale prédiction, toute sa jeunesse passée et tout son malheur à venir. Puis, toute cette magnificence qu'elle a d'abord vue avec étonnement, elle la considère avec inquiétude; c'est d'un bien triste présage pour la pauvre enfant; celui qui va habiter ce palais avec elle doit être bien affreux, puisque, ne pouvant charmer son cœur, il a tout fait pour charmer ses yeux. A ces pensées succède une rêverie, au jour succède la nuit; Psyché reste seule dans l'obscurité, le soleil est descendu depuis longtemps derrière l'horizon, et la belle enfant rêve encore à la fenêtre du palais, écoutant ce que murmurent les fleurs à travers leurs parfums, ce que chantent les oiseaux dans les arbres; puis, quand elle a longtemps respiré les brises, écouté les chansons, regardé les étoiles, sa rêverie se change en sommeil, et, comme la veille sur la montagne, elle croise ses bras sur sa poitrine, adresse sa prière à Vesta et s'endort.

Mais, cette fois, son sommeil est troublé, elle se réveille; la salle est toujours obscure, les parfums sont toujours les mêmes, seulement à ces parfums se mêlent des mots mystérieux qu'elle n'avait jamais entendus même en rêve; sur sa lèvre se pose un baiser comme jamais son père ne lui en a donné, et quand le jour vient, celui qui disait ces mots, qui donnait ces baisers, a disparu, et Psyché est seule. La nuit revient encore avec les mêmes bonheurs, avec la même extase, et le jour avec la même solitude.

De tout temps la curiosité a perdu les femmes, dans la Bible comme dans la Fable, Ève comme Pandore. Or, une nuit que son amant mystérieux était endormi, Psyché se leva, courut prendre une lampe qu'elle avait cachée, l'alluma et revint. Pourtant ce n'était pas sans un battement de cœur bien fort que la jeune fille s'approchait du lit : les mots que lui disait son amant étaient bien doux, ses baisers bienfaisants, mais l'oracle avait promis un monstre, et peut-être la lumière allait-elle prouver la vérité de l'oracle.

Aussi on comprend quel fut le bonheur de Psyché quand, au lieu de l'être hideux que lui montrait son imagination, elle vit celui qui était endormi. Malheureusement, quand le cœur est trop joyeux, quand la poitrine est trop oppressée, la main tremble, et comme la lampe dont se servait Psyché brûlait tout simplement comme les nôtres avec de l'huile, sa main trembla si bien, qu'une goutte tomba sur la cuisse de l'amant, qui n'était autre que le fils de Vénus.

Alors tout fut fini : palais, amant, bonheur, tout disparut. Cupidon furieux fit un fort beau

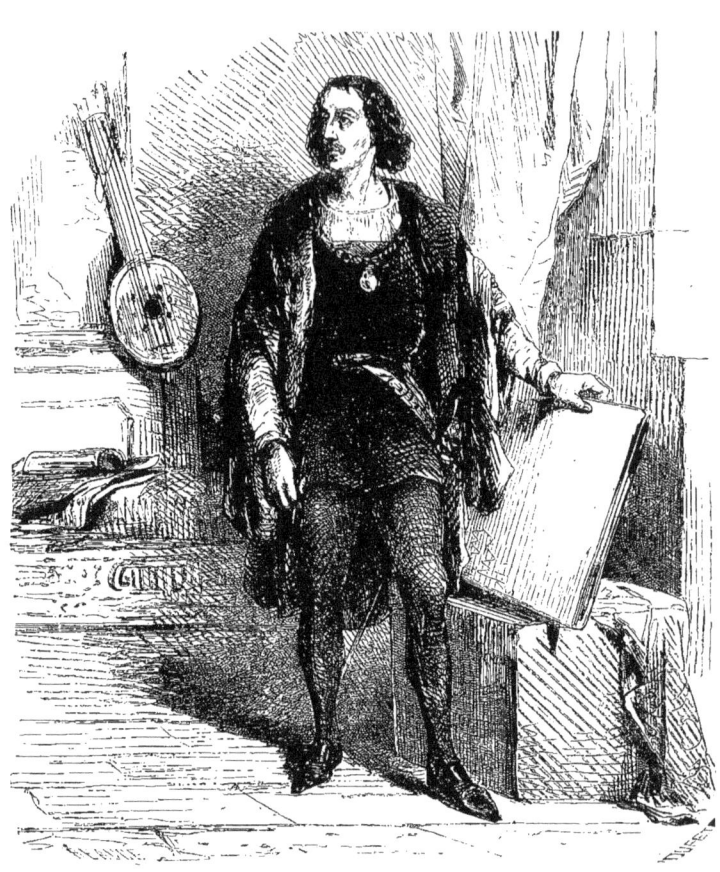

Giorgione.

discours à la pauvre curieuse et la laissa toute seule au milieu d'un immense désert, où par bonheur se trouvait un torrent : de sorte que, comme la première idée qui se présente dans le désespoir est la mort, Psyché suivit la loi commune et alla se jeter dans ce torrent ; mais le torrent ne voulut pas de ce corps blanc et gracieux, et se contenta de la déposer sur l'autre rive.

Puisqu'elle ne peut mourir, il faut bien qu'elle prenne le parti de vivre : elle suit donc le premier chemin qui se présente à elle, et, au bout de trois jours, arrive chez sa sœur aînée et lui persuade que sa sœur cadette va être à son tour l'épouse de Cupidon ; puis elle va chez sa sœur cadette, à qui elle dit que l'Amour va épouser sa sœur aînée. Toutes deux courent à la montagne où fut laissée Psyché, appellent Zéphire pour qu'il les transporte au palais bâti pour leur sœur, et, croyant pouvoir se confier au dieu qu'elles ont appelé, elles s'élancent du sommet de la montagne ; mais Zéphire ne les a pas écoutées et elles disparaissent dans l'abîme qui environne le jardin de l'Amour.

La Renommée alla prévenir Vénus que son

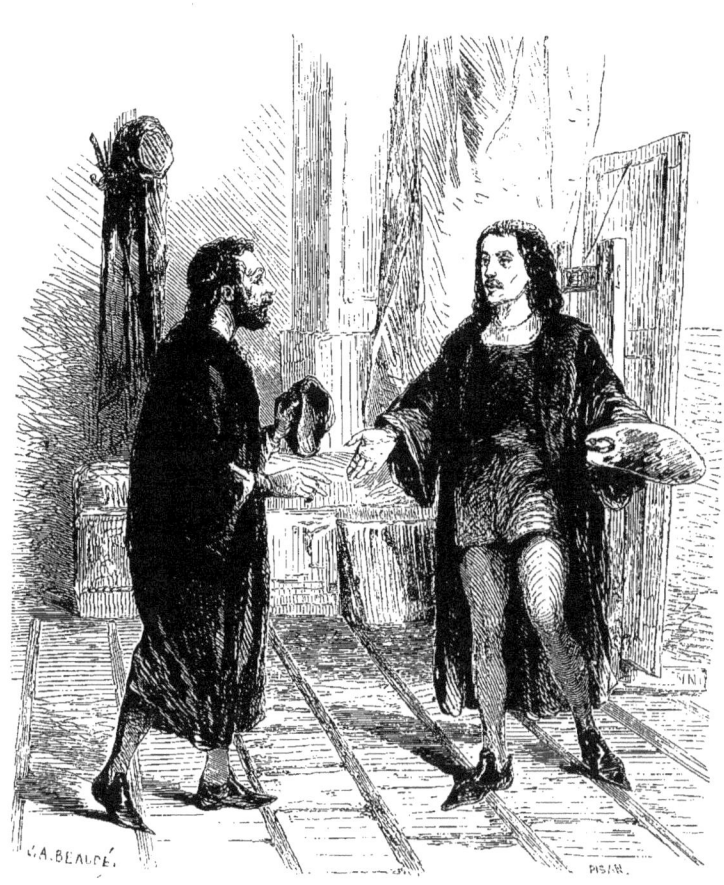

Giorgione répondit en tendant la main au nouveau venu. — Page 7.

fils était malade; et Psyché, qui cherchait son époux, crut pouvoir se confier à la générosité de sa rivale. Mais la pauvre enfant n'avait pas grande expérience, de croire qu'on trouve de la générosité à côté de la jalousie. Vénus se connaissait trop bien en vengeances pour laisser échapper cette occasion : elle fit semblant de pardonner, et imposa à Psyché des travaux impossibles; mais, à mesure que la mère inventait de nouvelles difficultés, son fils donnait à sa maîtresse de nouvelles forces, si bien que le bourreau se lassait avant la victime. Enfin Vénus ordonna à Psyché d'aller aux Enfers demander à Proserpine une boîte de beauté pour suppléer à ce que la maladie de son fils lui avait fait perdre.

Cette fois Psyché fut bien sûre que ce serait la dernière vengeance de sa rivale, car elle n'entrevoyait pas la possibilité du retour. Elle partit cependant calme et résignée, et, quand elle eut longtemps marché, elle arriva au sombre empire; Cerbère, le terrible chien, se tut; Caron, le vieux nocher, lui fit crédit; Proserpine lui donna la boîte, et Psyché revint par le même chemin qu'elle était venue.

Psyché n'était pas curieuse à demi; elle avait voulu voir son amant, elle voulut ouvrir la boîte. Ce fut toujours la curiosité qui l'a perdit. A peine la malheureuse boîte fut-elle ouverte, que des vapeurs qui en sortirent asphyxièrent la jeune fille; mais Cupidon était toujours là : il fit rentrer les vapeurs, il ranima sa maîtresse, qui alla rendre compte de son message à la déesse, puis il demanda à Jupiter d'admettre Psyché au rang des immortels. Jupiter y consentit. Vénus, satisfaite de la boîte, fit comme Jupiter; Cupidon épousa bel et bien Psyché, et eut de ce mariage une charmante enfant qu'on nomma Volupté.

Voilà le sujet que choisit Giorgione et qu'il exécuta en douze tableaux.

Dans le premier, il représenta la jeune fille pudique et voluptueuse à la fois, telle que devait la choisir Cupidon, qui s'y connaissait mieux que personne : elle soutenait de la main droite un voile qui tombait et dont l'extrémité couvrait son sein.

Dans le second, c'est Vénus qui ordonne la vengeance à son fils; mais on comprend déjà que celui-ci oubliera la colère de Vénus devant le regard de Psyché.

Dans le troisième, elle est, comme nous l'avons déjà vu, conduite par toute la cour au lieu du sacrifice.

Le quatrième la représente portée par Zéphire dans le palais de l'Amour; plus loin elle est assise à un somptueux banquet, et plus loin encore couchée auprès de l'Amour.

Dans le suivant, elle est avec ses sœurs, qui lui donnent le fatal conseil qu'elle exécute dans le sixième.

Dans le septième, Giorgione avait représenté le pèlerinage de Psyché, qui rencontre Pan, et, dans le fond, ses deux sœurs qui, trompées à leur tour, se précipitent du haut de la montagne.

Puis venait Vénus grondant son fils, et Psyché implorant Vénus, qui écoute avec froideur la suppliante jeune fille, que repousse aussi Junon.

Le neuvième tableau représente Psyché battue par Vénus, qui lui ordonne les travaux qui doivent racheter sa faute.

Dans le dixième, la pauvre enfant va chercher dans une épaisse forêt quelques flocons de la toison de brebis malfaisantes, va puiser de l'eau du Styx, et arrive enfin aux Enfers chercher la boîte tant désirée de la déesse. Puis la curiosité de la messagère, son évanouissement, et Cupidon qui la ranime et la renvoie à sa mère.

Dans le onzième, Cupidon obtient de Jupiter l'immortalité de Psyché; et de la terre on voit monter au ciel la céleste fiancée.

Enfin le douzième figurait les noces somptueusement belles : les places d'honneur étaient naturellement données aux divins époux, les Grâces servaient les mets et Ganymède versait le nectar pendant que les Muses et le dieu de Délos répandaient leur douce harmonie; puis, à l'entour de ce groupe, voltigeaient les Heures en parsemant le ciel de roses blanches et vermeilles.

C'était vraiment le sujet que devait choisir Giorgione avec son talent exceptionnel! Là, pas de retenue, pas de pudeur; les dieux et les déesses de l'Olympe païen ne sont pas aussi pudiques que les saints et les madones de l'Église chrétienne. A eux tout l'abandon du corps, toute la volupté des poses, toute la beauté des formes. La fable de Psyché embrassait un espace immense, ce qu'il y avait de plus grand parmi les dieux et de plus beau parmi les déesses; aussi le peintre dut bien souvent, pour ses modèles, appeler le chanteur à son aide.

Maintenant, nous ignorons si cette composition de Giorgione fut faite simplement pour répéter un fait mythologique ou pour exprimer l'allégorie qu'on prêtait à cette fable. Nous, nous croyons, au point de vue de la peinture, que ce fut l'idée des formes, la pensée des couleurs, qui fit faire ce tableau à Giorgione; mais, comme, après tout, il aurait pu le faire dans un autre sens, nous tâcherons de dire ce que signifie cette longue fable de Psyché.

D'abord il est évident que Psyché c'est l'âme (ψυχη), et que cette union de Psyché et de Cupidon est l'union de l'amour à l'âme; union mystérieuse que l'âme ne comprend pas d'abord, qui se fait au milieu de tous les chants de la terre et de toutes les harmonies du ciel, et sur laquelle elle se demande : Est-ce joie ou douleur? comme Psyché sur son amant : Est-ce un monstre ou un dieu? Puis, lorsque la raison vient examiner froidement l'amour, il s'enfuit devant elle comme Cupidon devant la lampe, laissant l'âme seule dans les ténèbres comme Psyché seule dans son désert, victime de ce péché vieux comme le monde, la curiosité; cette sonde sans force, qui ne creuse rien; cette question des yeux plus souvent encore que du cœur, qui reste sans réponse; ce grand cri poussé dans le silence et qui n'a pas d'écho; péché originel que nous a transmis Ève et que nous recevons en naissant, et que Psyché, humble mortelle, devait recevoir comme les autres. Enfin, à la faute commise doit succéder l'expiation, et Psyché descend aux Enfers, ou pour mieux dire l'âme commence à souffrir; puis arrive la mort qui sépare les choses de la terre pour les réunir dans le ciel, et Psyché devient déesse comme l'âme devient immortelle.

Maintenant toute cette allégorie païenne vaut-elle notre christianisme, toute cette mythologie vaut-elle un chapitre de la Genèse? C'est plus amusant, mais c'est moins beau; c'est plus joli par la forme, mais c'est moins vrai par le fond : et j'aime mieux Dieu débrouillant les ombres du chaos, et plus loin le Christ débrouillant les erreurs des hommes, que tout cet Olympe païen qui semble fait de ces ombres fantastiques de la nuit qu'efface le premier rayon de l'aube. Au point de vue du poëte, car c'est ainsi que nous venons de juger deux choses qui ne peuvent se comparer du point de vue religieux; au point de vue du poëte, disons-nous, toute cette mythologie allégorique doit disparaître devant notre religion réelle, palpable, visible. Au point de vue du peintre, l'une n'existe que pour la forme; l'autre existe pour la pensée. Aussi vous voyez Giorgione, le peintre de la forme, de la couleur, laisser de côté les madones et prendre les déesses. C'est qu'on a plus vite fait tout un corps voluptueux qu'un regard inspiré; c'est qu'il est plus facile de peindre tout cet Olympe avec ses passions humaines que la Vierge seule avec sa révélation divine.

Ainsi, qu'on nous permette cette digression.

Cette mythologie révèle partout son origine étroite; c'est un tout formé de morceaux divers, rassemblés par des peuples à l'horizon borné. Parmi tous ces peuples, pas un seul qui combatte pour ce qu'il dit, chacun apporte à la main, selon ses passions et ses habitudes, ses dieux et ses déesses; et le ciel finit par craquer sous le nombre des divinités, jusqu'à ce qu'un jour il arrive un homme inconnu, mystérieux, pauvre, né dans une crèche, qui renverse toutes ces idoles du vice tremblantes sur leur base, pour poser à leur place une vérité unique, sainte et ferme dans son principe. Apôtre divin, qui toute sa vie dit : J'annonce; et qui, à l'heure de sa mort, dit : Je prouve. Les deux religions n'ont même pas à lutter : l'une renverse l'autre sans violence, sans effort; un seul homme tue l'Olympe, comme David tue Goliath.

Aussi, prenez les hommes qui ont puisé dans les deux principes et comparez; vous aurez Homère et l'*Iliade* d'un côté, mais vous aurez Moïse et la *Bible* de l'autre.

Ce qui n'empêche pas que Giorgione, une fois qu'il eut terminé sa composition de Psyché, avait fait un chef-d'œuvre de coloris et de composition, et que, s'il n'y avait pas dedans de la poésie divine, il y avait certes un immense talent.

Il était donc devenu à son tour un grand peintre; et, de même qu'il avait été frapper à la porte de Bellini, d'autres vinrent frapper à la sienne. Car ceux qui venaient le trouver savaient que, outre le talent du peintre, ils rencontreraient encore chez lui le dévouement de l'ami, et qu'une fois son élève on devenait son frère.

Donc, vers 1508 ou 1509, un homme de trente à trente-cinq ans se présenta chez lui, demandant s'il y avait une place libre dans l'atelier du maître : à quoi Giorgione répondit en tendant la main au nouveau venu, qui dit s'appeler Pietro Luzzo de Feltre, ou, plus brièvement, Morto da Feltro.

Cet homme était un de ces génies remuants et inquiets, pour lesquels le mouvement est une nécessité et le changement un besoin. Né à Feltre, il était venu à Rome vers le temps où le Pinturiccio faisait pour le pape Alexandre VI, d'incestueuse mémoire, les Stanze du Vatican et les loges du château Saint-Ange; c'était l'époque où les premières excavations faites intelligemment venaient de mettre au jour ces belles peintures antiques, ensevelies depuis quinze cents ans, et qui semblaient renaître à la lumière, pour que Raphaël les vît et les surpassât. Morto da Feltro s'était pris d'amour pour ces magnifiques vestiges de l'antiquité, et peut-être dut-il son nom de Morto à la persistance avec laquelle il resta plus d'un an dans ces grottes, à en faire tout le jour des études et des copies, si bien que, lorsqu'il en sortait le soir, il semblait un mort qui sort de son tombeau.

Puis, lorsqu'il en eut fini avec les grottes romaines, il partit pour Tivoli, et, se prenant à la villa d'Adrien comme il avait fait aux bains de Titus, il resta plusieurs mois à Tivoli, dessinant tout ce que les excavations avaient découvert de chefs-d'œuvre sous terre, tout ce que le temps avait amassé de ruines à la surface du sol.

Enfin il en arriva de la villa d'Adrien comme des grottes romaines. Quand Morto da Feltro en eut, les unes après les autres, traduit toutes les merveilles sur ses albums, il partit, moissonneur infatigable, pour chercher une autre récolte,

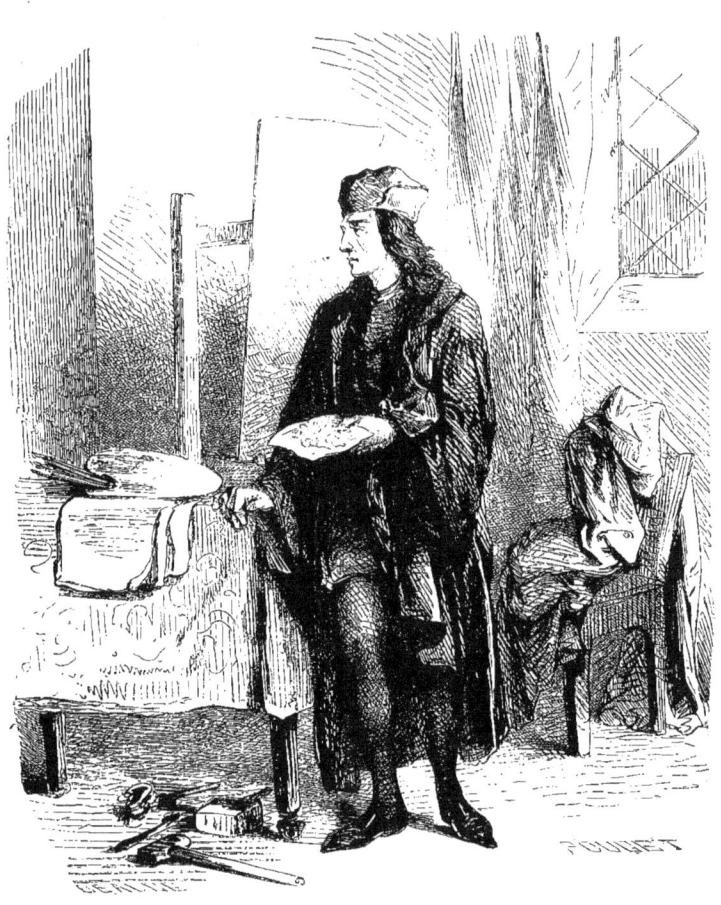

Quentin Metzis. — Page 12.

parcourut successivement Naples, à laquelle manquait encore Pompeïa, mais qui possédait déjà Pouzzoles avec ses ruines pleines d'arabesques, de bas-reliefs et de stucs. De Pouzzoles il alla à Baia, parcourut pied à pied tout ce rivage magnifique si vanté par Horace et si redouté par Properce; il y chercha la trace des villas de Marius, de Pompée et de César, les vestiges de la maison de Calpurnius Pison, où se trama la conspiration qui conduisit Lucain à la mort, et les ruines du palais qu'Alexandre-Sévère fit bâtir pour sa mère Julia Mammea. Il descendit dans la célèbre piscine qui fournissait l'eau à la flotte stationnée à Misène, et que l'on attribue également à Lucullus, à Agrippa et à Claude. Il évoqua, Virgile à la main, la sibylle cuméenne, qui s'est tue du jour où le Christ a parlé; puis, passant par Mercato de Sabbato, il revint à Rome, où il entendit raconter que deux merveilleux dessins, chefs-d'œuvre des deux plus grands artistes de l'époque (on devine que nous voulons parler des cartons de Michel-Ange et de Léonard de Vinci), étaient exposés à Florence dans la grande salle du Palais-Vieux.

Et l'infatigable Morto da Feltro était parti pour Florence. Là il avait été reçu par Cosino Feltrini, peintre en réputation à cette époque des grandes réputations, qu'on appelait Cosino du nom de son premier maître, et Feltrini du nom du second. Puis, après avoir rassasié de ces deux chefs-d'œuvre modernes sa vue habituée aux chefs-d'œuvre antiques, il avait peint pour le gonfalonier Pierre Soderini toute une salle du Palais-Vieux, qui disparut depuis dans les changements que fit dans ce palais le grand-duc Côme; — et pour Agnolo Doni, une chambre qu'il couvrit d'arabesques dans le goût antique. C'était en achevant ce travail qu'il avait entendu dire que Giorgione de Castel Franco, qui peignait le Fondaco dei Tedeschi, avait besoin d'élèves qui pussent l'aider dans cette œuvre, et il était venu s'offrir à lui comme peintre d'ornements.

Nous avons vu comment il avait été accueilli par le bon et confiant Barbarelli.

A compter de ce jour, Giorgione et son nouvel élève vécurent ensemble, partageant toutes les aventures et tous les plaisirs. Il n'y avait que les dépenses qu'ils ne partageaient pas, attendu que Pietro Luzzo n'était pas riche. Mais, à défaut de bourse, il avait de magnifiques cartons, qu'il ouvrait à son maître; à défaut d'argent, il avait des récits de voyages toujours nouveaux et intéressants. Et Giorgione, qui trouvait tout simple que l'on donnât à ceux qui n'avaient rien, trouvait bien plus simple encore qu'on partageât avec ceux qui pouvaient vous rendre une aussi curieuse monnaie que celle que la vie aventureuse de Morto da Feltro avait mise dans sa mémoire. Aussi, c'était presque tous les soirs des fêtes qui reposaient l'esprit du travail du jour. Dans ces fêtes, Giorgione redevenait chanteur, et, comme il était toujours jeune et beau, il y eut bien de nouveaux portraits de faits encore, depuis l'année 1504 jusqu'à l'année 1509. Mais enfin, à peu près vers cette époque, il se trouva, à l'une des réunions du peintre, une femme jeune et belle aussi, qui fixa si bien et si longtemps ses yeux noirs sur le chanteur, que Giorgione ne put détacher les siens du visage de cette femme et qu'il en devint tout bonnement amoureux. Giorgione emmena Pietro Luzzo dans un coin de la salle et lui montra les deux yeux au pouvoir magique.

« Que penses-tu de cette femme? lui dit-il.

— Je pense, maître, qu'elle est fort belle et que c'est votre avis aussi.

— Oui, et je sens que je l'aime.

— Comme les autres, maître?

— Oh, non pas! comme je n'ai jamais aimé.

— Allons, je vois bien, reprit Pietro Luzzo, que la bonne ville de Venise va gagner à ce nouvel amour quelque chef-d'œuvre de beauté. Bonne chance, maître! »

Et Pietro Luzzo s'éloigna, laissant Giorgione rêveur.

La soirée se passa, et le lendemain, après une nuit sans sommeil, bien entendu, Giorgione revit cette femme de la veille. Le peintre avait compris que ce nouvel amour était sérieux; aussi était-il comme un enfant plein de crainte et de retenue devant elle, et ce qu'il lui disait ne ressemblait en rien à ce qu'il disait aux autres.

Etait-elle noble et riche, voilà ce qu'on ne dit pas : tout ce que nous savons, c'est que Giorgione l'aimait et qu'il ne s'inquiétait sans doute pas plus de sa fortune que nous ne nous en inquiétons. Etait-elle digne de cet amour? Avait-elle deviné la sainte et belle mission que Dieu donne à la femme dont l'artiste a fait l'élue de son cœur? Avait-elle compris ce qu'il doit y avoir d'amour idéal, de bonté céleste, de dévouement profond dans l'âme où l'homme de génie puise tout, bonheur, gloire, amour? Avait-elle senti qu'il y a toujours dans la route agitée d'un artiste une femme près de laquelle il s'arrête en rêvant, dans laquelle il reconnaît ses rêves, à qui il tend la main comme à un ange, à qui il demande le repos du passé et le bonheur de l'avenir, et qu'il suffit d'un peu d'amour de cette femme pour élever l'artiste, et de son oubli pour tuer l'homme?

A cette époque déjà, Giorgione ne voyait plus Titien; ce bonheur de jeunesse avait disparu, cette intimité de l'ami n'était plus là pour recevoir ce qui débordait de son cœur, que ce fût joie ou chagrin, plaisir ou douleur. Quant à Pietro Luzzo, c'était pour le peintre plus qu'un élève; mais ce n'était pas encore un ami. Il avait donc besoin de partager sa vie avec quelqu'un, et quand il vit cette femme, il remercia Dieu de la lui avoir envoyée.

A compter de ce jour, Giorgione oublia tout, excepté la peinture, la seule rivale de sa nouvelle maîtresse, pour cette femme qu'il avait montrée à son élève. Il l'aimait de ce double amour que nous avons essayé de faire comprendre : avec le double cœur, pour ainsi dire, du peintre et de l'homme, amour tantôt idéal, tantôt réel, chez lequel la passion du corps n'exclut pas la poésie de l'âme, où la femme est ange quand l'artiste rêve, et redevient femme quand l'artiste redevient homme. Elle suivait donc sa vie, elle marchait donc dans sa gloire. Quant à lui, il était heureux comme quand on croit et confiant comme quand on aime. Ainsi, à mesure que son cœur avançait dans cette passion, son talent semblait suivre une autre voie. Quelle que soit la femme en qui l'on place son amour, du moment où l'âme la trouve assez pure pour s'y refléter, ce qu'elle lui inspire est toujours saint : alors aux Psyché, aux Vénus succédèrent, pendant quelque temps, saint Sébastien et son Martyre, Jésus-Christ et son Calvaire. Ce dernier, surtout, est empreint d'une poésie toute nouvelle chez l'artiste; près de Jésus est un homme qui l'insulte, et, de l'autre côté, sainte Véronique recueille avec un linge les gouttes de sang qui tombent du front du martyr.

Nous l'avons dit, Giorgione était confiant comme tous les nobles cœurs, comme tous les grands hommes, et quand il quittait son atelier, quand, pour le côté matériel de l'art, il était forcé de s'absenter, d'aller faire le portrait de quelque grand seigneur ou de quelque grande dame, Pietro Luzzo restait seul avec celle que Giorgione n'eût pas voulu quitter un seul instant, non par crainte, mais par amour.

Alors, pendant les heures d'absence, qui sait quels furent les mots, les moyens, les ruses dont se servit l'élève pour prendre à son maître le trésor de son cœur, qu'il lui confiait! Insoucieux et gai, Giorgione rentrait le soir rapportant à la maison le tribut de son travail, rapportant à sa maîtresse le tribut de sa gloire, ne soupçonnant pas, quand il la voyait baisser les yeux, qu'elle eût quelque chose à cacher et croyant qu'il y a plus de nobles sentiments que de mauvais qui font baisser les yeux à une femme. Puis les soirées se passaient, non plus fiévreuses et agitées, mais calmes, douces, pleines de rêveries et d'amour de la part de Giorgione, qui aimait comme un enfant malgré sa vie passée. Dieu laisse souvent dans le fond du cœur de l'homme un peu de ce parfum du ciel sur lequel les passions glissent sans l'atteindre, et qui, à un jour dit, s'exhale pur comme la foi sa sœur, et remplit la vie de douces extases.

Les premiers moments de cet amour avaient été bien heureux pour Giorgione, et il y avait déjà longtemps qu'ils avaient cessé de l'être pour sa maîtresse, que lui croyait encore à ce bonheur. Cependant, quelque puissante sur elle-même que fût cette femme, il y avait des fois, nous l'avons dit, où le regard de son amant la faisait rougir par un restant de honte, où son baiser semblait lui brûler le front. Mais Giorgione croyait, et ne voyait rien.

Un soir, cependant, il n'y eut plus à douter; quand il rentra, croyant trouver la main de son ami et la bouche de sa maîtresse au seuil de la maison, il ne trouva rien; tout avait disparu. Il voulut d'abord douter, car l'homme doute toujours, surtout du malheur; mais, quand les heures se furent passées, le doute s'enfuit à son tour. Alors il resta seul, anéanti, épuisé comme celui à qui une main de fer viendrait d'enlever le cœur, pâle comme une statue, interrogeant tous ces objets qui lui souriaient la veille quand le regard de cette femme les animait, mais qui semblaient à cette heure, mornes et silencieux, porter les ombres de sa douleur. Il y a de ces coups devant lesquels s'éveille l'amour-propre et qu'on peut venger avec son épée; mais il y a de ces désespoirs inattendus contre lesquels la volonté s'épuise, devant lesquels le courage tombe, et Giorgione ne pensa même pas à tuer Pietro Luzzo.

Il restait donc cloué à sa place, sans un mot, sans une pensée, immobile comme un homme frappé de la foudre au milieu de cette obscurité froide et triste des grandes salles, mais enfin il se leva, doutant encore, croyant à un rêve, touchant les objets, parcourant toutes les chambres, puis il arriva à celle que la veille encore habitait sa maîtresse. Tout était à sa place; la divinité, en le quittant, n'avait rien emporté du sanctuaire, si bien que tous les souvenirs avaient des formes et que le pauvre délaissé pouvait les toucher du doigt en les remuant dans son cœur. Il retrouva toutes ces choses auxquelles l'âme attache tant de charme quoiqu'elles rappellent un cœur ingrat, mais à qui on ne peut en vouloir puisqu'on l'aimait. Il revit ses ébauches qui toutes lui rendaient une forme, lui retraçaient une pensée de cette femme; il toucha tout, surtout ce qu'elle préférait; puis, quand il se fut assuré qu'il vivait et que son malheur était réel, il s'assit au milieu de ses souvenirs, et, le premier moment de douleur étant un peu calmé, il se mit à rêver, puis, à mesure que le cœur retrouvait quelque chose du passé, ses yeux se mouillaient de larmes, et, comme les souvenirs abondaient, au bout d'une heure il pleurait comme un enfant.

Certes, si celle qui le jetait dans cette douleur

eût pu voir cet homme si fort et si puissant pleurer sans un reproche, souffrir sans une plainte sur elle, elle fût venue se jeter à ses pieds comme Madeleine aux pieds du Christ en criant : « Pardon! » et Giorgione eût pardonné; mais, pendant qu'il souffrait seul, elle était heureuse avec un autre; ce qu'elle lui disait auparavant, elle le disait à son rival; cet amour dont elle l'avait entouré, elle le prodiguait à Pietro Luzzo sans retenue, sans crainte, sans pudeur. C'était infâme à penser, mais cela était; et ce fut à cela que Barbarelli pensa toute la nuit. Les ombres étaient descendues, l'atelier était sombre et silencieux, pas un chant au dehors, pas un murmure au dedans. Giorgione se leva : ayant peur de son isolement, il vint à la porte écouter s'il n'entendrait point le pas qu'il eût donné dix ans de sa vie pour entendre, la voix qu'il eût payée de son éternité; mais ce fut toujours le même calme, sombre comme la nuit, froid comme la tombe.

Alors il pensa que, s'il restait ainsi, il allait mourir; et peut-être ne voulait-il pas mourir seul, peut-être avait-il un espoir ou nourrissait-il une vengeance : il sortit. Venise était belle, son ciel était bleu, sa lune était calme, son air était frais; rien au dehors ne lui rappelait sa tristesse du dedans. L'homme qui souffre croit toujours trouver la nature souffrante autour de lui, il pense, dans son chagrin égoïste, que tout partage sa douleur; et rien ne lui fait mal, quand, ainsi que Giorgione, il erre en pleurant, la nuit, comme le chant d'un passant attardé qui rentre joyeux et insouciant. Il se promena longtemps sans but, sans espoir, puis le jour vint. Venise se réveilla belle devant le soleil comme elle l'avait été devant la nuit; le bruit,

les chants recommencèrent; tout reprit la vie avec ses passions, avec ses rêves; tout s'anima pour mourir de nouveau le soir, et Giorgione, qui avait besoin d'être seul, rentra quand le jour reparut. Le cœur lui battit fort en revenant, il pouvait retrouver celle qu'il avait perdue. La maison était déserte comme la veille.

Dans les commencements d'une douleur et surtout d'une douleur violente, le désespoir soutient les forces; mais il arrive un moment où ces forces succombent, où le délire envahit l'esprit, où la fièvre brûle le corps, et quand les amis de Giorgione vinrent le voir, ils le trouvèrent fiévreux, haletant, hagard, sur son lit de douleur, qui sera bientôt son lit de mort. A partir de ce moment, sa pensée disparut sous la souffrance physique; et les ressorts de l'âme une fois rompus, les organes du corps se brisèrent.

Mais, comme il était d'une organisation forte, il lutta plus longtemps contre la maladie, c'est-à-dire qu'il souffrit davantage; puis, au bout de quelques jours, il mourut, âgé de trente-quatre ans. Quand il fut mort, les médecins constatèrent qu'outre la maladie morale qui avait rongé l'âme, sa maîtresse lui avait donné une maladie physique qui lui rongeait le cœur.

———

Sept ans après la mort de Giorgione, Pietro Luzzo da Feltro, qui était disparu, comme nous l'avons dit, avec la maîtresse du pauvre Barbarelli, et qui n'avait point reparu, fut, à la suite d'une escarmouche qui avait eu lieu près de Zara, retrouvé mort sur le champ de bataille. Il s'était engagé comme volontaire dans l'armée vénitienne, et était devenu capitaine de deux cents soldats.

QUENTIN METZIS

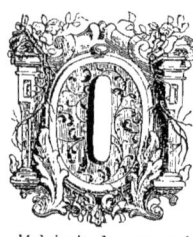Il y avait, en 1470, à Anvers, un maréchal renommé, qui faisait travailler un grand nombre d'ouvriers laborieux et infatigables, et chaque jour la forge résonnait de son bruit cadencé et s'éclairait de cette teinte rougeâtre qui donne aux êtres et aux objets qu'elle anime un caractère si fantastique.

Or, parmi ces ouvriers il s'en trouvait un qui ne paraissait pas avoir été créé pour les durs travaux, et dont les mains faibles ne semblaient pas devoir tenir un marteau. C'était une nature à part, un exemple frappant de la force de la volonté et de la frêle délicatesse du corps; car chez ce jeune homme, qui n'était autre que Quentin Metzis, c'était la force morale qui soutenait la force physique, et quoique, tout en exerçant ce métier, il sentît qu'il était plutôt fait pour un art, il y avait en lui un tel sentiment de patience, qu'il se résignait, et une telle force d'émulation, que, même dans un métier, il ne voulait être dépassé par personne. Aussi était-ce le meilleur ouvrier du maréchal, et, tout bizarre que semblait son caractère, le maréchal l'aimait.

En effet, Quentin Metzis, avec cette révélation intérieure qu'il pouvait faire autre chose que de frapper une enclume et de ferrer des chevaux, ne suivait pas les habitudes de ses compagnons de forge, non pas qu'il les méprisât, mais parce que cela le fatiguait, et que, une fois la tâche finie, il aimait mieux rêver seul que d'aller boire avec eux.

Un soir donc que tous les ouvriers du maréchal s'en allaient à un cabaret voisin, ils demandèrent à Quentin Metzis s'il les accompagnerait: celui-ci refusa, mais comme on refuse à des amis.

— Qu'a-t-il donc? dit un des ouvriers à son camarade, quand le jeune homme se fut éloigné.

— Il est amoureux, répondit l'autre.

— Eh bien, qu'est-ce que cela fait?... cela n'empêche pas de boire, au contraire.

— Oui, mais il est triste; et cela l'empêche de boire, ça.

— C'est qu'il a pris l'amour à l'envers, reprit le questionneur; car, moi, je suis amoureux et je suis gai.

— Oui, mais tu n'es pas amoureux d'une fille trop riche et trop belle pour toi, et c'est ce qui arrive à ce pauvre garçon, qui est fou de la fille d'un homme qui ne veut la donner qu'à un peintre; et, comme ce n'est pas avec un marteau et une enclume qu'on fait des tableaux, il en résulte que le pauvre diable est triste, et qu'à moins que le père ne change un jour d'avis, ce qui n'est guère probable, Quentin Metzis risque fort de ne jamais épouser sa belle.

Et, là-dessus, ils se remirent à boire sans plus s'occuper de la tristesse de leur compagnon de travail.

Quant à Metzis, il avait, comme nous l'avons dit, quitté ses camarades et les avait laissés au cabaret, et, le front baissé et sans regarder devant lui, il avait suivi un chemin bien connu, où le guidait son cœur au défaut de ses yeux. Puis tout à coup il s'arrêta, comme un rêveur devant la réalité, à une porte qu'il n'avait aucun droit d'ouvrir alors; il se cacha dans l'ombre, les yeux fixés sur une des fenêtres de la maison, il attendit ce que chaque soir il attendait, et ce qui lui donnait chaque soir assez de force pour le travail du lendemain.

Puis, quand il eut vu s'ouvrir cette fenêtre,

quand un signe eut répondu à son regard comme une vision céleste, et quand, après ce seul bonheur tant attendu, la fenêtre se fut refermée, Metzis reprit son chemin, un peu moins abattu qu'en venant, se disant comme il se disait tous les soirs : « Elle m'aime! » et il fallait que, sur ces deux mots, il bâtit tout un avenir. Parfois l'espoir lui venait, et, quand il sortait d'une église où il avait prié Dieu, et qu'en regardant les chefs-d'œuvre de l'époque il pensait qu'il lui en fallait faire autant pour réussir, tout son espoir s'évanouissait et il se trouvait face à face avec ce mot :

« Impossible! »

Il rentra donc, comme chaque soir, après ce court bonheur, et retrouva cette autre moitié de son âme qui priait sans cesse pour lui, sa mère, et l'embrassa pieusement en lui disant :

— Bonjour, ma mère!
— Comment vas-tu ce soir, Metzis?
— Bien, ma mère, merci!

Il l'embrassa de nouveau sans voir les deux larmes qui tombaient des yeux de la vieille femme, et rentra dans sa chambre, seul avec ses vues.

De là les heures d'insomnie et de fièvre où l'ouvrier rêvait l'artiste, où l'humble forgeron rêvait la gloire, où le pauvre amant rêvait l'amour, heures qui lui prenaient la moitié de sa nuit pour le laisser encore plus triste et plus impuissant que jamais.

Il est de ces douleurs de l'âme qu'on peut assez comprimer pour qu'elles échappent aux yeux des étrangers, mais qu'on ne peut cacher à l'amour de sa mère : ainsi, tous les matins, à l'heure où Metzis se rendait à la forge, sa mère comptait, sur le visage pâle de son enfant, les heures sans sommeil de la nuit; la pauvre femme, sans qu'aucun aveu lui eût été fait, avait compris que son amour ne suffisait plus pour faire vivre son fils, et, sans oser le questionner, elle attendait qu'il fût parti pour pleurer tout à son aise.

Cependant, un matin, il était tellement abattu, il était si affreusement pâle, que sa mère ne voulut pas le laisser sortir que le soir, à l'heure où il devait se diriger vers cette rue où était tout son bonheur; sa faiblesse était si grande, qu'il ne put quitter son lit.

C'est qu'à la fin le désespoir et le découragement avaient été plus forts que cette volonté qu'il leur opposait, et qu'aux nuits courtes du sommeil avaient succédé les insomnies entières;

c'est qu'il avait une de ces maladies auxquelles on a donné différents noms, mais qui sont toujours les mêmes, qui creusent les joues, qui ternissent les yeux, qui rongent le cœur.

C'est dans ces moments-là, quand une partie de son espoir s'en va, qu'on se tourne vers celui que Dieu nous laisse; et Quentin Metzis, ne pouvant plus aller le soir puiser son bonheur dans la vue de sa maîtresse, se rejeta entièrement dans l'amour de sa mère.

Il lui conta tout, et la pauvre femme, qui ne pouvait rien qu'offrir sa vie en échange de celle de son fils, comprit tout de suite qu'à moins que Dieu ne fît un miracle, ce fils allait mourir.

Un de ses compagnons de forge, qui venait souvent le voir, arriva un jour chez lui au moment où passait la procession instituée pour les malades; il tenait à la main une de ces images gravées en bois que la confrérie distribuait.

— Eh bien, Metzis, comment vas-tu? lui dit le forgeron en entrant.

— Toujours de même, mon pauvre ami!
— Je t'apporte une image de la confrérie.
— Pourquoi faire? dit le malade.
— Pour te guérir. La procession a eu lieu. On en a distribué; et, comme je sais les cures merveilleuses qu'elles font, je t'en apporte une.

— Mais il y a des maladies qu'elles ne guérissent pas, reprit Metzis, et j'ai une de ces maladies-là.

— Pourquoi te décourager? c'est ce découragement qui te fait mal. Distrais-toi, et tu guériras. Quand elle ne servirait qu'à te distraire, c'est toujours quelque chose. Prends-la, et amuse-toi à dessiner ces bonnes figures de saints-là; cela te fera passer le temps, et c'est quelque chose quand on est malade.

Et le forgeron sortit après lui avoir serré la main, et en laissant sur son lit l'image miraculeuse.

Lorsque Metzis fut seul, il retomba dans ses rêveries, sans paraître se souvenir des paroles de son ami.

Sa mère se tenait auprès de lui, comme son ange gardien, priant toujours; puis, comme elle vit qu'il commençait à s'endormir et que les heures de sommeil étaient rares pour son fils, elle quitta sa chambre.

A son réveil, Metzis retrouva l'image où le forgeron l'avait laissée, et la prit machinalement d'abord, en disant :

« Ce n'est pas encore cela qui pourra me sauver ! »

Et cependant il ne la regardait plus avec indifférence, mais avec recueillement. Sans doute il lui adressa une prière intérieure, sans doute il lui parla de celle dont l'amour aurait fait sa vie et dont la perte allait causer sa mort ; mais, quelle qu'ait été la prière de Metzis, à la vue de cette image ses yeux se voilèrent de larmes, et, à travers ces larmes, il lui sembla voir ces naïves figures de saints lui sourire, il lui sembla avoir entendu ce mot : « Espère ! » qu'on écoute toujours et qu'on est toujours prêt à entendre quand on souffre. Enfin ses pleurs cessèrent; il regarda plus attentivement la pieuse image; il se leva de son lit sans la quitter des yeux; il se dirigea vers une table, s'y assit, et se mit à copier les bienheureux saints, dont les figures lui souriaient encore. Il semblait plutôt un homme endormi, obéissant à un pouvoir magnétique, qu'un homme éveillé suivant sa volonté, tant ses yeux étaient fixes, tant sa respiration était faible. Cependant, par moments, son visage souriait; c'est que la copie commençait à prendre forme aussi, dans les mêmes sentiments et dans la même expression que l'original; c'est que les saints commençaient à l'encourager; c'est que la cure miraculeuse prédite par le forgeron se faisait; c'est qu'enfin Metzis entrevoyait presque distinctement le but qu'il n'avait pu que rêver. Au bout d'une demi-heure, il s'arrêta, la sueur au front, comme un homme qui sort d'un mauvais rêve. Il regarda.

La ressemblance était parfaite : c'était à devenir fou.

La vieille et pauvre femme, penchée sur son fils, avait suivi toutes ses angoisses, avait compris tous ses rêves, et sans doute, tout le temps que son fils avait travaillé, elle avait prié, elle.

Toujours est-il que, quand la chose fut terminée, quand Metzis se leva, il trouva le regard de sa mère humide de ces pleurs que fait venir la joie; et, comme le cœur d'un fils et d'une mère se comprennent sans le secours de la bouche et par la voix secrète de l'âme, ils se jetèrent dans les bras l'un de l'autre.

En ce moment le visiteur de la veille entra.

Metzis alla à lui, et l'embrassa de façon à l'étouffer.

— Tu m'as sauvé la vie! lui dit-il.

— Comment?

— Avec ton image, dit Metzis s'apprêtant à sortir.

— Je le savais bien, moi; et tu reviens à la forge?

— Je ne suis plus forgeron.

— Eh bien, qu'est-ce que tu es alors?

— Je suis peintre.

— Peintre, toi?

— Moi.

— Ah çà! la maladie a changé; tu es fou. Il est fou, votre fils, dit le forgeron à la mère de Metzis, celui-ci étant déjà parti.

— Dieu est grand et bon, dit la vieille mère, et Dieu a pitié de lui, voilà tout.

— Nous verrons bien. Je vais l'attendre, reprit le forgeron.

Et il s'assit à la même table où venait de travailler Metzis.

Alors il aperçut l'original et la copie; il resta stupéfait, le miracle était évident et palpable, et dépassait toute son imagination.

Il attendait donc avec impatience le retour de son ami, ne comprenant pas son brusque départ, et curieux d'en apprendre la cause et les suites.

Une demi-heure après, Metzis arriva.

— D'où viens-tu? demanda le forgeron.

— De chez mon beau-père.

— Tu es donc marié?

— Non; mais je le serai bientôt.

Le forgeron revint à sa première idée, que son ami était fou.

Cependant il voulut en avoir la conviction avant de s'en aller, et il lui demanda qui il allait épouser.

— Une femme jeune, belle et riche, qu'un peintre seul pouvait épouser, et je viens de me présenter.

— Mais avant que tu sois de force à faire un tableau il se passera bien du temps, et ta femme s'ennuiera peut-être d'être veuve d'un mari à venir?

— Elle attendra.

— Comment as-tu fait?

— Je suis allé, comme je te le disais, chez le père; je lui ai demandé la main de sa fille, qu'il m'a refusée.

— Naturellement.

— Il m'a dit l'avoir promise à un peintre, et que, s'il la donnait à un autre, il faudrait que celui-là eût plus de talent que le fiancé. Et comme, lorsqu'il m'a demandé ce que j'avais fait jusqu'à

présent, je lui ai répondu que j'avais battu le fer, il m'a ri au nez.
— Et alors?
— Alors, je lui ai dit simplement : « Attendez six mois, et si dans six mois je ne vous apporte pas un meilleur tableau que votre fiancé, vous lui donnerez votre fille. » Il a continué de rire et m'en a défié. J'ai accepté le défi et lui aussi, et je vais me mettre à l'œuvre.
— Tu as raison, mon garçon; il faut battre le fer tant qu'il est chaud! dit le forgeron, qui puisait ses conseils dans son état.
— Et maintenant, merci, mon franc ami, car c'est à toi que je dois tout cela : donc à six mois la noce!

Et les deux hommes se séparèrent, l'un pour aller annoncer la nouvelle à la forge, l'autre pour commencer sa grande tâche.

Alors commença une lutte obstinée de l'artiste contre l'artisan, lutte qui dut amener bien des découragements à mesure qu'elle grandissait.

Bien souvent le pauvre apprenti peintre dut en retomber, épuisé de fatigue et de désespoir, voyant le peu qu'il avait fait et ce qu'il lui restait à faire.

Certes, il ne s'était pas trompé sur la révélation miraculeuse de l'image; mais encore fallait-il passer, pour arriver à son but, par les études et le travail nécessaires, et s'il n'avait eu cette pensée éternelle d'amour qui ne pouvait se réaliser que par la gloire, il eût abandonné son projet comme impossible. Le temps se passait, cependant, et Metzis avait disparu dans l'accomplissement de son œuvre, reparaissant de temps en temps pour reprendre haleine, et s'enfonçant de nouveau dans sa fièvre de gloire. Enfin il reparut tout à fait, pâle par sa victoire, comme un autre le serait par une défaite, mais le regard fier et rayonnant, plein de sa conviction, de sa force, mais sans orgueil.

Depuis six mois, le miracle promis avait eu lieu; les saints avaient tenu parole : aussi alla-t-il frapper violemment à la porte où tant de fois il avait rêvé sans espoir.

— Ah! c'est vous, Metzis! lui dit son futur beau-père en le voyant entrer; vos six mois sont écoulés, et vous venez vous avouer vaincu!

— Non pas, maître, lui répondit l'artiste; j'ai encore quinze jours devant moi; mais, avec votre permission, je prendrai l'avance.

— Au moins il n'y a pas de fatuité, reprit le père.

— Non, mais il y a le désir bien naturel, ayant tout fait pour le gagner, de recevoir le prix du pari, maître, puisque vous avez perdu.

— J'ai perdu?

— Oh! mon Dieu, oui! et si vous étiez assez bon pour vous déranger une fois, ce que je n'aurais pas souffert si j'avais pu apporter la preuve, mais elle est trop grande; si vous voulez, dis-je, venir avec moi, vous me donnerez votre avis sur certain tableau que je compte offrir à l'église qui me mariera.

Les deux hommes sortirent.

Huit jours après, Quentin Metzis était marié, à la grande admiration des forgerons d'Anvers, devant le tableau qui représente, au fond, l'inhumation du Christ, sur le volet de droite la tête de saint Jean-Baptiste servie à la table d'Hérode, et sur le volet de gauche saint Jean dans l'huile bouillante.

C'est un des tableaux à volets que l'on trouve en entrant dans la chapelle Sixtine de l'église Notre-Dame d'Anvers, et c'est un des plus beaux Metzis.

Dans la même église, et près de la première œuvre du peintre, se trouve le dernier ouvrage du forgeron; c'est un puits dont les ornements n'ont pas été travaillés à la lime, mais battus au marteau.

Comme on le pense bien, l'originalité de son mariage, sa première profession, et par-dessus tout son talent incontestable, acquirent à Metzis une grande réputation.

Le public est toujours heureux, en achetant ou en admirant seulement les œuvres d'un homme, de trouver dans cet homme quelque événement original, quelque aventure extraordinaire qui le poétise encore. Les Anglais ont au plus haut point ce caractère particulier du public.

Aussi Metzis était-il devenu comme un pèlerinage pour l'Angleterre, et sans cesse ses tableaux passaient aux mains des Anglais qui venaient prendre à Anvers leurs denrées artistiques; si bien que, maintenant, à part deux ou trois œuvres, on ne peut guère dire ce que sont devenues les productions du forgeron-peintre.

Cependant on retrouve encore de lui, outre le tableau devant lequel eut lieu son mariage, un portrait de sa femme, œuvre de reconnaissance et d'amour, et son portrait à lui, qui font tous deux partie de la galerie de Florence; puis deux époques de la vie du Christ, la *Vierge et l'en-*

fant Jésus, et le *Christ et sa Mère*, admirables tous deux de sainteté et de poésie.

Ses autres tableaux furent tellement dispersés, qu'il serait impossible de les nommer.

Voilà donc la vie du forgeron Metzis, telle que ce vers latin, écrit sur son tombeau, la résume :

Connubialis amor de Mulcibre fecit Apellem.

Quentin Metzis est mort, en 1529, à Anvers, âgé de soixante-dix-neuf ans.

Il fut d'abord enterré dans l'église des Chartreux de Kic, puis ensuite transféré au pied de la tour de la cathédrale, où est maintenant son tombeau avec cette épitaphe :

QUINTINO METZIS
INCOMPARABILIS ARTIS PICTORIÆ ADMIRATRIX
GRATAQUE POSTERITAS
ANNO, POST OBITUM SECULARE
CIƆ. IƆ. C. XXIX
POSUIT.

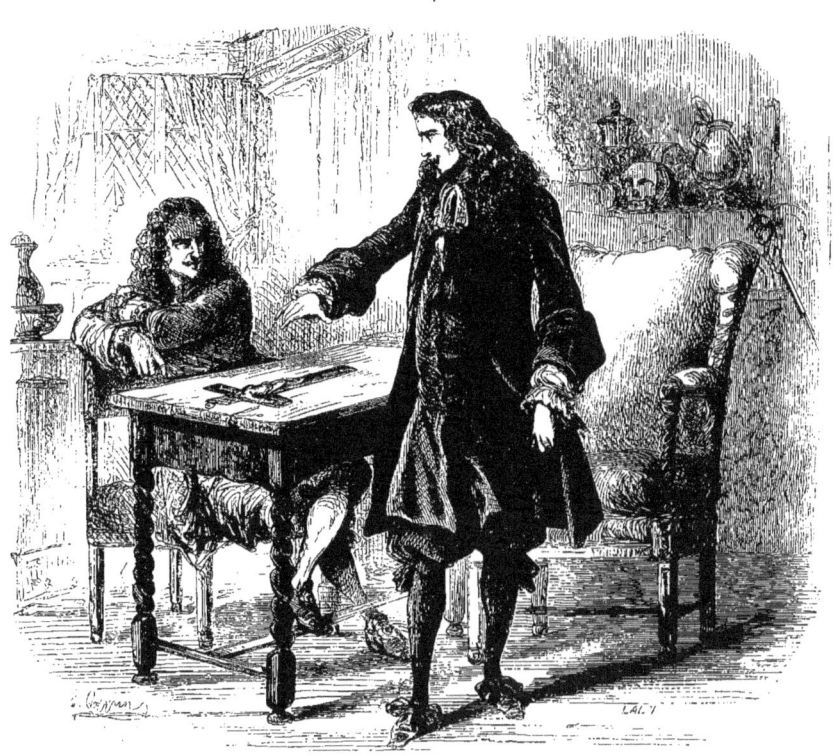

LES DEUX ÉTUDIANTS

PAR

ALEXANDRE DUMAS

I

LE SERMENT

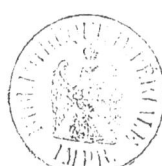e 1ᵉʳ décembre de l'année 1703, sous le pontificat du pape Clément XI, vers quatre heures du soir, trois jeunes gens, qu'il était facile de reconnaître pour des étudiants appartenant à l'université de Bologne, sortaient de la ville par la porte de Florence et s'acheminaient vers ce charmant cimetière qui, à la première vue, présente plutôt l'aspect d'une promenade joyeuse que d'un enclos mortuaire.

Tous trois marchaient d'un pas rapide, enveloppés de grands manteaux et regardant derrière eux comme des hommes qui craignent d'être suivis.

L'un d'eux cachait quelque chose sous son

manteau, et il était facile de voir que ce qu'il cachait était une paire d'épées.

Arrivés au mur du cimetière, au lieu de continuer leur route jusqu'à l'entrée, les trois jeunes gens firent un à-droite et longèrent la face méridionale de cette face; puis, arrivés à l'extrémité de ce mur, ils tournèrent brusquement à gauche, et, appuyés à la face orientale, ils trouvèrent trois autres jeunes gens, dont deux assis et un debout : ces trois jeunes gens semblaient les attendre.

En apercevant les derniers venus, les deux jeunes gens assis se levèrent, et celui qui était debout se détacha de la muraille.

Tous trois s'acheminèrent au-devant de ceux qui arrivaient.

Tous trois aussi étaient enveloppés de leurs manteaux, et le bas d'un des manteaux était relevé par la pointe de deux épées.

Quatre des jeunes gens continuèrent leur route jusqu'à ce qu'ils se fussent joints.

Les deux autres restèrent en arrière, chacun de son côté, de façon que, lorsque les quatre étudiants se furent joints et eurent formé un groupe, les deux solitaires se trouvèrent chacun à vingt pas du groupe, et, par conséquent, à quarante pas l'un de l'autre.

Les quatre jeunes gens conférèrent un instant de la façon la plus animée, tandis que des deux jeunes gens isolés, et qui paraissaient étrangers à la conférence, l'un trouait la terre humide en pesant sur sa canne, l'autre faisait voler les têtes de chardons avec sa baguette.

Deux ou trois fois la conférence s'interrompit, et à chaque fois le groupe du milieu se sépara pour aller former un double groupe dont les deux jeunes gens isolés devenaient momentanément les personnages principaux.

A chaque fois on put voir ceux-ci faire des signes positifs de refus, ce qui disait qu'ils ne se ralliaient pas à l'avis de leurs compagnons ou n'obtempéraient pas à leurs demandes.

Enfin, les négociations traînant en longueur et ne paraissant pas présenter une solution amiable possible, les jeunes gens qui portaient les épées les tirèrent de dessous leurs manteaux et les livrèrent à l'investigation de leurs compagnons.

Les épées furent alors examinées avec le plus grand soin. Il était évident que l'on discutait sur le plus ou moins de gravité qui, pour les blessures, devait résulter de la forme des armes. Enfin, comme on ne put s'entendre sur un choix à faire, on jeta une pièce de monnaie en l'air, afin que le choix des épées fût le résultat du hasard.

Le hasard prononça : les épées non désignées furent laissées à l'écart; on fit signe aux deux jeunes gens isolés, qui se rapprochèrent, échangèrent de la tête un léger signe de politesse, et jetèrent bas leur habit et leur veste.

Puis l'un planta sa canne en terre, l'autre jeta sa baguette sur ses habits.

Tous deux se rapprochèrent.

Alors un de leurs compagnons leur présenta à chacun une épée par la poignée, croisa les deux pointes, et, se retirant en arrière, prononça le mot : Allez !

Tous deux se fendirent à l'instant même, et engagèrent leurs épées jusqu'à la poignée. Tous deux firent aussitôt un pas de retraite, et se trouvèrent en garde. Tous deux étaient d'une force à peu près égale, mais d'une force inférieure.

Au bout de quelques secondes, l'épée de l'un d'eux disparut presque entièrement dans le corps de son adversaire.

— Touché! dit celui qui avait porté le coup en faisant un bond en arrière, et en abaissant son épée, sans cependant se mettre hors de garde.

— Non, dit l'autre, non.

— Si fait.

Et celui qui avait parlé le dernier regarda la lame de son épée, moite et rougie jusqu'au tiers de la longueur.

— Ce n'est rien, ce n'est rien, dit le blessé en faisant un pas en avant pour se rapprocher de son ennemi.

Mais, à ce mouvement, un jet de sang s'élança de sa blessure, la main qui tenait l'épée se tendit, l'épée tomba à terre. Le blessé toussa péniblement, et voulut cracher; mais il n'en eut pas la force. Seulement une écume de sang rougit ses lèvres.

Deux des jeunes gens étaient élèves en chirurgie.

— Ah! diable! firent-ils en voyant ces symptômes, qui indiquaient que la blessure était grave.

En effet, presque aussitôt celui des deux combattants qui avait été frappé inclina la tête sur sa poitrine, oscilla, fit un demi-tour sur lui-même, battant l'air de ses bras, et tomba en poussant un soupir.

Les deux élèves en chirurgie se précipitèrent sur le corps de leur camarade, l'un d'eux ayant déjà ouvert sa trousse, et tenant sa lancette pour saigner le blessé.

Mais l'autre, qui avait retroussé la manche, laissa retomber le bras, en disant :
— C'est inutile, il est mort !

A ce mot, celui qui était resté debout pâlit affreusement, et comme si lui-même allait mourir. Il jeta son épée et fit un pas rapide vers le corps de son ennemi ; mais les deux témoins l'arrêtèrent.

— Allons, allons, dit l'un d'eux, c'est un malheur ; mais, comme il est irréparable, il ne s'agit pas de se lamenter, mais de gagner la frontière. As-tu de l'argent ?

— Sept ou huit écus peut-être.

Chacun fouilla dans sa poche.

— Tiens, prends, dirent ensemble quatre voix, et sauve-toi sans perdre une minute.

Le jeune homme revêtit sa veste, son habit et son manteau. Et, après avoir serré la main des uns et embrassé les autres, selon le degré d'intimité où il était avec chacun, il s'élança dans la direction des Apennins, et disparut bientôt au milieu des premières ombres de la nuit.

Les regards des quatre jeunes gens l'avaient suivi jusqu'au moment de sa disparition.

— Maintenant, dit l'un d'eux, et Antonio ?

Tous les yeux se portèrent sur le cadavre.

— Antonio ?

— Oui. Qu'allons-nous en faire ?

— Le rapporter dans la ville, pardieu ! nous ne le laisserons pas là, j'espère ?

— Non, sans doute ; mais que dirons-nous ?

— C'est bien simple. Nous dirons que nous nous promenions tous quatre hors des murs, quand tout à coup nous avons aperçu Antonio et Ettore qui se battaient. Nous nous sommes précipités ; mais, avant que nous les eussions atteints, Antonio était tombé mort, et Ettore avait pris la fuite. Seulement nous dirons qu'il s'est enfui vers Modène, au lieu de dire qu'il s'est enfui vers les Apennins ; l'absence d'Ettore nous donnera raison.

— Bien !

Cette version adoptée à l'unanimité, on cacha la seconde paire d'épées dans les broussailles ; on roula le mort dans son manteau, et on le rapporta vers la ville.

A la porte de la ville, les jeunes gens firent la déclaration convenue ; on prit quatre facchini ; on posa Antonio sur une litière et on le conduisit jusqu'au logement qu'il habitait. Au reste, la moitié de la douleur était épargnée aux jeunes gens : Antonio était Vénitien ; sa famille n'habitait pas Bologne ; une lettre porterait la triste nouvelle, et l'un des jeunes gens, Vénitien lui-même, et qui connaissait la famille d'Antonio, fut chargé d'écrire cette lettre.

Ce jeune homme était un des trois que nous avons vus sortir par la porte de Florence : il se nommait Beppo de Scamozza ; le second était de Velletri, et se nommait Gaetano Romanoli ; le troisième était celui qui était resté sur le champ de bataille.

Nous avons dit du mort tout ce que nous avions à en dire. Suivons les vivants jusqu'à la petite chambre qu'ils habitaient au troisième étage d'une maison bourgeoise qui faisait commerce de loger les étudiants.

Sept heures du soir sonnaient à l'église Saint-Dominique comme ces deux jeunes gens, jetant leur manteau sur le lit qui leur était commun, s'assirent l'un en face de l'autre, aux deux côtés d'une table sur laquelle brûlait une de ces lampes à trois becs qui servent encore de nos jours à l'éclairage des maisons en Italie, et qui, à l'époque où se passait cette histoire, étaient bien autrement communes qu'elles ne le sont aujourd'hui.

Un seul bec brûlait et jetait une lueur douteuse dans la chambre.

Disons un mot de ces deux jeunes gens, sur lesquels va se concentrer l'intérêt des événements que nous racontons. L'un s'appelait, comme nous l'avons dit, Beppo de Scamozza, et était Vénitien ; l'autre, Gaetano Romanoli, et était Romain.

Beppo venait d'atteindre sa vingt-deuxième année. C'était le fils naturel d'un grand seigneur, qui lui avait assuré une petite fortune de six ou huit mille livres de revenu, en le laissant libre et seul dans la vie.

L'autre, au contraire, appartenait à une famille d'honnêtes marchands, qui, tout en tenant une maison de commerce à Rome, possédaient une villa à Velletri. C'est dans cette villa que Gaetano était né.

La position différente des deux jeunes gens au milieu du monde où le hasard les avait jetés avait fort influé sur le moral, et je dirai presque sur le physique de chacun d'eux. La physionomie modifie le visage, et qu'est-ce que la physionomie ? l'expression superficielle des sentiments intérieurs. Supposez le même visage à deux enfants au moment de leur naissance, et faites que ces deux enfants entrent dans la vie, l'un par son côté triste, l'autre par son côté joyeux, entourés, l'un de malheurs, l'autre de félicités, et, à vingt-cinq ans, ces deux visages qui avaient autrefois une expression pareille auront aujourd'hui une physionomie bien différente.

Beppo, isolé, sans famille, élevé par des étrangers, était presque exilé dans la vie. Dès son enfance il avait mangé ce pain au sel amer dont parle Dante. Il était grand, mince, pâle, mélancolique; ses cheveux, qu'il portait longs, comme c'était l'habitude à cette époque, tombaient en boucles noires sur ses épaules; il préférait aux habits élégants, que sa petite fortune lui eût permis de porter, des vêtements de couleurs sombres et sans broderies; il est vrai que leur coupe rachetait leur simplicité, et que, sous l'étoffe la moins splendide, Beppo de Scamozza sentait son grand seigneur d'une lieue.

Quant à Gaetano Romanoli, c'était un joyeux étudiant de vingt ans, qui apprenait le droit avec l'intention de se faire avocat, afin de laisser à sa sœur Bettina, qu'il adorait, tous les avantages que pouvait lui donner, à l'époque de son établissement, la cession de la maison de commerce paternelle. Elevé dans sa famille, au milieu de tous ces petits soins dont avaient été privées l'enfance et la jeunesse de Beppo, Gaetano avait toujours envisagé l'existence sous son aspect joyeux et souri à la vie qui lui souriait. C'était un beau jeune homme aux joues bronzées, mais pleines de fraîcheur et de jeunesse, au nez droit, à l'œil vif, aux dents blanches que découvrait un sourire franc et familier.

Comment ces deux caractères si opposés s'étaient-ils en quelque sorte soudés l'un à l'autre? Comment l'amitié du mélancolique Beppo et du joyeux Gaetano était-elle devenue proverbiale? comment n'avaient-ils qu'une chambre, qu'une table, et, selon la vieille tradition des frères d'armes, qu'un lit? C'est un de ces mystères d'attraction qui ne s'expliquent que par cette sympathie des contrastes, beaucoup plus commune que l'on ne croit, et qui réunit souvent la force à la faiblesse, la tristesse à la joie, la douceur à la violence.

Les deux jeunes gens restèrent un instant pensifs l'un en face de l'autre.

Mais, soulevant le premier la tête:

— A quoi penses-tu? demanda Beppo.

— Hélas! répondit Gaetano, je pense à une chose terrible: c'est que ce qui vient d'arriver ce soir au pauvre Antonio pouvait arriver à l'un de nous, et que nous étions séparés à jamais.

— C'est étrange, dit Beppo, j'avais justement la même pensée.

— Et, continua Gaetano en tendant la main à son ami, que mon plus doux rêve était détruit.

— De quel rêve parles-tu?

— De cette espérance dont je t'ai entretenu bien des fois, qui doit faire de nous plus de deux amis, qui doit faire de nous deux frères.

— Oh! oui, dit mélancoliquement Beppo, Bettina!

— Si tu savais comme elle est jolie, Beppo! si tu savais comme elle t'aime...

— Fou! comment m'aimerait-elle? elle ne m'a jamais vu.

— Ne t'a-t-elle pas vu par mes yeux? ne te connaît-elle pas par mes lettres?

Beppo haussa les épaules.

— Écoute, dit Gaetano, je parie une chose.

— Laquelle?

— Elle ne t'a jamais vu, c'est vrai.

— Eh bien, après?

— Eh bien, je parie que si le hasard faisait qu'elle te rencontrât, elle te reconnaîtrait.

— Allons donc! D'ailleurs, à quoi bon faire tous ces beaux projets? Tu sais bien que ton père ne donnera jamais Bettina qu'à un marchand.

— Tu es bien mieux qu'un marchand, toi: tu es un gentilhomme.

— Beau gentilhomme, qui porte une barre sur son écusson, dit Beppo en secouant la tête. Non, mon cher Gaetano, ne faisons, crois-moi, d'autres rêves que ceux qui peuvent s'accomplir.

— Lesquels?

— Celui de ne jamais nous quitter, d'abord. Oh! sois tranquille, celui-là ne dérangera rien à ta vie, tant que ton amitié pour moi durera. Je puis te suivre partout; je n'ai pas de famille; à peine si j'ai une patrie. Que m'importent les gens avec qui je vis, les lieux que j'habite? Si tu cesses de m'aimer, si je te deviens à charge, tu me le diras; alors nos corps seront séparés, puisque nos cœurs ne battront plus ensemble.

— Ah çà! mais où diable vas-tu chercher toutes les tristesses que tu dis là? s'écria Gaetano. Ami, une seule chose nous séparera, crois-le bien, si tu penses comme moi.

— Laquelle?

— La mort!

— Eh bien, si tu penses comme moi, ami, dit Beppo, la mort même ne nous séparera point.

— Explique-toi.

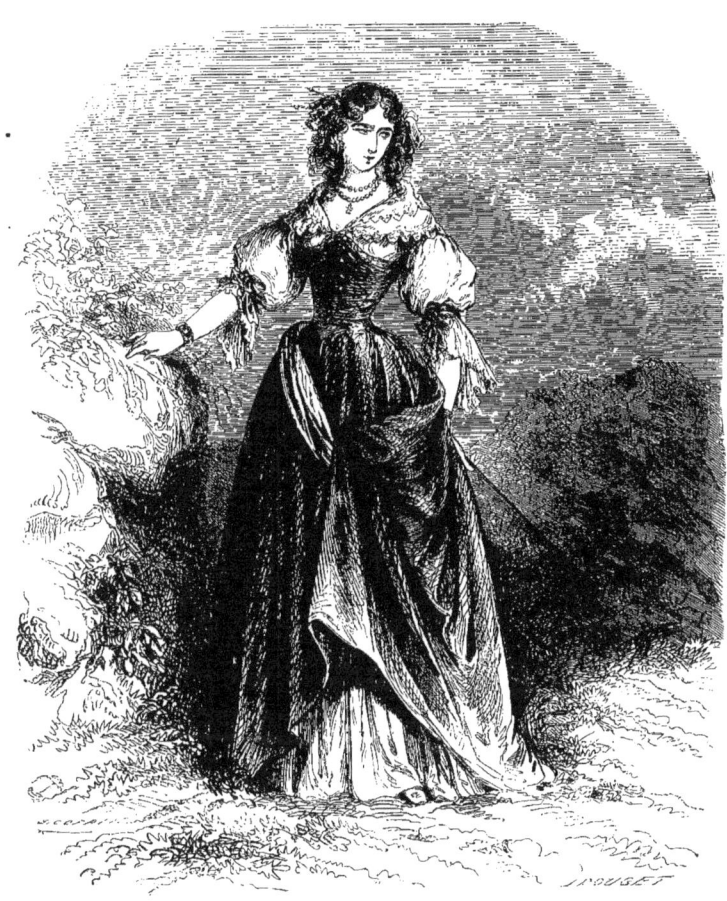
Bettina.

— Crois-tu que quelque chose de nous survive à nous?
— La religion nous le promet, le cœur le dit.
— Crois-tu réellement à cette immortalité de l'âme?
— J'y crois.
— Eh bien, ami, nous n'avons qu'à nous lier par un serment, par un de ces serments qui engagent l'âme et le corps, et, si l'un de nous deux meurt, le corps seul aura quitté le corps, l'âme restera fidèle à son amitié, car ce qui aime en nous, ce n'est pas le corps, c'est l'âme.
— Crois-tu que ce ne soit pas un sacrilége, ce que tu me proposes? demanda Gaetano.
— Je ne crois pas qu'on offense Dieu en cherchant à soustraire à la mort le sentiment le plus pur qu'il y ait dans l'homme, l'amitié!
— Eh bien, soit! dit Gaetano en tendant la main à son ami, en ce monde et dans l'autre, Beppo!
— Attends, dit celui-ci.

Il se leva, alla chercher un crucifix suspendu à la tête du lit et l'apporta sur la table. Puis il étendit la main sur l'image sainte

— Par le sang de notre Seigneur, dit-il, je jure à mon frère Gaetano Romanoli que, si je meurs le premier, en quelque lieu que mon corps tombe, que mon souffle s'éteigne, que ma vie cesse, mon âme reviendra le trouver et lui dira tout ce qu'il est permis de dire de ce grand mystère qu'on appelle la mort... Et ce serment, ajouta Beppo en levant au ciel un regard plein de croyance et de piété, ce serment, je le fais dans la conviction qu'il ne blesse en rien les dogmes de la religion catholique, apostolique et romaine, dans laquelle je suis né, et dans laquelle j'espère mourir.

Gaetano étendit la main à son tour sur le crucifix, répétant le même serment, redisant les mêmes paroles.

Au moment même où il prononçait le dernier mot du serment formulé par Beppo, on frappa à la porte.

Les deux jeunes gens s'embrassèrent, puis tous deux ensemble :

— Entrez, dirent-ils.

II

LES DEUX ÉTUDIANTS DE BOLOGNE.

n homme entra, tenant une lettre à la main. Cet homme était le domestique du directeur de la poste aux lettres.

Le courrier de Rome arrivait le soir à Bologne, et, d'ordinaire, on ne recevait les lettres que le matin. Mais le maître de poste, en préparant d'avance les lettres dans les différentes cases où elles devaient attendre les personnes à qui elles étaient destinées, en avait reconnu une à sa propre adresse ; il l'avait ouverte, et, dans cette lettre, il en avait trouvé une autre qu'on le suppliait de faire passer à l'instant même à Gaetano Romanoli, étudiant à Bologne.

Le jeune homme était connu du maître de poste, lequel se hâtait de lui faire passer cette missive, qui paraissait si pressée.

Gaetano la prit des mains du messager, auquel il donna une pièce de monnaie ; puis, tout chancelant, il s'approcha de la lampe.

— Qu'as-tu? lui demanda Beppo, tu pâlis !

— Une lettre de ma sœur ! murmura Gaetano en essuyant la sueur qui perlait sur son front.

— Eh bien, y a-t-il de quoi pâlir, de quoi trembler?

— Il est arrivé un malheur à la maison, dit Gaetano.

— Et à quoi vois-tu cela?

— Je connais si bien Bettina, dit Gaetano, que je devine à la simple inspection de son écriture sous l'impression de quel sentiment elle m'écrit. Je n'ai pas besoin d'ouvrir la lettre pour savoir si elle est triste, joyeuse ou calme. L'adresse me dit tout.

— Et, cette fois, l'adresse te dit?... reprit Beppo et jetant un regard inquiet sur la lettre.

— Cette fois l'adresse me dit que Bettina m'a écrit en pleurant. Tiens, vois les deux premières lettres de notre nom de famille, un sanglot les a interrompues.

— Oh ! tu te trompes, dit Beppo.

— Lis toi-même, répondit Gaetano en donnant la lettre à son ami, en s'asseyant et en laissant tomber avec un soupir sa tête entre ses deux mains.

Beppo ouvrit la lettre ; mais, aux premières lignes, sa main trembla, et ses yeux s'abaissèrent tristement sur Gaetano. Il était facile de voir que celui-ci pleurait dans ses mains.

— Du courage, ami, dit Beppo d'une voix douce et en posant sa main sur l'épaule de son compagnon.

Gaetano releva son front. Des larmes coulaient le long de ses joues.

— J'en ai, dit-il. Qu'est-il arrivé? parle.

— Ton père est très-mal et désire te voir avant de mourir.

— Il n'est pas mort, alors? s'écria Gaetano avec un éclair de joie.

— Non.

— Tu ne me trompes pas?

— Lis plutôt.

Gaetano prit la lettre et lut

— Quand partons-nous? dit Beppo.

— Tu me demandes quand je pars, ami, car toi tu restes.

— Pourquoi resterais-je si tu pars?

— Parce que dans trois jours tu passes ton examen de docteur, parce que ta thèse est imprimée, parce que tes présents sont envoyés aux professeurs.

— Eh bien, nous remettrons tout cela à notre retour.

— Non, car, s'il plaît à Dieu, tu ne reviendras pas, Beppo.

— Ainsi tu veux que je te laisse partir seul?

— Aussitôt ta thèse passée, tu viendras me rejoindre. Si nous avons le bonheur de sauver mon pauvre père, tu nous aideras à le sauver, et, à la fin de sa convalescence, il te regardera comme de la famille; s'il meurt, tu en es déjà. Regarde, Bettina ne dit-elle pas, à la fin de sa lettre : « Mille tendresses à notre cher frère Beppo? »

— Je ferai comme tu voudras, Gaetano. Cependant réfléchis.

— Mes réflexions sont faites : moi, je pars ce soir, à l'instant même; toi, tu pars dans trois jours; seulement viens m'aider à trouver une voiture, afin que nous ne nous quittions que le plus tard possible.

— Allons! dit Beppo.

Gaetano jeta du linge et un habit dans un sac de nuit, prit tout l'argent qu'il avait, fourra ses pistolets dans ses poches, et, muni de sa carte d'étudiant, comme passe-port, descendit pour se mettre à la recherche d'une voiture.

Le jeune homme trouva ce qu'il cherchait à l'hôtel même de la poste. Gaetano devait laisser la chaise chez le maître de la poste aux chevaux de Rome, lequel était un parent de celui de Bologne.

Au bout de dix minutes, les chevaux étaient attelés.

En voyant son ami monter en voiture, Beppo insista de nouveau pour partir avec lui; mais Gaetano fut inébranlable : il objecta la thèse, répéta dix fois fois à Beppo que c'était une séparation de trois jours, voilà tout, puisque le troisième soir il partirait à son tour.

Beppo céda.

La chaise s'ébranla, le postillon fit claquer son fouet, les chevaux partirent, les deux amis échangèrent encore un adieu.

Beppo attendit que la chaise eût disparu, et, quand le bruit des roues, qui semblait encore prolonger la présence de Gaetano près de lui, se fut éteint, il poussa un soupir et revint à la maison, les bras pendants, la tête inclinée.

Ce fut une sensation dont nous n'essayerons pas de peindre la tristesse que celle qui s'empara de Beppo en rentrant dans cette chambre solitaire, où tout attestait la présence récente de l'ami qui venait de la quitter.

Il s'assit à cette table, près de laquelle était encore la chaise vide sur laquelle était assis, une heure auparavant, Gaetano; puis, ayant résolu de ne pas se coucher, il alla chercher ses livres, son encre et son papier, et se mit à travailler.

Mais, chose singulière, pendant son travail, trois fois la lampe s'éteignit, non point tout à coup, non point par accident; mais d'elle-même, comme une bouche qui cesse de respirer, comme une âme qui s'envole.

Trois fois Beppo la ralluma, s'assurant chaque fois qu'elle ne s'était pas éteinte à défaut d'huile; car, au point du jour, le récipient était encore à moitié plein.

Beppo était superstitieux, comme le sont toutes les âmes mélancoliques. Son regret d'avoir quitté Gaetano devint presque un remords, sa tristesse presque un désespoir. D'ailleurs, par une coïncidence étrange, ces trois agonies de la lampe avaient eu lieu tandis que Beppo, qui, ainsi que nous l'avons dit, s'était chargé de leur apprendre cette triste nouvelle, écrivait aux parents d'Antonio.

Le jour parut sans que Beppo se fût couché. Beppo avait compté sur le jour pour s'isoler de ses idées sombres; mais le jour était triste lui-même comme un jour d'hiver, et, quoique le jeune homme s'efforçât pour travailler, le travail

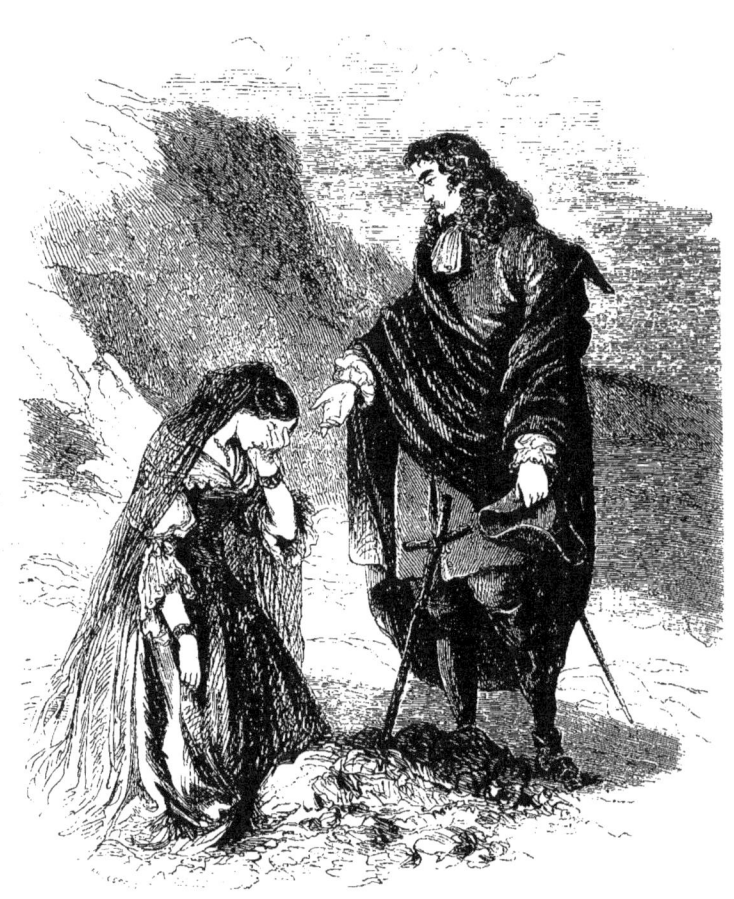

— Voilà où est notre frère Gaëtano. — Page 14.

ne put un instant le distraire de cette pensée incessante, que Gaetano courait quelque danger.

En effet, la route est longue de Bologne à Rome, et n'est pas encore bien sûre aujourd'hui pour les voyageurs qui courent la poste la nuit, à plus forte raison à l'époque où se passent les événements que nous racontons. Quelque diligence que fit Gaetano, son ami ne pouvait guère espérer qu'il ferait la route de Bologne à Rome en moins de soixante heures, et, comme il était parti le soir, comme il ne devait pas s'arrêter, comme Beppo savait que, sous aucun prétexte, il ne s'arrêterait, c'étaient trois nuits de dangers à affronter.

La journée s'écoula pleine de tristesse, et se termina plus tristement encore. L'enterrement d'Antonio était fixé pour le soir : il eut lieu aux flambeaux, comme c'est l'habitude en Italie, et toute l'université de Bologne, moins son meurtrier et Gaetano, suivit le convoi.

Vers les onze heures, Beppo rentra si fatigué

dans sa chambre, qu'il n'essaya même point de lutter contre le sommeil, et, s'étant couché, il s'endormit presque aussitôt.

Mais, à peine sa lampe était-elle éteinte, à peine ses yeux étaient-ils fermés, à peine la pensée avait-perdu sa lucidité, que Beppo jeta un cri, s'élança hors de son lit, et, à tâtons, courut à son épée.

Onze heures sonnaient à l'église Saint-Dominique.

Cependant, après un instant de réflexion, Beppo ralluma sa lampe et s'assit, pâle et pensif, sur son lit, mais sans quitter son épée.

Il venait de rêver que Gaetano, arrêté au tournant d'une route, se débattait au milieu d'une douzaine d'hommes à visages sinistres. Il avait cru entendre la double détonation de ses deux pistolets; et, tout éveillé qu'il était maintenant, une voix bruissait encore à son oreille qui criait au secours.

Cependant, au bout de quelques instants, sa raison parut l'emporter sur cette terreur, que rien ne motivait; il se recoucha et se rendormit.

Mais son rêve continua, comme une action commencée et qui s'accomplit.

Il vit Gaetano étendu sur le bord du chemin, frappé d'une blessure au cœur. Puis enfin, au milieu d'un paysage isolé, dans des montagnes couvertes de neige, une fosse fraîchement refermée, et dont la bosselière noire tachait seule le blanc manteau de l'hiver.

Lorsque Beppo se réveilla, après ce troisième rêve, le jour était venu.

Ce jour était celui où il devait subir son examen; mais, au lieu de lui laisser sa destination arrêtée, le jeune homme se leva, revêtit ses habits de voyage, prit à son tour ses armes et sa bourse, acheta le plus vigoureux cheval qu'il put trouver, et partit pour rejoindre Gaetano, ou tout au moins pour avoir de ses nouvelles. Il était résolu à marcher jour et nuit, suivant la route qu'il avait suivie. Quand son cheval ne pourrait plus le porter, il en achèterait ou en louerait un autre.

En vertu de cette résolution, il marcha depuis sept heures du matin jusqu'à dix heures du soir, sans autre interruption qu'une halte d'une demi-heure à Lojono.

Le soir, il eût bien voulu continuer sa route, mais son cheval s'y refusa. Il avait fait cinquante milles et avait besoin de quelques heures de repos.

Force fut donc à Beppo de faire halte, comme nous l'avons dit, à dix heures du soir, à Monte-Carelli, petit village situé au milieu des Apennins.

Il s'arrêta dans une pauvre auberge où ne logeaient d'ordinaire que des muletiers, et, après avoir donné tous les soins nécessaires au bien-être de son cheval, dont il s'occupait avant toute chose, il songea à lui, et demanda à souper.

Comme on vit facilement que le jeune homme appartenait à une classe de voyageurs supérieure à celle qui s'arrêtait d'habitude à l'auberge de Porta-Rossa, on lui servit son souper dans une chambre à part.

Cette chambre à part était une salle basse à peine éclairée par une mauvaise lampe, où une vieille femme avait fait entrer Beppo, tandis que devant lui on apprêtait un couvert qui devait se terminer par deux côtelettes et une omelette à la mortadelle.

Pendant que tous ces préliminaires s'accomplissaient, le jeune homme, anxieux, marchait de long en large, écoutant le bruit de son épée qui battait ses jambes. Enfin, les deux plats attendus arrivèrent. La vieille acheva son œuvre en mettant un verre et une bouteille sur la table, demanda à Beppo s'il avait besoin d'autre chose, et, sur sa réponse négative, sortit, laissant le voyageur seul en face de son repas.

Beppo avait hâte d'en finir avec cette maigre collation, pendant laquelle il espérait bien que son cheval, qu'on avait, de son côté, mis en face d'une crèche pleine d'avoine, reprendrait des forces pour continuer sa route. Il détacha donc son épée, la posa sur un bahut, et alla s'asseoir.

Mais, à peine avait-il pris place, que, de l'autre côté de la table, en face de lui, il vit, sans savoir par où il était entré ni comment il était venu là, Gaetano, assis les bras croisés, et qui lui souriait tristement en hochant la tête.

Quoique cette expression ne fût pas celle qui rayonnât d'ordinaire sur le visage de son ami, Beppo le reconnut, et poussa un cri de joie.

— Ah! c'est donc toi, cher Gaetano? s'écria-t-il en se levant pour l'embrasser.

Mais il ne saisit que l'air. Ses bras ouverts se rejoignirent sans avoir rien touché. Trois fois l'apparition échappa comme une vapeur aux embrassements du jeune homme désolé. Et cependant le spectre demeurait visible, et toujours assis à la même place.

Beppo commença de comprendre qu'il avait

affaire à une ombre; — mais, comme c'était à celle de l'homme qu'il avait le plus aimé au monde, il ne s'en effraya point, et commença de l'interroger.

Non-seulement il ne reçut point de réponse, mais encore peu à peu la vision pâlit, s'effaça et disparut.

Cette fois la vision venait confirmer le rêve. Beppo ne songea plus qu'à Gaetano. Quelque grave accident devait être arrivé à son ami pour que Dieu lui envoyât ce double avertissement. Il appela son hôtesse, paya le souper qu'il n'avait pas mangé, et, allant à l'écurie, il sella son cheval et partit.

On eût dit que quelque chose de surnaturel soutenait le cheval comme le cavalier. Beppo marcha tout le reste de la nuit, toute la journée du lendemain, et le soir, après trois haltes habilement ménagées à sa monture, il arriva à Assise à sept heures du soir.

Là, quelque envie qu'eût Beppo de continuer sa route, force lui fut de s'arrêter. Son cheval ne pouvait plus mettre un pied devant l'autre.

Lui-même avait besoin de repos. Pendant une nuit et deux jours il avait marché presque sans faire halte. Il demanda une chambre et se coucha sans souper.

Cependant, quelle que fût la fatigue du corps chez Beppo, le trouble de l'esprit était encore plus grand. Il en résulta que, quoiqu'il se fût couché, quoiqu'il eût éteint sa lampe, il ne s'endormit pas.

La fenêtre de sa chambre n'avait ni rideaux ni jalousies; la lueur de la lune pénétrait à travers les vitres, d'autant plus claire, qu'elle s'augmentait du reflet de la neige que Beppo avait trouvée quelques lieues en avant d'Assise. Beppo était donc accoudé sur son lit, les yeux fixés sur ce rayon de pâle lumière qui sillonnait sa chambre, lorsque tout à coup il entendit un pas dans l'escalier qui craquait. Ce pas s'approchait de sa porte. Sa porte s'ouvrit. Beppo saisit un des pistolets posés sur sa table de nuit, et en dirigea le canon vers la porte.

Mais sur le seuil apparut un jeune homme enveloppé d'un manteau brun, tout moucheté de neige; le jeune homme s'avança vers le lit, rabattit le manteau qui lui couvrait une portion du visage, et Beppo reconnut son ami.

Beppo jeta son pistolet, poussa un cri et voulut s'élancer hors du lit; mais Gaetano lui fit de la main un signe à la fois triste et impératif.

Beppo resta sans voix, sans haleine, sans mouvement, les yeux effroyablement dilatés, dans cette nuit pâle comme une aurore boréale.

Pour Beppo, il était évident que c'était la même vision qui lui était déjà apparue à Monte-Carelli.

Le spectre dépouilla d'abord son manteau, puis ses habits, en faisant signe de la main, à Beppo, de lui livrer, dans le lit, sa place accoutumée.

Puis il se coucha près de lui.

Beppo était, tout à la fois, si ému et si effrayé, qu'il demeura immobile, étendu le long de la ruelle, appuyé sur une de ses mains, regardant son ami.

Puis, après un instant:

— Gaetano, dit-il à voix basse, est-ce toi? Parle, réponds.

Gaetano garda le silence.

— Si Dieu, continua Beppo, permet que les lois ordinaires de la nature soient troublées, Dieu a un but. Dis-moi ce que tu veux, ami, et, sur notre amitié en ce monde, je le ferai.

Gaetano ne répondit point.

— Es-tu mort, continua Beppo, et reviens-tu en vertu du serment que nous nous sommes fait de ne pas nous quitter, même après notre mort? En ce cas, ami, vois, je ne te fuis pas.

En prononçant ces paroles, Beppo se rapprocha de son ami, les bras ouverts; mais il jeta un cri, il lui sembla avoir touché une statue de glace.

Quelque chose de semblable à un frisson mortel venait de passer dans le corps du vivant.

Quant au mort, avec ce même sourire triste que Beppo avait déjà recueilli sur ses lèvres, il se leva, reprit l'un après l'autre ses vêtements, et sortit de la chambre, la tête constamment tournée vers son ami, et lui faisant de la main un geste d'adieu.

Au moment où Gaetano franchissait le seuil de la porte, Beppo crut entendre s'exhaler un long soupir.

Puis le bruit des pas s'éloigna dans l'escalier avec une diminution pareille au bruit qu'ils avaient fait en se rapprochant.

— Oh! décidément, murmura le jeune homme en laissant retomber sa tête sur son oreiller, Gaetano est mort!... bien mort!

III

LES DEUX ÉTUDIANTS DE BOLOGNE (SUITE).

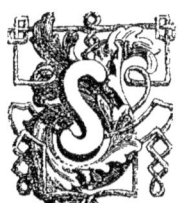oit évanouissement, soit fatigue, Beppo ne se réveilla qu'au point du jour.

Une nuit entière avait suffi à son cheval pour le reposer, il était frais et dispos.

Beppo se mit en selle et continua sa route.

Jusque-là il s'était, à toutes les postes, informé avec soin pour savoir si, vingt-quatre heures auparavant, un jeune homme de vingt à vingt et un ans, seul dans une chaise, suivant la route de Bologne à Rome, n'avait pas relayé.

Jusque-là, il avait eu des nouvelles positives de Gaetano; à Foligno et à Spolette, même réponse : partout on avait vu le jeune homme voyageant avec sa carte d'étudiant; il était bien portant et paraissait fort pressé d'arriver à Rome.

Cependant, à cause de la neige, la route, déjà mauvaise pendant l'été, était devenue presque impraticable; il en résulta que tout ce que put faire Beppo dans cette journée, ce fut de gagner Terni.

A Strettura, c'est-à-dire deux lieues avant Terni, le voyageur avait fait sa question habituelle : là encore Gaetano avait été vu.

Il était cinq heures du soir lorsque Beppo arrive à Strettura. Et, lorsque après s'être assuré du passage de son ami, il apprit qu'il avait continué sa route vers Terni, il s'apprêta à en faire autant; mais alors le maître de poste auquel il s'adressait secoua la tête et lui donna le conseil de ne pas aller plus loin : la route, resserrée entre deux chaînes des Apennins, était infestée par une troupe de bandits, et chaque jour on entendait raconter quelque exploit terrible accompli par ces misérables.

Mais Beppo n'avait jamais craint les vivants, et cette idée que c'était le spectre de Gaetano qui lui était apparu lui avait donné une force suprême : il déclara donc qu'il était, lui aussi, fort pressé d'arriver à Rome, et qu'il ne savait pas de dangers capables de l'arrêter dans son chemin.

En conséquence, il renouvela l'amorce de ses pistolets, s'assura que son épée ne tenait pas au fourreau, piqua son cheval des deux et s'engagea dans la vallée qui conduit de Strettura à Terni.

En effet, aucune localité n'était plus favorable à une embûche : des portions de bois touffus comme des maquis corses s'étendaient jusqu'à la route; d'énormes blocs de granit s'étaient détachés de la montagne et avaient roulé jusqu'au bord du chemin. On eût dit cette voie désolée dont parle Dante, qui traverse le Chaos et qui conduit à l'Enfer.

Beppo s'attendait à être attaqué à chaque minute; mais, indifférent à son propre sort, il envisageait d'un œil calme et froid chaque accident de terrain qui semblait le menacer d'un guet-apens. A peine, en approchant de l'endroit menaçant, Beppo faisait-il le mouvement d'un homme qui se penche sur ses fontes. L'endroit traversé sans accident, il se relevait avec le sourire du mépris pour ce danger qui semblait n'oser venir à lui.

Enfin, il aperçut les lumières de la ville, se rendit droit à la poste et fit sa question habituelle.

Mais là s'interrompaient les renseignements; non-seulement on n'avait pas vu Gaetano, non-seulement on ne pouvait pas lui donner de nouvelles, mais encore, depuis près de quinze jours, aucune espèce de chaise de poste n'avait passé à Terni; le bruit des ravages exercés par cette bande de voleurs dont Beppo avait entendu parler à Strettura faisait que tous les voyageurs raisonnables rebroussaient chemin et prenaient la route d'Aquapendente.

Ainsi Gaetano, venu jusqu'à Strettura, n'avait pas paru à Terni. Sa trace se perdait sur la route qui conduit de la première à la seconde de ces deux villes.

Beppo avait remarqué, en dehors de Terni, sur la route qu'il venait de suivre, une auberge qui semblait une sentinelle perdue sur cette route maudite. Il pensa que cette auberge, le rapprochant de l'endroit où selon toute probabilité avait été arrêté Gaetano, il aurait plus sûrement de ses nouvelles dans cette auberge isolée que dans la ville.

En conséquence, il revint sur ses pas et entra dans cette auberge, qui avait pour enseigne :

A LA CASCADE DE TERNI.

Une chaise de poste était rangée dans un coin de la cour. Il crut la reconnaître et s'informa aussitôt; mais il apprit qu'elle appartenait à une jeune dame de Rome, qui venait au-devant de son frère ou de son mari, et qui s'était arrêtée là, il y avait deux heures, sur l'observation qui lui avait été faite du danger qu'elle courait à traverser la nuit un pareil défilé.

Là, Beppo s'informa de nouveau de son ami; mais, quoiqu'il s'adressât à toutes les personnes de l'hôtel, depuis le maître jusqu'au garçon d'écurie, il n'en eut aucune nouvelle.

Beppo craignait et désirait à la fois le moment où il allait se retrouver seul. Les deux apparitions qui s'étaient succédé en deux nuits, l'une à Monte-Carelli, l'autre à Assise, s'étaient complètement emparées de son esprit; il était convaincu que la nuit ne s'écoulerait pas sans qu'il revît encore une fois Gaetano.

Il mangea un morceau dans la salle commune, but un coup, tout en écoutant ce qui se disait, espérant toujours qu'il apprendrait quelque chose de Gaetano; mais, quoique la conversation roulât entièrement sur les voleurs, aucun détail ne parut se rapporter au sujet qui seul intéressait le voyageur.

Alors il se retira dans sa chambre.

Là étaient sa dernière crainte et sa dernière espérance.

Les moyens humains lui manquaient; sans doute les ressources surnaturelles allaient venir à son secours.

Beppo ne fit rien pour provoquer une nouvelle apparition ni pour s'en défendre : il se déshabilla, se coucha, éteignit sa lampe et s'endormit en s'en remettant à Dieu du soin de son corps et de son âme.

A onze heures il s'éveilla en sursaut. Quelques secondes s'écoulèrent pendant lesquelles s'effacèrent de son esprit ces légers nuages qui survivent un instant au sommeil; puis il entendit le même bruit qu'il avait entendu la veille à Assise, c'est-à-dire celui d'un pas faisant craquer un escalier. Ce pas, comme la veille, se rapprocha de la chambre, la porte s'ouvrit, et Gaetano reparut.

Beppo crut que, comme la veille, le spectre allait se déshabiller et se coucher près de lui. Il trouvait une sombre douceur à cette cohabitation avec un ami mort, et se reculait déjà pour lui céder sa place, quand le spectre lui fit signe de se lever.

Soit qu'il n'eût pas compris, soit qu'il hésitât, Beppo tardait à obéir.

Alors Gaetano écarta son manteau couvert de neige. Comme la veille, il était nu sous le manteau, et, à sa poitrine, était une plaie saignante qu'il montra du doigt à son ami.

Beppo, désespéré, comprit tout, s'élança de son lit et s'habilla à la hâte.

Debout au pied du lit, le spectre attendait, immobile.

Lorsque Beppo fut prêt :

— Me voilà, dit-il, qu'ordonnes-tu?

Sans lui répondre, Gaetano lui fit signe de s'armer.

Beppo boucla son épée, et au ceinturon passa ses deux pistolets.

— Est-ce bien ainsi? demanda Beppo.

Le spectre fit un signe de la tête, et, tout en regardant son ami pour voir s'il le suivait, il s'achemina vers la porte, souriant tristement comme pour encourager Beppo à n'avoir point peur de lui.

Ils sortirent ainsi de l'auberge, toutes les portes s'ouvrant devant eux, ou plutôt le spectre faisant partout où il passait une trouée, qui servait à la fois pour lui et pour son compagnon, et qui se refermait derrière eux.

Après avoir suivi la route un quart d'heure à peu près, le spectre prit un sentier resserré à travers les broussailles et les pierres. Beppo venait derrière lui, l'épée à la main, remarquant avec terreur que les pas du fantôme ne s'imprimaient pas dans la neige, mais qu'en échange son sang laissait une longue trace derrière lui.

Deux ou trois fois, dans l'espérance que son ami répondrait à ses questions, Beppo lui adressa quelques tendres paroles; mais à chaque fois, comme s'il eût craint que le bruit de ces paroles ne dénonçât la présence d'un être vivant, Gaetano porta son doigt à ses lèvres, invitant Beppo à se taire.

Bientôt au reste cette recommandation fut inutile.

Au fur et à mesure que l'on s'enfonçait dans la montagne, on se rapprochait de la cascade, et le bruit de la chute d'eau était tel, que deux personnes n'eussent pu s'entendre, si haut et de si près qu'elles se parlassent.

Mais une chose frappait surtout Beppo, c'est qu'au fur et à mesure qu'il s'enfonçait dans la montagne, il reconnaissait le paysage qu'il avait vu dans son rêve; enfin ce paysage fut complété par l'aspect de la fosse nouvellement retournée, qui tachait ce vaste manteau de neige qui couvrait la terre.

Beppo n'avait plus besoin d'explication. Le spectre de Gaetano l'avait conduit à l'endroit où il avait été inhumé : il s'agenouilla devant le tertre funéraire en priant pour son ami. Pendant ce temps, le spectre était resté debout, et il semblait à Beppo qu'il s'unissait à lui par la prière.

Ce pieux devoir accompli, Beppo étendit son épée sur la tombe de son ami, et jura de venger sa mort; puis, avec son épée, ayant coupé deux branches de chêne, il les attacha en croix et planta cette croix sur la fosse.

A l'aide de cette traînée de sang et de cette croix, il ne pouvait manquer de reconnaître la tombe et le chemin qui y conduisait.

Sans doute en ce moment le spectre jugea que Beppo avait fait tout ce qu'il avait à faire, car, ne s'inquiétant pas de la route suivie, il en prit une autre à travers les rochers, regardant si Beppo continuait à le suivre.

Le jeune homme, qui se sentait poussé par une force surnaturelle, suivit le spectre pour l'interroger sur ce qu'il devait faire. Le spectre avait disparu.

Un instant après, il entendit un bruit de pas et de voix venant dans la direction opposée à celle qu'il suivait.

Beppo s'écarta de la route, et se cacha derrière un rocher. Là il attendit, pour savoir quelles étaient les personnes qui se hasardaient la nuit dans un pareil endroit.

Au fur et à mesure que ces personnes se rapprochaient, il lui semblait entendre une voix de femme. Il ne se trompait pas. Au milieu d'un groupe de cinq personnes qui suivaient le sentier qu'il venait de quitter, et qui se dirigeaient du côté de la tombe de Gaetano, était une femme. Les autres personnes étaient : une espèce de facchino portant une torche, un homme vêtu à la façon des montagnards des environs de Rome, et deux autres hommes qui semblaient des domestiques. La femme était une jeune fille de dix-neuf à vingt ans à peine, toute vêtue de noir; un air de résolution étrange était répandu sur son visage; elle tenait un pistolet à la main.

Les deux laquais, qui semblaient être de sa suite, étaient armés chacun d'un tromblon et de deux pistolets. Ni le montagnard ni le guide n'étaient armés.

Arrivée à quelques pas de l'endroit où était caché Beppo, la petite troupe s'arrêta. La jeune femme refusait d'aller plus loin.

— Malheureux, dit-elle en s'adressant au paysan qui semblait servir de guide à la petite troupe, j'ai consenti à te suivre, car tu m'as promis de me conduire à l'endroit où était mon frère; voilà deux heures que nous marchons, où est-il?

— Ayez patience, signora, répondit l'homme, nous arrivons.

Et il regardait autour de lui en homme qui cherche une voie de salut.

— Rappelle toi ce que je t'ai dit, reprit la jeune fille d'un ton ferme et en levant son pistolet à la hauteur de la poitrine de cet homme, si tu essayes de fuir, tu es mort.

— Oh! je n'en ai nulle envie, signora.

Et ses mouvements inquiets démentaient ses paroles.

— S'il fait un pas en arrière, dit la jeune fille en s'adressant aux deux laquais, tuez-le.

— Mais où sont-ils donc, où sont-ils donc? murmura l'homme au désespoir.

— Oui, tes complices te manquent, dit la jeune fille. Ecoute, ce n'est pas si tu essayes de fuir que tu es mort maintenant, c'est si tu ne réponds pas. Tu es venu à Rome, tu m'as apporté cette lettre de mon frère; il était prisonnier. Les bandits avaient fixé sa rançon à vingt mille écus : dix mille devaient t'être remis, dix mille t'ont été remis; dix mille devaient, dans le délai de trois jours, être apportés par une personne qui ne pût pas inspirer de crainte à tes compagnons et à cette personne mon frère devait être remis vivant, sain et sauf : cette personne, c'est moi; les dix mille écus, les voici. Où est mon frère?

A ces dernières paroles, Beppo avait tout compris; il sortit de sa cachette et marcha droit au groupe.

La jeune fille crut à une surprise, et, sans paraître éprouver le moindre effroi, elle fit un mouvement de menace contre le bandit. Mais Beppo étendit la main :

— Vous êtes Bettina Romanoli, sœur de Gaetano Romanoli, n'est-ce pas? dit-il.

— Oui, répondit la jeune fille.

Puis le regardant avec attention :

— Et vous, dit-elle, vous êtes Beppo de Scamozza.

— Hélas! oui, madame, et j'arrive de Bologne, espérant arriver à temps pour porter secours à mon ami.

— Et moi de Rome, avec le reste de la somme qu'exigeaient les brigands qui l'avaient enlevé. Cet homme, qui avait apporté la première partie devait m'attendre à l'hôtel de Porta-Rossa pour recevoir la seconde; mais, avant de la lui remettre, j'ai exigé que mon frère me fût rendu. Alors il m'a offert de me conduire où m'attendait Gaetano; j'y ai consenti, mais en me faisant suivre de ces deux fidèles serviteurs. Depuis deux heures nous courons dans la montagne; enfin je viens de m'arrêter, convaincue que cet homme nous trahit.

— C'est bien; veillez sur cet homme avec plus de soin que jamais, dit Beppo aux deux serviteurs.

Puis, se retournant vers Bettina :

— C'est moi qui vais vous servir de guide, dit-il, vous fiez-vous à moi?

— N'êtes-vous pas le meilleur ami de mon frère? dit Bettina, tendant la main à Beppo.

— Marchons! dit celui-ci.

Beppo reprit le chemin qu'il venait de suivre et conduisit Bettina à la tombe fraîche. Puis la lui montrant du doigt :

— Bettina, ma sœur, du courage, dit-il; voilà où est notre frère Gaetano.

Bettina jeta un cri et tomba à genoux.

L'homme profita de ce moment de trouble pour essayer de fuir; mais il était trop bien gardé par les deux serviteurs pour que cette tentative eût quelque chance de réussite.

Tous deux levèrent en même temps leurs pistolets et le menacèrent.

En ce moment Beppo tressaillit, il venait de revoir l'ombre de Gaetano. Elle se tenait à dix pas de la fosse et faisait signe à Beppo de la suivre.

Beppo s'inclina en signe d'obéissance. Puis, s'adressant aux deux serviteurs :

— Gardez cet homme, dit-il, je reviens dans un instant.

Et il suivit le spectre, qui s'éloigna dans la direction de la cascade.

Au bout de cinq minutes, tous deux suivirent un sentier si proche de la cascade, qu'ils étaient tout baignés par le rejaillissement de l'eau.

Au bout de cinq autres minutes, ils avaient atteint le sommet de la montagne, là où la rivière, qui fait la cascade, roule rapide et bruyante, encaissée dans une espèce de canal de douze ou quinze pieds de large.

Ce torrent est infranchissable à la nage. Quiconque s'y hasarderait serait entraîné par le torrent, lancé comme une flèche et précipité de cinq cents pieds de hauteur.

Il isole une partie de la montagne, taillée à pic de tous côtés, et à laquelle on ne peut parvenir que par un pont jeté sur l'abîme roulant.

Le spectre s'arrêta devant le pont. Il se composait de trois troncs de sapin.

Il avait fallu la force de vingt hommes réunis pour apporter chacun de ces sapins au haut de la montagne et pour les coucher sur le torrent.

Beppo cherchait à lire aux yeux du spectre dans quelle intention il l'avait amené là.

Le spectre fit monter Beppo sur le mamelon le plus élevé de la montagne, et, de là, il lui montra l'ouverture sombre d'une caverne gisant à cinq ou six cents pas de l'autre côté du torrent.

De temps en temps l'ouverture de cette caverne s'éclairait; puis, dominant le grondement de la cascade, des cris d'orgie et des éclats de rire en sortaient.

C'était dans cette caverne que les bandits qui avaient tué Gaetano étaient venus chercher un asile pour la nuit.

Beppo ne comprenait pas le but qu'avait eu le spectre en l'amenant où il était; car, selon toute probabilité, avant qu'il fût retourné à Terni, qu'il en eût ramené une troupe suffisante pour combattre les bandits, le jour serait venu, et les bandits auraient changé de retraite.

Gaetano devina ce qui se passait dans le cœur de son ami et secoua la tête.

— Parle, demanda Beppo, dois-je aller à eux et les attaquer seul sur ton ordre? j'obéirai sans hésiter, sans craindre.

Gaetano secoua encore la tête, descendit du mamelon et s'achemina vers le torrent.

Arrivé au pont, il fit signe à Beppo de soulever les sapins et de les jeter dans le fleuve.

— Mais, dit Beppo, il faudrait vingt hommes de ma force pour accomplir une pareille œuvre : à un seul homme, elle est impossible.

Le spectre fit un signe qui voulait dire : *Essaye*.

Beppo se courba ; il venait de se rappeler ces paroles de l'Évangile : « Crois, et avec la foi tu soulèveras des montagnes. » Il crut fermement, se baissa, saisit un des sapins par son extrémité, le souleva, et, sans plus de difficulté que n'en eût offert une solive ordinaire, il laissa retomber le sapin dans le fleuve, qui l'emporta comme un brin d'herbe. Il en fit autant du second, puis du troisième.

Puis il écouta.

Et successivement, comme trois coups de canon, il entendit, dominant le bruit de la cascade, le bruit de la chute des trois géants.

Le pont était détruit, les bandits étaient prisonniers.

Peut-être, au milieu de leur orgie, eux aussi entendirent-ils ce bruit sourd et menaçant ; mais sans doute ils le prirent pour quelqu'un de ces bruits accidentels qui éveillent, pendant la nuit, l'écho des montagnes.

Alors Gaetano reprit le chemin qu'il avait suivi, et qui le ramenait vers la tombe.

Au bout de dix minutes, Beppo, qui marchait derrière lui, revit le groupe au même endroit où il l'avait laissé.

La torche du facchino éclairait Bettina, priant toujours, et les deux serviteurs gardant le bandit.

Beppo se retourna du côté du spectre pour savoir de lui ce qu'il devait faire, mais sans doute l'œuvre surnaturelle était accomplie.

Gaetano fit un geste d'adieu et ouvrit les bras comme pour appeler son ami ; Beppo se précipita dans ses bras ouverts, mais le spectre lui échappa comme une vapeur, poussa un soupir et disparut.

Alors Beppo redescendit tristement jusqu'à Bettina.

— Madame, lui dit-il, vous savez tout maintenant, n'est-ce pas ? regagnons Terni, et demain nous ferons exhumer le corps de notre malheureux ami pour lui rendre les derniers devoirs.

— Mais, demanda la jeune fille, est-ce assez pour la consolation de son âme que son corps repose en terre sainte, et ne songerons-nous pas à le venger ?

— La vengeance est accomplie, madame, dit Beppo.

Et il raconta ce qu'il venait de faire.

— Mais c'est impossible ! s'écria le bandit, qui avait écouté ce récit avec la terreur d'un condamné, il faudrait vingt hommes pour soulever chacun de ces sapins qui forment le pont.

— Dieu m'a aidé, répondit simplement Beppo.

Et, reprenant la route indiquée par la traînée de sang que Gaetano avait laissée sur la neige, et que lui seul voyait, il ramena la petite troupe à l'hôtel de Porta-Rossa.

Là, le bandit, remis aux mains de la justice, avoua qu'au moment de son retour avec les premiers dix mille écus, une querelle s'était élevée parmi les bandits sur la répartition de cette somme : alors un de ces misérables, se trouvant moins bien partagé que les autres, avait, pour priver le capitaine de la seconde partie de la somme, poignardé Gaetano.

C'est alors que, pour ne pas perdre cette seconde partie, le bandit s'était offert de guider la jeune fille jusqu'à l'endroit où, croyant retrouver son frère, elle tomberait dans une embuscade où elle laisserait sa vie et son argent.

Mais le courage de Bettina, l'attitude menaçante des deux serviteurs, avaient changé la marche du drame.

Le bandit, sentant que la mort serait le payement immédiat de sa trahison, au lieu d'aller rejoindre ses compagnons à la caverne, avait erré une partie de la nuit, espérant toujours trouver une occasion de s'échapper.

L'apparition subite de Beppo lui avait enlevé ce dernier espoir.

Le lendemain, l'exhumation du corps de Gaetano eut lieu en présence du clergé de Terni et d'une partie de la force armée.

Le cadavre avait à la poitrine cette large et profonde blessure que le spectre avait montrée à Beppo.

Quant aux bandits, comme on savait qu'ils n'avaient d'autre issue que le pont de sapins, et que ce pont était détruit, on ne chercha pas même à s'emparer d'eux.

La terre était couverte de neige et ne leur présentait aucune ressource ; ils moururent de faim.

Les corps de trois d'entre eux, qui avaient

essayé de traverser le torrent à la nage, furent retrouvés broyés sur les rochers de la cascade.

Quant au corps de Gaetano, il fut ramené à Rome, escorté par Bettina, par Beppo et par les deux fidèles serviteurs.

Un an après, selon le désir de Gaetano, Beppo devenait l'époux de Bettina.

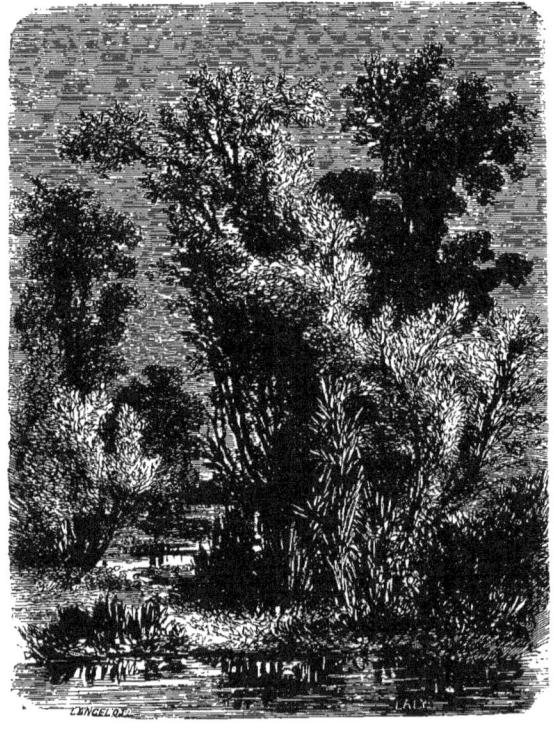

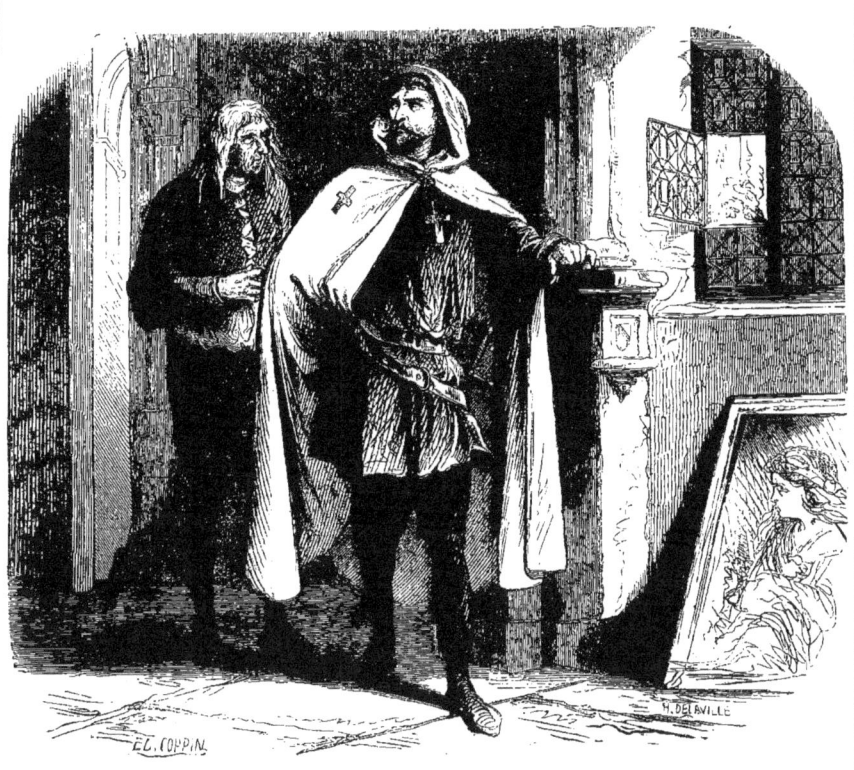

DON BERNARDO DE ZUNIGA

PAR

ALEXANDRE DUMAS

—❦—

I

LA FONTAINE SAINTE.

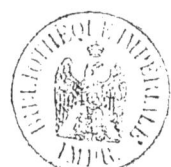
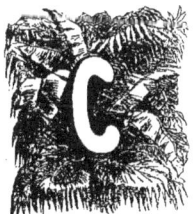'était le 25 janvier 1492. Après une lutte de huit cents ans contre les Espagnols, les Maures venaient de se déclarer vaincus dans la personne d'Al-Shaghyr Abou-Abdallah qui, le 6 du mois précédent, c'est-à-dire le jour des Rois, avait remis la ville de Grenade aux mains de ses vainqueurs, Ferdinand et Isabelle.

Les Maures avaient conquis l'Espagne en deux ans, il avait fallu huit siècles pour la leur reprendre.

Le bruit de cette victoire s'était répandu. Par toutes les Espagnes les cloches sonnaient dans les églises, comme au saint jour de Pâques, quand Notre-Seigneur est ressuscité, et toutes les voix criaient : Vive Ferdinand! vive Isabelle! vive Léon! vive Castille!

Ce n'était pas tout encore : on disait que, dans cette année de bénédiction où Dieu avait regardé l'Espagne avec un œil de père, un grand voyageur s'était présenté aux deux rois, et avait promis de leur donner un monde inconnu, qu'il était certain de découvrir en marchant toujours de l'orient en occident.

Mais ceci passait généralement pour une fable, et l'aventurier qui avait pris cet engagement, et que l'on nommait Christophe Colomb, était regardé comme un fou.

Au reste, ces nouvelles, à cette époque de communications difficiles, n'étaient pas encore répandues d'une façon bien positive sur toute la surface de la Péninsule. Au fur et à mesure que, topographiquement, les provinces s'éloignaient des provinces dans lesquelles les Maures avaient concentré leur pouvoir, et que, depuis dix-neuf jours seulement, Ferdinand et Isabelle avaient délivrées, de même qu'au fur et à mesure qu'on s'éloignant d'un centre de lumière, les objets rentrent peu à peu dans l'obscurité, peu à peu les populations doutaient encore de ce grand bonheur qui échéait à toute la chrétienté, et, s'empressant autour de chaque voyageur qui arrivait du théâtre de la guerre, lui demandaient des détails sur ce grand événement.

Une des provinces, non pas les plus éloignées, mais les plus séparées de Grenade, car deux grandes chaînes de montagnes s'étendent entre elle et cette ville, l'Estramadure, l'Estramadure située entre la Nouvelle-Castille et le Portugal, et qui emprunte son nom à sa position extrême sur les sources du Duero, l'Estramadure, enfin, avait un intérêt d'autant plus grand à être renseignée, que, déjà délivrée des Maures, dès 1240, par Ferdinand III de Castille, elle appartenait depuis lors à ce royaume dont Isabelle, qui venait de mériter le nom de la Catholique, était héritière.

Aussi une grande foule était-elle rassemblée le jour où s'ouvre cette histoire, c'est-à-dire le 25 janvier 1492, dans la cour du château de Bejar où venait d'entrer don Bernardo de Zuniga, troisième fils de Pierre Zuniga, comte de Bagnarès et marquis d'Ayamonte, maître de ce château.

Or personne ne pouvait donner de plus fraîches nouvelles des Maures et des chrétiens que don Bernardo de Zuniga, qui, chevalier de l'armée d'Isabelle, avait été fait prisonnier dans une des sorties tentées par le héros des Arabes, Mousay-Ebn-Aby'l-Gazan, et ramené blessé dans la ville assiégée, dont les portes ne lui avaient été ouvertes que le jour où les chrétiens y avaient fait leur entrée.

Don Bernardo, à l'époque où il nous apparaît, c'est-à-dire au moment où, après une absence de dix ans, il rentre dans le château paternel, monté sur son cheval de bataille, et entouré de domestiques, de serviteurs et de vassaux, était un homme de trente-cinq à trente-six ans, maigri par les fatigues et surtout par les blessures, et qui eût été pâle, si son visage, brûlé par le soleil du Midi, n'eût revêtu une teinte bronzée, qui semblait faire de lui le compatriote et le frère des hommes qu'il venait de combattre. Cette ressemblance était d'autant plus exacte, qu'enveloppé comme il était dans le grand manteau blanc de l'ordre d'Alcantara, un pan de ce manteau enroulé autour de son visage, pour se garantir de la bise des montagnes, rien ne distinguait ce manteau du burnous arabe, si ce n'est la croix verte que les chevaliers de l'ordre saint portaient sur le côté gauche de la poitrine.

Ce cortége, qui entrait avec lui dans la cour du château, l'accompagnait depuis son apparition aux portes de la ville; avant même qu'on l'eût reconnu, on avait deviné que cet homme à l'œil sombre, à l'allure héroïque, au manteau moitié religieux, moitié guerrier, venait du théâtre de la guerre. On s'était informé auprès de lui pour avoir des nouvelles. Alors il s'était nommé, avait invité les bonnes gens à le suivre jusque dans la cour du château, et, arrivé là, il venait de mettre pied à terre au milieu des marques d'affection et de respect universelles.

Après avoir jeté la bride de son cheval aux mains d'un écuyer, et lui avoir recommandé ce brave compagnon de ses fatigues, qui, comme son maître, portait plus d'une trace visible de la lutte qu'il venait de soutenir, don Bernardo de Zuniga monta les marches du perron conduisant à l'entrée principale du château; puis, arrivé à la dernière marche, il se retourna, racontant, pour satisfaire à la curiosité de tous, comment Ferdinand le Catholique, après avoir conquis trente places fortes et autant de villes, avait fini par mettre le siège devant Grenade; comment, après un siège long et terrible, Grenade s'était rendue le 25 novembre 1491, et comment enfin le roi et la reine y avaient fait leur entrée le 6 du mois de janvier, jour de la Sainte-Épiphanie, laissant pour tout domaine, au successeur des rois de Grenade et des califes de Cordoue, une petite dotation dans les Alpujarras.

Ces renseignements donnés à la grande joie des auditeurs, don Bernardo entra dans le château, suivi seulement de ses serviteurs les plus intimes.

Ce ne fut pas sans une grande émotion que don Bernardo revit, après dix ans, l'intérieur de ce château où s'était écoulée son enfance, et qu'il retrouvait vide, son père se tenant à Burgos, et de ses deux frères aînés, l'un étant mort et l'autre à l'armée de Ferdinand.

Don Bernardo parcourait, triste et silencieux, tous les appartements; on eût dit qu'il y avait au fond de sa pensée une question qu'il n'osait faire, et qui demeurait voilée sous les questions qu'il faisait. Enfin, s'arrêtant devant le portrait d'une petite fille de neuf ou dix ans, il demanda, avec une certaine hésitation, quel était ce portrait.

Celui à qui s'adressait cette demande regarda fixement don Bernardo avant que d'y répondre.

On eût dit qu'il ne comprenait pas.

— Ce portrait? demanda-t-il.

— Sans doute, ce portrait, répéta don Bernardo d'un ton plus impératif.

— Mais, monseigneur, répéta le serviteur, c'est celui de votre cousine Anne de Niebla : il est impossible que Votre Seigneurie ait oublié cette jeune orpheline, qui a été élevée au château et qui était destinée à votre frère aîné.

— Ah! c'est vrai, dit don Bernardo, et qu'est-elle devenue?

— Lorsque votre frère aîné mourut, en 1488, monseigneur votre père ordonna qu'Anne de Niebla entrât au couvent de l'Immaculée-Conception, de l'ordre de Calatrava, et qu'elle y prononçât ses vœux, votre second frère étant marié et Votre Seigneurie étant chevalier d'un ordre qui prescrit le célibat.

Don Bernardo poussa un soupir.

— C'est juste, dit-il.

Et il ne fit aucune autre question.

Seulement, comme Anne de Niebla était fort aimée dans le château de Bejar, le serviteur, profitant de ce que la conversation était tombée sur la jeune et riche héritière, essaya de la continuer.

Mais au premier mot qu'il dit sur ce sujet, don Bernardo lui imposa silence de façon à lui faire comprendre qu'il avait appris tout ce qu'il désirait savoir.

Au reste, il n'y avait point à se tromper sur les causes qui avaient déterminé le retour de don Bernardo au château de ses pères; car il prit soin dès le même jour de faire connaître cette cause à tout le monde. Le château de Bejar était situé à deux ou trois lieues d'une source qu'on appelait la Fontaine-Sainte, et qui devait sans doute à son voisinage du couvent de l'Immaculée-Conception le privilége de faire des miracles.

Cette fontaine surtout était merveilleuse pour la guérison des blessures, et, nous l'avons dit, don Bernardo était encore maigre, pâle et souffrant des blessures qu'il avait reçues au siége de Grenade.

Aussi le lendemain, don Bernardo résolut-il de commencer le traitement auquel, dans sa foi religieuse, il espérait devoir une prompte guérison. Le régime était bien simple à suivre : don Bernardo ferait ce que faisait le plus pauvre paysan qui venait implorer l'assistance de la madone sainte sous l'invocation de laquelle se trouvait la fontaine. Au-dessus de la source s'élevait une petite colline formée d'un seul rocher; au haut de ce rocher s'élevait une croix. On gravissait le rocher pieds nus, on s'agenouillait devant la croix, on disait dévotement cinq *Pater* et cinq *Ave*, on descendait pieds nus toujours, on buvait un verre d'eau et l'on se retirait chez soi.

Les pèlerinages se divisaient en neuvaines; au bout de la troisième neuvaine, c'est-à-dire à la fin du vingt-septième jour, il était rare que l'on ne fût point guéri.

Le lendemain effectivement, au point du jour, don Bernardo de Zuniga se fit amener son cheval; et comme, cent fois dans sa jeunesse, il avait fait le voyage de la fontaine, il partit seul pour accomplir son pèlerinage sanitaire.

Arrivé à la source, il mit pied à terre, attacha son cheval à un arbre, se déchaussa, gravit le rocher pieds nus, dit ses cinq *Pater* et ses cinq *Ave*, descendit, but un verre d'eau à la même source, remit sa chaussure, remonta à cheval, jeta un regard, religieux sans doute, vers le couvent de l'Immaculée-Conception qui, à une demi-lieue de là, paraissait à travers les arbres, et revint au château.

Chaque jour don Bernardo recommença le même voyage, et il était visible que l'eau miraculeuse agissait sur son corps, quoique son humeur demeurât triste, solitaire, presque sauvage.

Il épuisa ainsi les trois neuvaines. Pendant les derniers jours de la troisième, la santé lui était tout à fait revenue, et il avait déjà annoncé son départ prochain pour l'armée, lorsque, le vingt-septième jour, comme il était agenouillé au pied

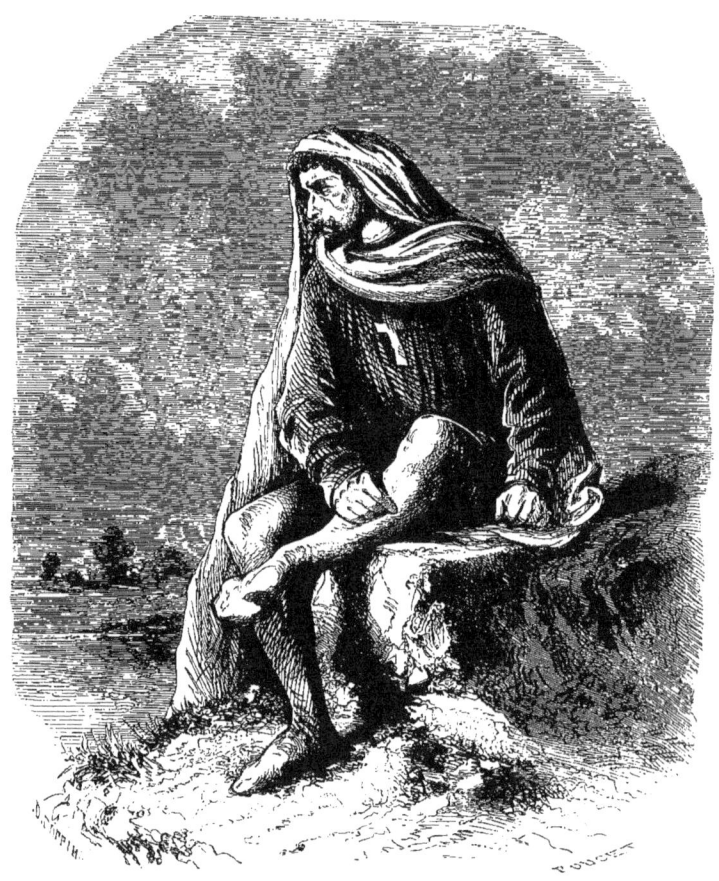

Assis au plus haut du rocher, l'œil tourné vers le courant, il attendait. — Page 7.

de la croix, disant son avant-dernier *Ave*, il vit s'avancer un cortége qui n'était pas sans intérêt pour un homme qui avait si souvent, en disant adieu à la source, jeté les yeux sur le couvent de l'Immaculée-Conception.

C'était un cortége composé de religieuses accompagnant une litière découverte, portée par des paysans. Sur cette litière était une religieuse que l'on semblait apporter en triomphe à la fontaine.

Les religieuses qui accompagnaient la litière et celle qui était couchée dessus étaient scrupuleusement voilées.

Au lieu de descendre, comme d'habitude, pour boire à la fontaine, don Bernardo attendit, curieux sans doute de voir ce qui allait se passer.

Sa curiosité était si grande, qu'il oublia de dire son dernier *Ave*.

Le cortége s'arrêta devant la source; la religieuse couchée sur la litière en descendit, ôta sa chaussure, et d'un pas chancelant d'abord, mais qui se raffermit peu à peu, commença son ascen-

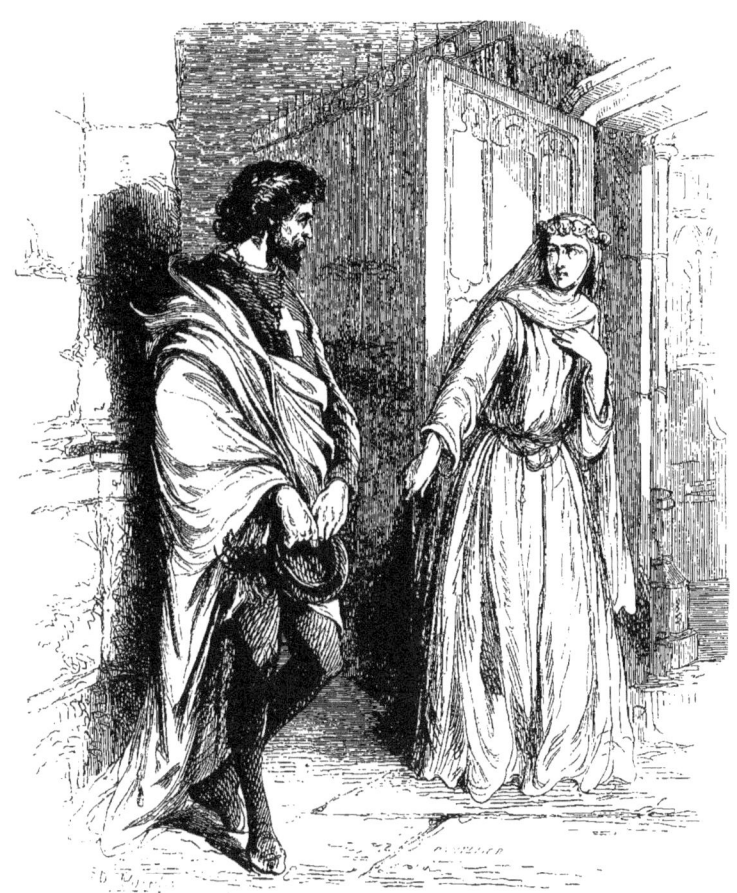

La religieuse s'éloigna lentement de lui. — Page 11.

sion; arrivée au pied de la croix que don Bernardo, en se reculant, avait laissé libre, la religieuse s'agenouilla, fit sa prière, se releva, et descendit pour rejoindre ses compagnes.

Ce fut une illusion, mais il sembla à don Bernardo que, au moment de s'agenouiller et en se relevant, la religieuse, à travers son voile, avait un instant arrêté ses yeux sur lui.

De son côté, à l'approche de la sainte fille, don Bernardo avait ressenti une émotion étrange, quelque chose comme un éblouissement avait passé devant ses yeux, et il s'était adossé à un arbre, comme si le rocher mal assuré sur sa base eût tremblé sous lui.

Mais à mesure que la religieuse s'était éloignée de don Bernardo, la force lui était revenue; alors, pour la suivre plus longtemps des yeux, il s'était penché sur le bord du rocher qui surplombait la source. La religieuse était descendue, s'était approchée de la fontaine, et, se faisant visible pour la seule eau sainte, elle avait écarté son voile et bu selon la coutume à même la source.

Mais alors était arrivée une chose à laquelle nul n'eût songé et que par conséquent nul n'eût pu prévoir. Le limpide cristal de la fontaine se changea en miroir, et, de l'endroit où il était placé, don Bernardo de Zuniga vit l'image de la religieuse aussi distinctement que si elle eût été réfléchie par une glace.

C'était, malgré sa pâleur, un tel miracle de beauté, que don Bernardo de Zuniga jeta un cri de surprise et d'admiration qui retentit assez haut pour faire tressaillir la sainte malade qui, après avoir à peine trempé ses lèvres dans l'eau, croisa son voile et remonta en litière, non sans tourner une dernière fois la tête du côté de l'imprudent chevalier.

Don Bernardo de Zuniga descendit rapidement les marches du rocher, et, s'adressant à l'un des spectateurs de cette scène :

— Sais-tu, lui demanda-t-il, quelle est cette femme qui vient de boire à la fontaine et que l'on transporte au couvent de l'Immaculée-Conception ?

— Oui, répondit l'homme interrogé : c'est une religieuse qui vient de faire une maladie, que chacun croyait mortelle, puisque de fait elle a été morte à ce qu'il paraît pendant plus d'une heure, mais qui, par la vertu de l'eau sainte, a été guérie ; si bien qu'elle fait aujourd'hui sa première sortie pour exécuter son vœu de venir boire ellemême à la fontaine l'eau qu'hier encore on venait y puiser pour elle.

— Et, demanda don Bernardo avec une émotion qui indiquait l'importance qu'il attachait à la question, sais-tu le nom de cette religieuse ?

— Oui, sans doute, monseigneur : elle se nomme Anne de Niebla et est la nièce de Pierre de Zuniga, comte de Bagnarès, marquis d'Ayamonte, dont le fils, revenu il y a un mois à peu près de l'armée, a apporté la bonne nouvelle de la prise de Grenade.

— Anne de Niebla, murmura don Bernardo. Ah ! je l'avais bien reconnue, mais je n'eusse jamais cru qu'elle dût devenir si belle !...

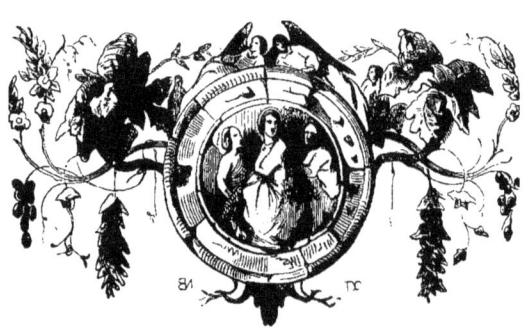

II

LE CHAPELET D'ANNE DE NIEBLA.

on Bernardo avait donc revu cette jeune fille qu'il avait laissée enfant au château de Bejar, et dont, selon toute probabilité, le souvenir l'avait suivi pendant ses dix ans d'absence.

Pendant ces dix ans de rêve solitaire où la pensée de don Bernardo avait suivi le voyage d'Anne de Niebla dans le premier printemps de la vie, la jeune fille s'était faite femme; elle avait atteint l'âge de vingt ans, pendant que don Bernardo atteignait l'âge de trente-cinq; elle avait revêtu la robe de religieuse, tandis qu'il s'était drapé dans le manteau de chevalier d'Alcantara.

Elle était la fiancée du Seigneur, lui était le chevalier du Christ.

Aux deux jeunes gens élevés dans la même maison, depuis la sortie de cette maison, toute communication par la parole était interdite, tout échange de regards était défendu.

Voilà sans doute pourquoi la vue de sa cousine, dans l'étrange miroir où il avait poursuivi ses traits, avait éveillé une si vive émotion dans le cœur de don Bernardo de Zuniga.

Il rentra au château, mais plus pensif, plus sombre, plus taciturne encore que d'habitude, et presque aussitôt il alla s'enfermer dans la chambre où il avait vu ce portrait d'Anne de Niebla enfant. Sans doute il cherchait à retrouver sur la toile les traits mouvants qu'il venait de voir trembler dans la fontaine, à suivre leur développement juvénile pendant les dix années qui venaient de s'écouler, à les voir s'épanouir au souffle de la vie, comme s'épanouit une fleur au soleil.

Lui qui, depuis quinze ans, sur les champs de bataille, aux surprises des camps, aux assauts des villes, luttait contre les ennemis mortels de sa patrie et de sa religion, il n'essaya pas même de résister un instant à cet ennemi plus terrible qui venait de l'attaquer corps à corps et qui du premier coup le courbait sous lui.

Don Bernardo de Zuniga, le chevalier d'Alcantara, aimait Anne de Niebla, la religieuse de l'Immaculée-Conception.

Il fallait fuir, fuir sans perdre un instant, retourner à ces combats réels, à ces blessures physiques qui ne tuent que le corps. Don Bernardo n'en eut pas le courage.

Dès le lendemain, quoique sa neuvaine fût finie moins un *Ave*, il retourna à la fontaine, ne priant plus : l'amour s'était emparé de son cœur, et n'avait pas laissé de place à la prière. Seulement, assis au plus haut du rocher, l'œil tourné vers le couvent, il attendait un nouveau cortège pareil à celui qu'il avait déjà vu et qui ne venait pas.

Il attendit trois jours ainsi, sans repos, sans sommeil, tournant autour du couvent, dont les portes restaient impitoyablement fermées. Le quatrième jour, qui était un dimanche, il savait que les portes de l'église étaient ouvertes, et que chacun pouvait pénétrer dans cette église.

Seulement, enfermées dans le chœur, les religieuses chantaient derrière de grandes draperies : on les entendait sans les voir.

Et ce jour tant désiré arriva enfin. Malheureusement don Bernardo l'attendait dans un but tout profane; l'idée que ce jour était celui où il pouvait se rapprocher du Seigneur ne lui vint même pas à l'esprit, il ne songeait qu'à se rapprocher d'Anne de Niebla.

A l'heure où les portes du couvent s'ouvrirent, il était là, attendant.

A deux heures du matin il avait été lui-même à l'écurie, avait sellé son cheval, et était sorti sans prévenir personne. De deux heures à huit heures, il avait erré aux environs de la fontaine,

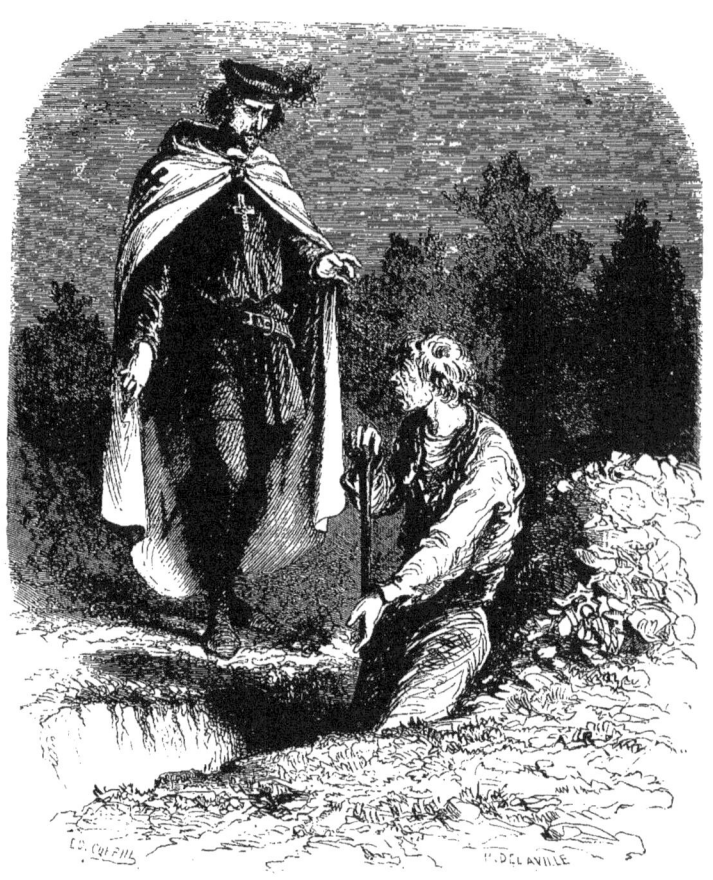

La fosse est finie; don Bernardo viendra quand il voudra. — Page 14.

non plus le front enveloppé de son grand manteau pour se garantir de la bise des montagnes, mais le front découvert, implorant tous les vents de la nuit, pour éteindre ce foyer brûlant qui semblait lui dévorer le cerveau.

Une fois entré dans l'église, don Bernardo alla s'agenouiller le plus près qu'il lui fut possible du chœur de l'église, et il resta là, attendant, les genoux sur la dalle, le front contre le marbre.

Le service divin commença. Don Bernardo n'eut pas une pensée pour le Sauveur des hommes, dont le saint sacrifice s'accomplissait; toute son âme était ouverte comme un vase, pour absorber ces chants qu'on lui avait promis, et au milieu desquels devait monter au ciel le chant d'Anne de Niebla.

Chaque fois qu'au milieu de ce concert suave une voix plus harmonieuse, plus pure, plus vibrante que les autres, se faisait entendre, à l'instant même don Bernardo tressaillait et levait machinalement ses deux mains au ciel. On eût dit qu'il essayait de se suspendre à cet accord et de monter au ciel avec lui.

Puis, quand le son s'était éteint, couvert par les autres voix ou épuisé dans sa propre extase, il retombait avec un soupir, comme s'il n'eût vécu que de cette harmonieuse vibration et que, sans elle, il n'eût pas pu vivre.

La messe s'acheva au milieu d'émotions jusqu'alors inconnues. Les chants cessèrent, les derniers sons de l'orgue s'éteignirent, les assistants sortirent de l'église, les officiants rentrèrent au couvent.

Le monument ne fut plus qu'un cadavre muet et immobile ; la prière, qui en était l'âme, avait remonté au ciel.

Don Bernardo resta seul : alors il put regarder autour de lui. Au-dessus de sa tête était accroché un tableau représentant la Salutation angélique ; dans un coin du tableau était le donataire à genoux et les mains jointes.

Le chevalier d'Alcantara jeta un cri de surprise.

Le donataire, cette femme représentée à genoux et les mains jointes dans un coin du tableau, c'était Anne de Niebla.

Il appela le sacristain, qui éteignait les cierges, et l'interrogea.

Ce tableau, c'était l'œuvre d'Anne de Niebla elle-même ; elle s'était représentée à genoux et en prière, selon l'habitude du temps, qui réclamait presque toujours pour le donataire une humble place sur la toile sacrée.

L'heure était venue de se retirer ; sur l'invitation qui lui en fut faite par le sacristain, don Bernardo s'inclina et sortit.

Une idée lui était venue : c'était, à quelque prix que ce fût, d'acquérir ce tableau.

Mais toutes les propositions qu'il fit ou fit faire au chapitre du couvent furent refusées ; on lui répondit que ce qui avait été donné ne se vendait pas.

Don Bernardo jura qu'il posséderait ce tableau. Il réunit tout l'argent qu'il put se procurer, vingt mille réaux à peu près, beaucoup plus que la valeur réelle du tableau, et il résolut, le premier dimanche venu, de pénétrer avec tout le monde dans l'église, comme il avait déjà fait, de se tenir caché dans quelque coin, et la nuit de détacher et de rouler la toile en laissant les vingt mille réaux sur l'autel dont il aurait enlevé le tableau.

Quant à sortir de l'église, il avait remarqué que les fenêtres étaient élevées de douze pieds tout au plus, et qu'elles donnaient dans le cimetière : il entasserait les chaises les unes sur les autres et sortirait facilement de l'église par une fenêtre.

Puis il regagnerait le château avec son trésor, le ferait encadrer magnifiquement, le placerait en face du portrait d'Anne de Niebla, et passerait sa vie dans cette chambre qui enfermerait sa vie.

Les jours et les nuits s'écoulèrent dans l'attente du dimanche, qui arriva enfin.

Don Bernardo de Zuniga entra l'un des premiers comme il avait fait le dimanche précédent. Il avait sur lui les vingt mille réaux en or.

Mais ce qui frappa tout d'abord sa vue, ce fut l'aspect funèbre qu'avait revêtu l'église ; à travers les grilles du chœur, on voyait briller l'extrémité des cierges, éclairant le faîte d'un catafalque.

Don Bernardo s'informa.

Le matin même une religieuse était trépassée, et la messe à laquelle il allait assister était une messe mortuaire.

Mais, nous l'avons dit, don Bernardo ne venait point pour la messe, il venait pour préparer l'accomplissement de son projet.

Le tableau angélique était à sa place, au-dessus de l'autel, dans la chapelle de la Vierge.

La fenêtre la plus basse avait dix ou douze pieds, et, grâce aux bancs et aux chaises superposés, rien n'était plus facile que de sortir.

Ces pensées préoccupèrent don Bernardo pendant toute la durée du service divin. Il sentait bien qu'il allait commettre une action mauvaise ; mais, en faveur de sa vie tout entière passée à combattre les infidèles, en faveur de cette somme énorme qu'il laissait à la place du tableau, il espérait que le Seigneur lui pardonnerait.

Puis, de temps en temps, il écoutait ces chants funèbres, et, parmi toutes ces voix fraîches, pures et sonores, il cherchait vainement la vibration de cette voix dont le timbre céleste avait, huit jours auparavant, éveillé toutes les fibres de son âme et les avait fait résonner comme une harpe céleste sous les doigts d'un séraphin.

La corde harmonieuse était absente, et l'on eût dit qu'une touche manquait au clavier religieux.

La messe s'acheva. Chacun sortit à son tour.

En passant devant un confessionnal, don Bernardo de Zuniga l'ouvrit, y entra, et le referma sur lui.

Personne ne le vit.

Les portes de l'église crièrent sur leurs gonds. Bernardo entendit grincer les serrures. Les pas du sacristain effleurèrent le confessionnal où il était caché, et s'éloignèrent. Tout rentra dans le silence.

Seulement de temps en temps, dans le chœur toujours fermé, on entendait le froissement d'un pas sur la dalle, puis le murmure d'une prière faite à voix basse.

C'était quelque religieuse qui venait dire les litanies de la Vierge sur le corps de sa compagne morte.

Le soir vint, l'obscurité se répandit dans l'église, le chœur seul resta éclairé, transformé qu'il était en chapelle ardente.

Puis la lune se leva, un de ses rayons passa à travers une fenêtre et jeta sa lueur blafarde dans l'église.

Tous les bruits de la vie s'éteignaient peu à peu au dehors et au dedans ; vers onze heures les dernières prières cessèrent autour de la morte et tout fit place à ce silence religieux particulier aux églises, aux cloîtres et aux cimetières.

Le cri monotone et régulier d'une chouette perchée, selon toute probabilité, sur un arbre voisin de l'église, continua seul de retentir avec sa triste périodicité.

Don Bernardo pensa que le moment était venu d'accomplir son projet. Il poussa la porte du confessionnal où il était caché, et allongea le pied hors de sa retraite.

Au moment où son pied se posait sur la dalle de l'église, minuit commençait à sonner.

Il attendit, immobile, que les douze coups eussent vibré lentement, et se fussent perdus peu à peu en frémissements insensibles, pour sortir tout à fait du confessionnal et s'avancer vers le chœur : il voulait s'assurer que personne ne veillait plus près de la morte, et que nul ne le dérangerait dans l'accomplissement de son dessein.

Mais, au premier pas qu'il fit vers le chœur, la grille du chœur s'ouvrit, lentement poussée, et une religieuse parut.

Don Bernardo jeta un cri. Cette religieuse, c'était Anne de Niebla.

Son voile relevé laissait son visage découvert. Une couronne de roses blanches fixait son voile à son front. Elle tenait à la main un chapelet d'ivoire, qui paraissait jaune auprès de la main qui le tenait.

— Anne ! s'écria le jeune homme.
— Don Bernardo ! murmura la religieuse.

Don Bernardo s'élança...

— Tu m'as nommé, s'écria don Bernardo, tu m'as donc reconnu ?
— Oui, répondit la religieuse.
— A la Fontaine-Sainte ?
— A la Fontaine-Sainte.

Et don Bernardo entoura la religieuse de ses bras.

Anne ne fit rien pour se dégager de l'amoureuse étreinte.

— Mais, demanda Bernardo, pardon, car je deviens fou de joie, fou de bonheur, que viens-tu faire ?
— Je savais que tu étais là !
— Et tu me cherchais ?
— Oui.
— Tu sais donc que je t'aime ?...
— Je le sais...
— Et toi, toi, m'aimes-tu ?

Les lèvres de la religieuse demeurèrent muettes.

— O Niebla ! Niebla ! un mot, un seul. Au nom de notre jeunesse, au nom de mon amour, au nom du Christ, m'aimes-tu ?
— J'ai fait des vœux, murmura la religieuse.
— Oh ! que m'importent tes vœux ! s'écria don Bernardo ; n'en ai-je pas fait aussi, moi, et ne les ai-je pas rompus ?
— Je suis morte au monde, dit la pâle fiancée.
— Fusses-tu morte à la vie, Niebla, je te ressusciterais.
— Tu ne me feras pas revivre, dit Anne en secouant la tête. Et moi, Bernardo, je te ferai mourir...
— Mieux vaut dormir dans la même tombe que mourir séparés !
— Alors que résous-tu, Bernardo ?
— De t'enlever, de t'emporter avec moi au bout du monde, s'il est nécessaire, par delà les océans, s'il le faut.
— Quand cela ?
— A l'instant même.
— Les portes sont fermées.
— Tu as raison, es-tu libre demain ?
— Je suis libre toujours.
— Demain attends-moi ici à la même heure, j'aurai une clef de l'église.
— Je t'attendrai, mais viendras-tu ?
— Ah ! sur ma vie, je te le jure. Mais toi, quel est ton serment, quel est ton gage ?
— Tiens, dit-elle, voici mon chapelet.

Et elle lui noua le chapelet d'ivoire autour du cou.

En même temps don Bernardo embrassa Anne de Niebla et, de ses deux mains, la serra contre sa poitrine; leurs lèvres se rencontrèrent et échangèrent un baiser.

Mais, au lieu d'être brûlant comme un premier baiser d'amour, le contact des lèvres de la religieuse fut glacé; et le froid qui courut dans les veines de don Bernardo traversa son cœur.

— C'est bien, dit Anne, et maintenant aucune force humaine ne pourra plus nous séparer. Au revoir, Zuniga.

— Au revoir, chère Anne. A demain!

— A demain!

La religieuse se dégagea des bras de son amant, s'éloigna lentement de lui, tout en retournant la tête, et rentra dans le chœur qui se referma derrière elle.

Don Bernardo de Zuniga la laissa rentrer, les bras tendus vers elle, mais immobile à sa place, et, quand il l'eut vue disparaître, seulement il songea à se retirer.

Il réunit quatre bancs à côté les uns des autres, plaça quatre autres bancs en travers, superposa une chaise à ces bancs, et sortit, comme d'avance il l'avait arrêté, par la fenêtre. L'herbe était haute et touffue, comme on la trouve d'habitude dans les cimetières; il put donc sauter de la hauteur de douze pieds sans se faire aucun mal.

Il n'avait pas besoin d'emporter le portrait d'Anne de Niebla, puisque, le lendemain, Anne de Niebla elle-même allait lui appartenir.

III

LE MORT VIVANT.

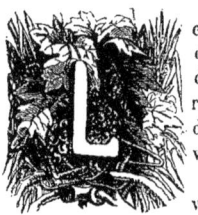Le jour commençait à poindre à l'horizon, quand don Bernardo de Zuniga revint prendre son cheval dans l'auberge où il l'avait laissé.

Un malaise inconcevable s'était emparé de lui, et, quoique enveloppé dans son large manteau, il sentait le froid l'envahir graduellement.

Il demanda au garçon d'écurie quel était le serrurier du couvent; on le lui indiqua.

Il demeurait à l'extrémité du village.

Don Bernardo, pour se réchauffer, mit son cheval au grand trot, et, au bout d'un instant, il entendit les coups de marteau retentir sur l'enclume, et, à travers les fenêtres et la porte ouvertes, il vit jaillir jusqu'au milieu de la rue des parcelles de fer rouge.

Arrivé à la porte du serrurier, il descendit de cheval; mais, de plus en plus envahi par le froid, il s'étonna de la roideur automatique de ses mouvements.

Le serrurier, de son côté, était resté le marteau levé et regardant ce noble seigneur enveloppé dans son manteau de chevalier de l'ordre d'Alcantara, qui descendait à sa porte et entrait chez lui comme une pratique ordinaire.

En voyant que c'était bien à lui qu'il avait affaire, le serrurier posa son marteau sur l'enclume, leva son bonnet et demanda poliment:

— Qu'y a-t-il pour votre service, monseigneur?

— C'est toi qui es le serrurier du couvent de l'Immaculée-Conception, s'informa le chevalier.

— C'est moi, oui, monseigneur, répondit le serrurier.

— Tu as les clefs du couvent?

— Non, monseigneur, mais seulement les dessins, afin que si l'une de ces clefs se perdait, je pusse la remplacer.

— Eh bien! je veux la clef de l'église.

— La clef de l'église?

— Oui.

— Excusez-moi, monseigneur, mais il est de mon devoir de vous demander ce que vous comptez en faire.

— J'en veux marquer mes chiens pour les préserver de la rage.

— C'est un droit de seigneurie. Êtes-vous seigneur des terres sur lesquelles l'église est bâtie?

— Je suis don Bernardo de Zuniga, fils de Pierre de Zuniga, comte de Bagnarès, marquis d'Ayamonte; je commande à cent hommes d'armes et suis chevalier d'Alcantara, comme tu peux le voir par mon manteau.

— Cela ne se peut, dit le serrurier, avec une expression visible d'effroi.

— Et pourquoi cela ne se peut-il pas?

— Parce que vous êtes vivant et bien vivant, quoique vous paraissiez avoir froid, et que don Bernardo de Zuniga est mort cette nuit, vers une heure du matin.

— Et qui t'a dit cette belle nouvelle? demanda le chevalier.

— Un écuyer portant un hoqueton aux armes de Bejar, lequel vient de passer il y a une heure pour aller commander un service funèbre au couvent de l'Immaculée-Conception.

Don Bernardo éclata de rire.

— Tiens, dit-il, voici, en attendant, dix pièces d'or pour ta clef. Je viendrai la chercher cette après-midi et t'en apporterai encore autant.

Le serrurier s'inclina en signe d'assentiment; vingt pièces d'or, c'était plus qu'il n'en gagnait en une année, et cela valait bien la peine de risquer une réprimande.

D'ailleurs pourquoi serait-il réprimandé? C'était l'habitude de marquer les chiens de chasse avec les clefs des églises pour les préserver de la rage.

Un seigneur qui le payait si généreusement ne pouvait pas, quel qu'il fût, être un voleur.

Don Bernardo remonta à cheval. Il avait essayé de se réchauffer à la forge; mais il n'avait pu y réussir : il espérait mieux du soleil qui commençait à se montrer brillant comme il l'est déjà en Espagne au mois de mars.

Il gagna les champs et se mit à courir; mais le froid l'envahissait de plus en plus, et des frissons glacés lui couraient par tout le corps.

Ce n'était pas tout : il semblait comme enchaîné au couvent, il décrivait un cercle dont le clocher de l'église formait le centre.

En traversant un bois, vers onze heures, il vit un ouvrier qui équarrissait des planches de chêne; c'était une besogne qu'il avait bien souvent vu faire à des ouvriers, et cependant il se sentit comme entraîné malgré lui à questionner cet homme.

— Que fais-tu là? lui demanda-t-il.

— Vous le voyez bien, très-illustre seigneur, répondit celui-ci.

— Mais non, puisque je le demande.

— Eh bien! je fais une bière.

— En chêne? C'est donc pour un grand seigneur que tu travailles?

— C'est pour le chevalier don Bernardo de Zuniga, fils de monseigneur Pierre de Zuniga, comte de Bagnarès, marquis d'Ayamonte.

— Le chevalier est donc mort?

— Cette nuit, vers une heure du matin, répondit l'ouvrier.

— C'est un fou, dit le chevalier en haussant les épaules; et il poursuivit son chemin.

En se rapprochant du village où il avait commandé la clef, il rencontra, vers une heure, un moine qui voyageait à mule, suivi d'un sacristain qui marchait à pied.

Le sacristain portait un crucifix et un bénitier.

Don Bernardo avait déjà dérangé son cheval pour laisser passer le saint homme, lorsque tout à coup, se ravisant, il lui fit signe de la main qu'il désirait lui parler.

Le moine s'arrêta.

— D'où venez-vous, mon père? demanda le chevalier.

— Du château de Bejar, illustre seigneur.

— Du château de Bejar! répéta don Bernardo, étonné.

— Oui.

— Et qu'avez-vous été faire au château de Bejar?

— J'ai été pour confesser et administrer don Bernardo de Zuniga qui, vers minuit, s'étant senti mourir, m'avait fait appeler pour recevoir l'absolution de ses péchés; mais, quoique je fusse parti en toute hâte, je suis encore arrivé trop tard.

— Comment! trop tard?

— Oui, à mon arrivée, don Bernardo de Zuniga était déjà mort.

— Déjà mort! répéta le chevalier.

— Oui, et de plus, mort sans confession. Que Dieu ait pitié de son âme!

— Vers quelle heure était-il mort?

— Vers une heure de la nuit, répondit le moine.

— C'est une gageure, dit le chevalier avec humeur, ces gens-là ont parié me rendre fou.

Et il remit son cheval au galop.

Dix minutes après, il était à la porte du forgeron.

— Oh! oh! dit le forgeron, qu'a donc Votre Seigneurie, elle est bien pâle?.

— J'ai froid, dit don Bernardo.

— Voici votre clef.

— Voici ton or.

Et il lui jeta dans la main douze autres pièces.

— Jésus! dit le forgeron, où mettez-vous donc votre bourse?

— Pourquoi cela?

— Votre or est froid comme la glace. A propos...

— Qu'y a-t-il?

— N'oubliez pas de vous signer trois fois avant de faire usage de la clef.

— Pourquoi cela?

— Parce que, lorsqu'on forge une clef d'église, le diable ne manque jamais de venir souffler le feu.

— C'est bien. Et toi n'oublie pas de prier pour l'âme de don Bernardo de Zuniga, dit le chevalier en essayant de sourire.

— Je ne demande pas mieux, dit le serrurier, mais j'ai bien peur que mes prières n'arrivent trop tard, puisqu'il est mort.

Quoique don Bernardo eût accueilli ces différentes rencontres d'un air calme, et eût reçu ces différentes réponses avec un sourire, ce qu'il avait vu et entendu depuis le matin n'avait pas laissé que de faire sur lui, si brave qu'il fût, une vive impression. Ce froid surtout, ce froid mortel qui allait croissant, glaçant jusqu'au battement de son cœur, gelant jusqu'à la moelle de ses os, le terrassait malgré lui.

Il pesait de ses pieds sur ses étriers et ne sentait plus l'appui qui le soutenait. Il serrait une de ses mains avec l'autre et ne sentait plus la pression de sa main.

L'air du soir arriva, sifflant à ses oreilles comme une bise et traversant son manteau et ses vêtements comme si les uns et les autres n'avaient pas plus de consistance qu'une toile d'araignée.

La nuit venue, il entra dans le cimetière, et attacha son cheval au pied d'un platane. Il n'avait pas songé à manger de la journée, ni son cheval non plus.

Il se coucha dans les hautes herbes, pour échapper autant que possible au vent glacial qui l'anéantissait.

Mais à peine eut-il touché la terre, que ce fut bien pis. Cette terre, pleine d'atomes de mort, semblait une dalle de marbre.

Peu à peu, quelque effort qu'il fît pour résister au froid, il tomba dans une espèce d'engourdissement dont il fut tiré par le bruit que faisaient deux hommes en creusant une fosse.

Il fit un effort sur lui-même et se leva sur son coude.

Les deux fossoyeurs, qui virent un homme qui semblait sortir d'une fosse, poussèrent un cri.

— Oh! pardieu! dit-il aux fossoyeurs, je vous remercie de m'avoir éveillé. Il était temps.

— En effet, dirent ces hommes, remerciez-nous, Seigneur, car lorsque l'on s'endort ici on ne se réveille guère.

— Et que faites-vous à cette heure dans ce cimetière?

— Vous le voyez bien.

— Vous creusez une fosse?

— Sans doute.

— Et pour qui?

— Pour don Bernardo de Zuniga.

— Pour don Bernardo de Zuniga?

— Oui. Il paraît que le digne seigneur, dans le testament qu'il a fait il y a quinze jours ou trois semaines, a demandé à être enterré dans le cimetière du couvent de l'Immaculée-Conception, de sorte qu'on est venu nous dire ce soir seulement de nous mettre à la besogne; maintenant il s'agit de rattraper le temps perdu.

— Et à quelle heure est-il mort?

— La nuit passée, à une heure du matin. Là, maintenant que la fosse est finie, don Bernardo viendra quand il voudra. Adieu, monseigneur.

— Attends, dit le chevalier, toute peine mérite salaire; tiens, voilà pour toi et ton camarade.

Et il jeta à terre sept ou huit pièces d'or que les fossoyeurs s'empressèrent de ramasser.

— Sainte Vierge! dit un des fossoyeurs, j'espère que le vin que nous allons boire à votre santé ne sera pas aussi froid que votre argent, sinon il y aurait de quoi geler l'âme dans le corps.

Et ils sortirent du cimetière.

Onze heures et demie venaient de sonner; don Bernardo se promena une demi-heure encore, ayant toutes les peines du monde à se maintenir debout tant il sentait son sang se figer dans ses veines; enfin, minuit sonna.

Au premier coup qui frappa sur le timbre, don Bernardo introduisit la clef dans la serrure et ouvrit la porte.

L'étonnement du chevalier fut grand : l'église était éclairée, le chœur était ouvert, les piliers et les voûtes étaient tendus de noir, mille cierges brûlaient en chapelle ardente.

Au milieu de la chapelle une estrade était dressée, et sur l'estrade était couchée une religieuse vêtue de blanc, portant sur la tête un grand voile blanc, fixé à son front par une couronne de roses blanches.

Un singulier pressentiment serra le cœur du chevalier. Il s'approcha de l'estrade, se pencha sur le cadavre, souleva le voile et poussa un cri.

Ce cadavre, c'est celui d'Anne de Niebla.

Il se retourne, regarde autour de lui, cherchant qui il peut interroger, et aperçoit le sacristain.

— Quel est ce cadavre? demande-t-il.

— Celui d'Anne de Niebla, répond le brave homme.

— Depuis quand est-elle morte?

— Depuis dimanche matin.

Don Bernardo sentit encore s'augmenter le froid qui glaçait son corps, quoiqu'il eût cru la chose impossible.

Il passa sa main sur son front.

— Hier, à minuit, demanda-t-il, elle était donc morte?

— Sans doute.

— Hier, à minuit, où était-elle?
— Où elle est cette nuit, à la même heure; seulement l'église n'était pas tendue, les cierges du cénotaphe étaient seuls allumés, et la grille du chœur était close.
— Quelqu'un, continua le chevalier, qui eût vu venir à lui hier, à cette heure, Anne de Niebla, eût donc vu venir un fantôme? quelqu'un qui lui eût parlé, eût donc parlé à un spectre?
— Dieu préserve un chrétien d'un pareil malheur! mais il eût parlé à un spectre, mais il eût vu un fantôme.

Don Bernardo chancela.

Il comprenait tout : il s'était fiancé à un fantôme, il avait reçu le baiser d'un spectre.
— Voilà pourquoi ce baiser était si froid, voilà pourquoi un fleuve de glace courait par tout son corps.

A ce moment, cette annonce de sa propre mort, qui lui avait été donnée par le forgeron, par le menuisier, par le prêtre et par le fossoyeur, lui revint à l'esprit.

C'était à une heure qu'il était mort, lui avait-on dit.

C'était à une heure qu'il avait reçu le baiser d'Anne de Niebla.

Était-il mort ou vivant?

Y avait-il déjà séparation de l'âme et du corps?

Était-ce son âme qui errait aux environs du couvent de l'Immaculée-Conception, tandis que son corps expiré gisait au château de Bejar?

Il rejeta le voile qu'il avait écarté du visage de la morte, et s'élança hors de l'église : le vertige l'avait saisi.

Une heure sonnait.

Tête basse, le cœur oppressé, don Bernardo s'élance dans le cimetière, trébuche à la fosse ouverte, se relève, détache son cheval, saute en selle, et s'élance dans la direction du château de Bejar.

C'est là seulement que se résoudra pour lui cette terrible énigme de savoir s'il est mort ou vivant.

Mais, chose étrange! ses sensations sont presque éteintes.

Le cheval qui l'emporte, il le sent à peine entre ses jambes; la seule impression à laquelle il soit sensible, c'est ce froid croissant qui l'envahit comme un souffle de mort.

Il presse son cheval, qui, lui-même, paraît un cheval spectre.

Il lui semble que sa crinière s'allonge, que ses pieds ne touchent plus la terre, que son galop a cessé de retentir sur le sol.

Tout à coup, à sa droite et à sa gauche, deux chiens noirs surgissent sans bruit, sans aboiement; leurs yeux sont de flamme, leur gueule est couleur de sang.

Ils courent aux flancs du cheval, les yeux flamboyants, la gueule ouverte; pas plus que le cheval ils ne touchent la terre : cheval et chiens glissent à la surface du sol; ils ne courent pas, ils volent.

Tous les objets qui côtoient la route disparaissent aux yeux du chevalier, comme emportés par un ouragan; enfin, dans le lointain, il aperçoit les tourelles, les murs, les portes du château de Bejar.

Là, tous ses doutes doivent être résolus; aussi il presse son cheval, que les chiens accompagnent, que la cloche poursuit.

De son côté, le château semble venir au-devant de lui.

La porte est ouverte, le chevalier s'élance, il franchit le seuil, il est dans la cour.

Personne n'a pris garde à lui, et cependant la cour est remplie de monde.

Il parle, on ne lui répond pas; il interroge, on ne le voit pas; il touche, on ne le sent pas.

En ce moment un héraut paraît sur le perron.

— Oyez, oyez, oyez, dit-il : le corps de don Bernardo de Zuniga va être transporté, selon les désirs exprimés par son testament, dans le cimetière du couvent de l'Immaculée-Conception; que ceux qui ont le droit de lui jeter de l'eau bénite me suivent.

Et il entre dans le château.

Le chevalier veut poursuivre le voyage jusqu'au bout.

Il se laisse glisser de sa monture, mais il ne sent plus la terre sous ses pieds, et il tombe à genoux, essayant de se cramponner de la main aux étriers de son cheval.

En ce moment les deux chiens noirs lui sautent à la gorge et l'étranglent.

Il voulut pousser un cri, mais il n'en eut pas la force.

A peine put-il exhaler un soupir.

Les assistants virent deux chiens qui semblaient se battre entre eux, tandis qu'un cheval s'évanouissait comme une ombre.

Ils voulurent frapper sur les chiens, mais ceux-ci ne se séparèrent que lorsqu'ils eurent accompli l'œuvre invisible qu'ils faisaient.

Alors ils s'élancèrent côte à côte hors de la cour, et disparurent.

A la place où ils avaient séjourné dix minutes, on trouva des débris informes, et, au milieu de ces débris, le chapelet d'Anne de Niebla.

En ce moment, le corps de Bernardo de Zuniga apparut sur le perron, porté par les pages et les écuyers du château.

Le lendemain, il fut inhumé en grande pompe dans le cimetière de l'Immaculée-Conception, côte à côte avec sa cousine Anne de Niebla.

Dieu leur fasse miséricorde!

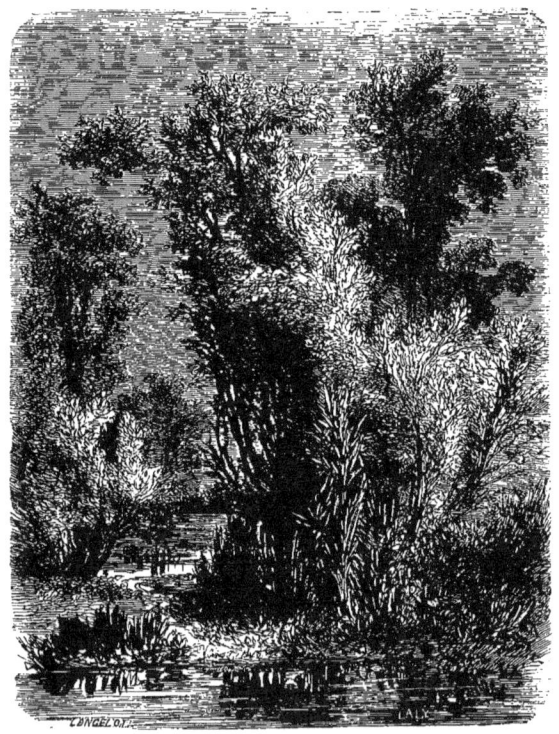

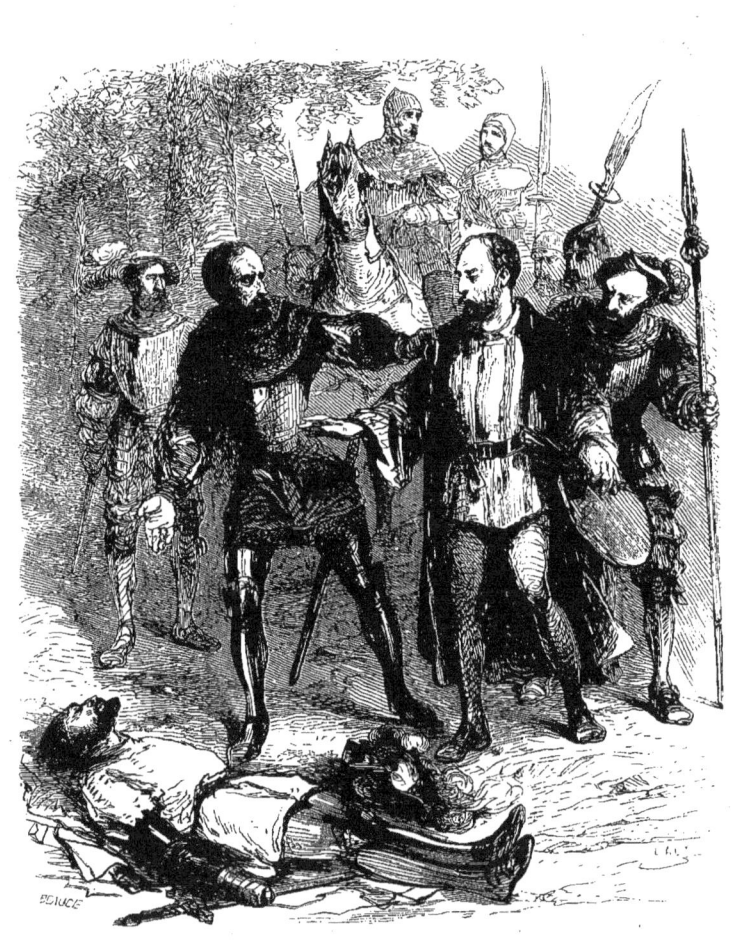

www.ingramcontent.com/pod-product-compliance
Lightning Source LLC
Chambersburg PA
CBHW050215230526
45470CB00001B/389